基礎から始める
海釣り仕掛けハンドブック
堤防磯投げ／ボート編

「つり情報」編集部◎編

日東書院

CONTENTS

基礎から始める
海釣り仕掛けハンドブック
[堤防磯投げ／ボート編]

Shore and Boat fishing Technical Guide

陸っぱり＆ボートフィッシング

釣り方の基本 007

 ウキ釣り 008

 サビキ釣り 010

 カゴ釣り 012

 投げ釣り 014

 ルアー釣り 016

 ボート釣り 018

 ヘチ釣り 020

 ミャク釣り 021

これを知らなきゃ、仕掛けが作れない！
仕掛けの結びをマスターしよう 022

∞ ウキ釣り仕掛けで使われる結び方と場所 022

∞ サビキ釣り仕掛けで使われる結び方と場所
投げ釣り仕掛けで使われる結び方と場所

∞ ルアーフィッシングで使われる結び方と場所
ヘチ釣り仕掛けで使われる結び方と場所

∞ ミャク釣り仕掛けで使われる結び方と場所
ボート釣り仕掛けで使われる結び方と場所

026 リールのスプールに道糸を結ぶ

● ヨリモドシの結び
027 完全結び
028 ユニノット
029 ダブルクリンチノット

● ハリの結び
030 漁師結び
031 内掛け結び
032 外掛け結び

● ループを作る
033 チチワ（8の字）
034 サージェンスループ
035 ビミニツイスト

● リーダーと ルアーの結び
036 フリーノット

● 糸と糸の結び
037 電車結び
038 ブラッドノット
039 正海ノット
040 長栄ノット
041 ミッドクロスノット
042 FGノット
043 枝ハリスの出し方①
044 枝ハリスの出し方②

023
024
025

CONTENTS

基礎から始める 海釣り仕掛けハンドブック
[堤防磯投げ／ボート編]

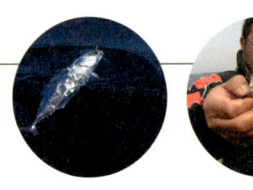

ターゲット別 仕掛けマニュアル
Shore and boat fishing rigs
045

- 046 アイナメ
- 050 アオリイカ
- 058 アジ
- 062 アナゴ・ウナギ
- 064 アマダイ・イトヨリダイ
- 066 イサキ
- 070 イシダイ・イシガキダイ
- 074 イシモチ（ニベ、シログチ）
- 078 イワシ・サッパ
- 080 ウミタナゴ
- 082 エソ（ワニエソ）・ホウボウ
- 084 回遊魚
- 092 カサゴ・ソイ
- 096 カジカ
- 098 カニ（ヒラツメガニ・ガザミ）
- 100 カマス
- 102 カレイ
- 108 カワハギ
- 112 キュウセン
- 114 クエ（モロコ・アラ）
- 116 クロダイ
- 122 コウイカ
- 124 サヨリ
- 126 シリヤケイカ
- 128 シロギス
- 132 スズキ
- 136 タコ
- 138 タチウオ
- 140 テナガエビ
- 142 ハゼ
- 148 ヒラメ
- 150 ブダイ
- 152 ベイカ・ヒイカ
- 154 ホッケ
- 156 マゴチ
- 158 マダイ
- 162 メジナ
- 166 メッキ
- 168 メバル
- 176 ヤリイカ・ケンサキイカ

Shore and Boat fishing
Technical Guide

陸っぱり&ボートフィッシング
釣り方の基本

堤防、磯、砂浜、そしてボートと、様ざまなフィールドで楽しめる陸っぱりフィッシング。
釣れる魚たちも小さなハゼから、メーターオーバーの大型回遊魚までと多彩だ。
それら多種多様なターゲットに合わせて、釣り方も色いろある。
ここでは、陸っぱり&ボートで楽しめる代表的な釣り方を紹介してみよう。

- ●ウキ釣り
- ●サビキ釣り
- ●カゴ釣り
- ●投げ釣り
- ●ルアー釣り
- ●ボート釣り
- ●ヘチ釣り
- ●ミャク釣り

Shore Fishing
Technical Guide

ウキ釣り

ハゼからクロダイまで、小物から大型魚まで昼夜を問わずオールマイティーに、最も多くの魚種を狙える釣法だ！

ウキの種類

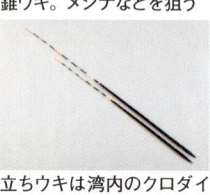

磯釣りで多用されるのが円錐ウキ。メジナなどを狙う

立ちウキは湾内のクロダイ釣りなどで使用される

堤防からアジやハゼなど小物釣りで使われるトウガラシウキ

電気ウキで夜、メバルを狙う

ウミタナゴは手軽に楽しめるウキ釣りターゲット

　堤防のウキ釣りといっても、ひと言では言い現せないほど、多種多様なスタイルがある。そして、ウキひとつとっても、それぞれの釣り方に合うように、形や素材が吟味されている。入門しやすく、それでいて奥が深いのがウキ釣りの特徴といえるだろう。

　ではなぜ、ウキを使うのか？　使わねばならないのか？　ここで、簡単にウキの役割を説明しておこう。

　ウキの役目としては大きく分けると三つある。まず、一つ目はアタリを目で確認できること。これはビギナーでも魚を掛けやすく、さらに楽しさを増幅してくれる。

　二つ目は、ウキ下を調整することで、上層から底近くまで幅広い棲息域の魚たちを狙うことができる。そして三つ目は、ポイントまで仕掛けを流すためのアイテムにもなるということだ。

　ウキ釣りのターゲットは多彩で、それぞれに適したウキ釣りのスタイルがある。ここではウキ釣りの各釣り方別に、ターゲットを紹介していこう。

Shore and Boat fishing *Technical Guide*

ウキ釣り

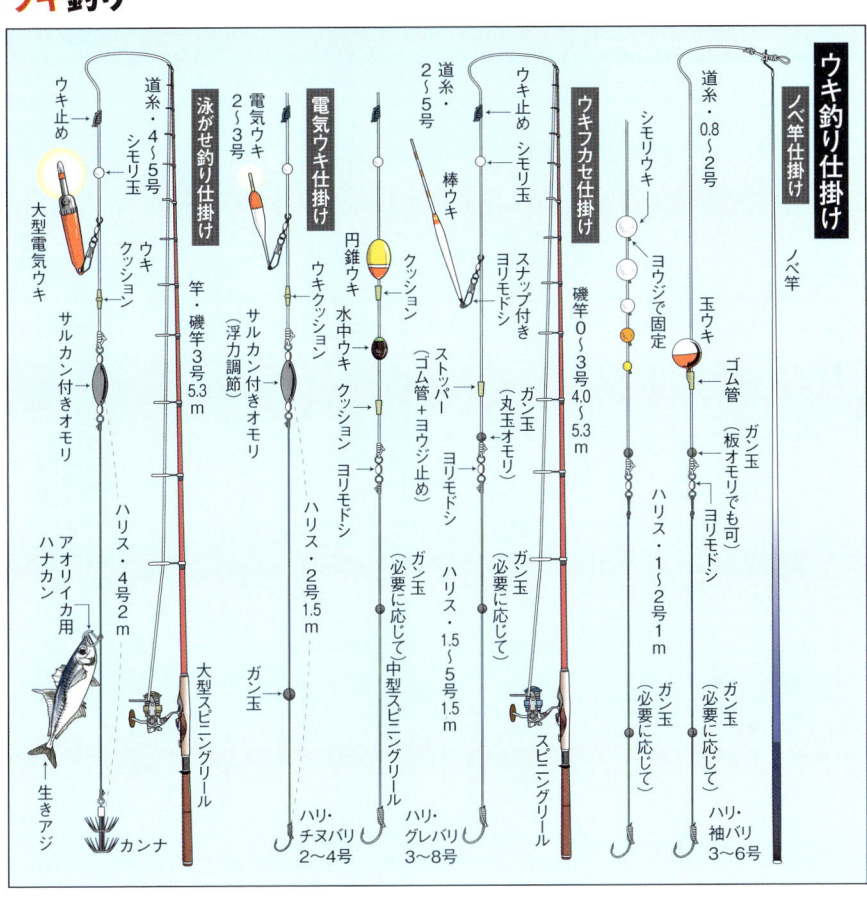

● ノベ竿の小物釣り

4.5～5.3メートルのノベ竿で釣る方法。リール竿に比べて、竿が軽くて子供でもあつかいやすい。代表的なターゲットはハゼ、ウミタナゴ、サヨリなど。

● ウキフカセ釣り

磯や堤防から磯竿とリールを駆使し、メジナ、クロダイ、イサキなどを狙う。円錐ウキなどを使い、コマセをまいて、付けエサのオキアミと同調させて魚に食いつかせる。ウキ下の調整ができる遊動式仕掛けが一般的だ。

● 電気ウキ釣り

電気ウキを使った夜釣りでは、日中に姿を現わさなかった、警戒心の強い夜行性の魚がターゲットとなる。スズキ、クロダイ、メバルなどだ。

● 泳がせ釣り

アオリイカを狙う場合、アジなどの生きエサを泳がせて夜釣りで狙う。ハリス部分を通常の1本バリ（ハリスは4～5号）にしてアジを泳がせると、日中にワカシ、イナダなどの回遊魚を狙うことも可能だ。

サビキ釣り

Shore Fishing
Technical Guide

堤防から手軽に楽しめるのがサビキ釣り。仕掛けを下ろすだけで、ハリの数だけ魚が掛かってくることもある！

海釣り施設などでも簡単に数釣りが楽しめるのがサビキ釣りだ

魚皮やスキンなどがハリに付いた一般的なサビキ仕掛け

直接ハリにアミエビをこすり付けるトリック式仕掛け

トリック式仕掛け用のアミエビ容器なども市販されている

コマセカゴにアミエビを詰めるためのスプーンもあると便利

サビキ仕掛けとは、魚皮や化学繊維、スキンゴムなどを巻いた擬餌バリ仕掛けで、5～8本ほどの擬餌バリが枝となっている。これを上下に動かす（サビく）ことでハリが踊り、小さな甲殻類やプランクトン、小魚などと間違えた魚が食いつくという仕掛けだ。

ターゲットはアジ、サバ、イワシ、コノシロ、サッパなどの中小型回遊魚。これらの回遊魚が大量に接岸したときがサビキ釣りのシーズンで、一般的には9～11月がベストシーズンとなる。

基本的にはコマセをまいたり、コマセ袋に入れて仕掛けに同調させるが、ターゲットが足下まで頻繁に回遊する所では、コマセなしでも釣りになる。

タックルは、ノベ竿なら腰のある海釣り用の万能竿や、しっかりめの磯竿（1.5号クラス）が使われる。理由は、下カゴ式では、重いカゴオモリをセットしなければならないし、上カゴ式でも2～3号くらいのオモリを使用するからだ。軽めのオモリだと、仕掛けが絡みやすくなる。重めのオモリを使うことによっ

Shore and Boat fishing *Technical Guide*

サビキ釣り

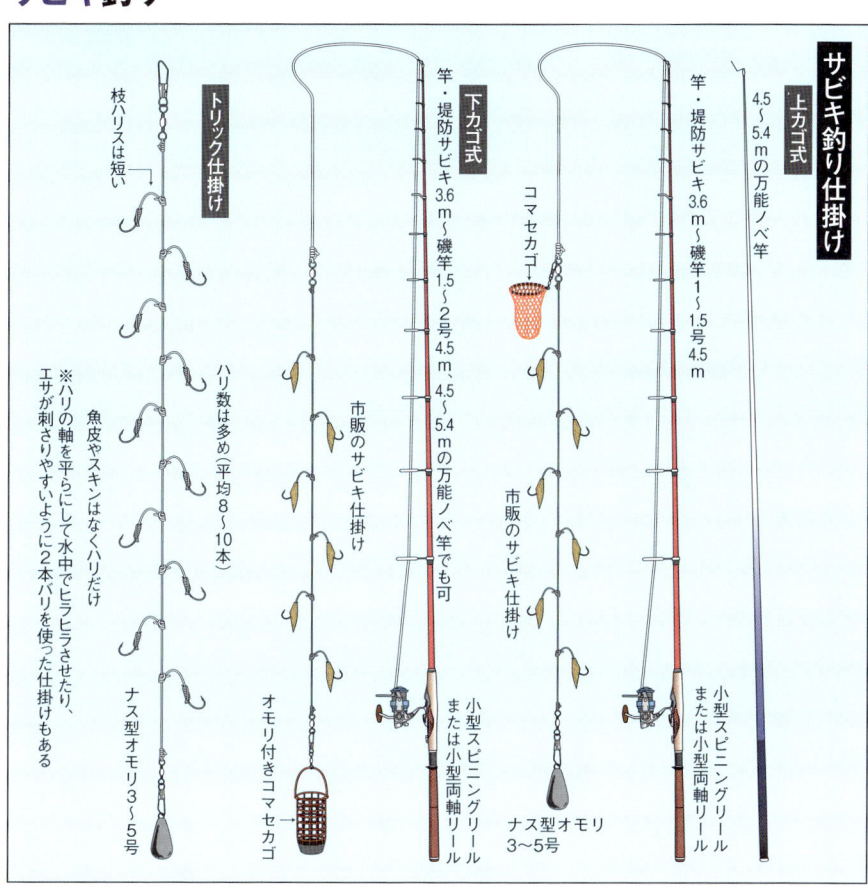

上カゴ式で使うオモリは2〜3号が標準サイズで、下カゴ式なら、小型のものが使いやすい。

コマセエサは冷凍アミのブロック。半日釣りでも2個は必要。あとはこれを解凍する水くみバケツと、コマセ袋にアミを詰めるスプーンや、直接海にまくときのコマセヒシャクなどもあると便利だ。ちなみに、サビキ仕掛けでも、擬餌バリではなくハリだけのものもある。これは、トリック仕掛けといって、解凍したアミエビをハリにこすり付けて釣る。食い渋りには非常に効果的な仕掛けだ。

Shore Fishing
Technical Guide

カゴ釣り

カゴ釣りはエサとコマセが同調しやすく、深場のマダイや上層の回遊魚まで幅広く釣ることができる。アジやサバなどを狙うサビキ仕掛けもセット可能だ！

▼ソウダガツオなどの回遊魚を釣るにはうってつけの釣法がカゴ釣りだ

▶ウキにコマセカゴ、サビキ仕掛けのセットも市販されている

コマセを詰めるカゴも多彩に用意されている

コマセの詰まった仕掛けを背負えるハード・タックルで挑みたい

カゴ釣りでは仕掛けを流すので視認性のよいウキを使用したい

●カゴ釣り

カゴ釣りとは、コマセカゴをセットしたウキ釣り仕掛けでのエサ釣りのことをいう。ブリやカンパチ、ヒラマサなどの大型回遊魚や、イナダやサバ、ソウダガツオ、マダイ、良型アジなども狙うことができる。

カゴ釣りでは、重いコマセカゴをセットするため、竿は磯竿の遠投タイプ3号5.3メートルが標準で、中～大型スピニングリールをセットする。道糸は5～6号を150メートル以上は巻いておきたい。

仕掛けは基本的に1本バリで、グレバリ7～8号を目安にする。ハリスは3～4号を3メートルほど取っておく。ウキは大型の発泡ウキか、カゴ専用ウキを使用。コマセカゴはナイロンカゴ単品でもよいし、遠投カゴやロケットカゴ、反転カゴなどもある。

●カゴサビキ釣り

カゴサビキ釣りは、一般的な足下狙いのサビキ釣りとは異なり、サビキ仕掛けを沖にキャストして、コマセを効かせながら流し釣りをする釣法である。

Shore and Boat fishing *Technical Guide*

カゴ釣り

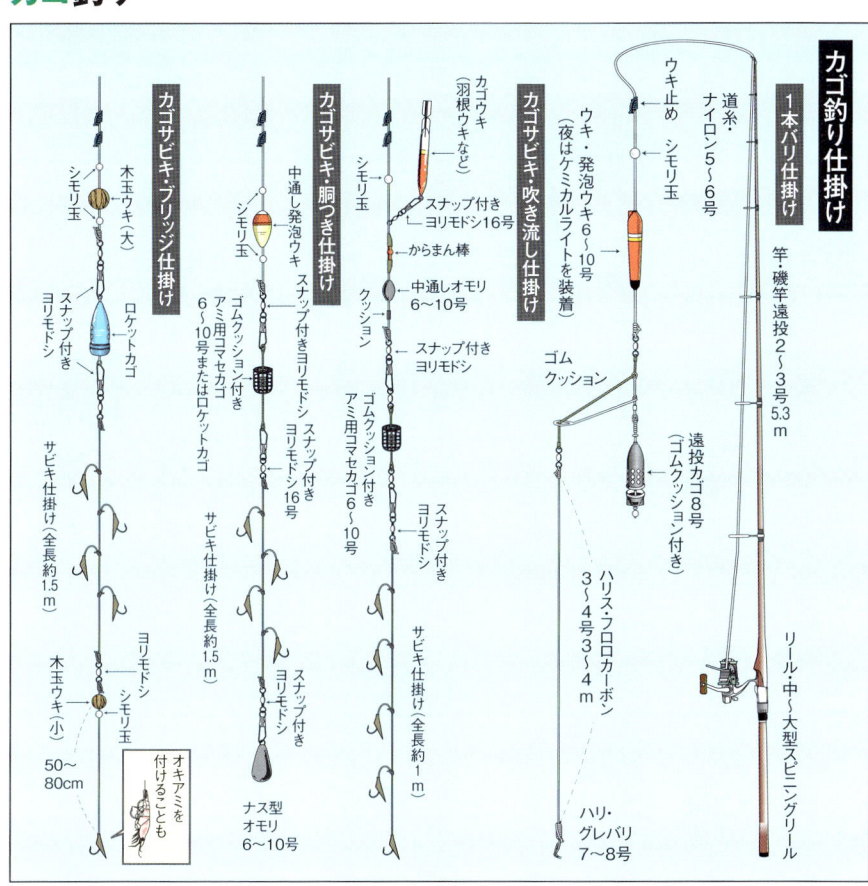

そのためあまり足下まで寄ってこないワカシやソウダガツオ、大型のサバ、アジなどがターゲットとなり、通常のサビキ釣りよりもパワフルな釣趣を味わえる。

仕掛けもどちらかといえばサビキ釣りというより、カゴ釣り仕掛けそのもので、ハリの部分が1本バリになるかサビキ仕掛けになるかの違いである。

仕掛けは、吹き流し式や胴つき式、表層を泳ぐワカシやイナダ、ソウダガツオを狙うのに適した、仕掛けの前後に玉ウキの付いたブリッジ式などがあるが、初心者は胴つき仕掛けがおすすめである。

底オモリスタイルにすると、キャスト時に仕掛けが絡みにくく、アタリも取りやすい。しかも、通常のサビキ仕掛けをそのまま使えるから、カゴ釣り(エサ釣り)と同様のタックルがあれば、仕掛けの変更のみでカゴサビキ釣りが楽しめるのだ。

また、サビキ仕掛けも、号数に幅を持たせて用意しておけば、中〜小型のアジやコノシロ、サバ、ワカシなどを狙うことができる。

Shore Fishing
Technical Guide

投げ釣り

タックルに仕掛け、そしてイソメエサがあればOKのシンプルな釣りだが、ハゼからマダイまで多彩なターゲットが狙えるぞ！

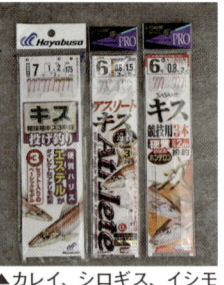
▲カレイ、シロギス、イシモチなどなど、対象魚別の仕掛けが市販されている

◀テンビンオモリに仕掛けもセットになったちょい投げ仕掛け

▶一般的なL型テンビンも、サイズや形別で多数のアイテムが存在する

▲投げ釣りのメインターゲットがシロギスだ

▼飛距離を出すための独特のスプール形状を持つ投げ専用スピニングリール。ドラグ機能付きもある

おもに堤防や砂浜から仕掛けを投げて、海底の近くを泳ぐシロギスやアイナメ、カレイなどを狙うための釣り方だ。仕掛けを遠くへ飛ばす必要があるので、仕掛けの絡み防止を兼ねたオモリ付きのテンビンを使用するのが一般的。代表的なのがカイソウテンビンやジェットテンビンであり、ほかにも潮に流されにくいエンダーテンビン、回収すると同時にフワリと浮き上がって根掛かりしにくいフロートテンビンなどがある。

仕掛けの先にオモリを付けて投げ込む胴つき仕掛けでも投げ釣りは行える。これは流れの速い場所、海底から浮き上がって泳ぐイシモチなどを狙うときに使用され、根の多い場所にも適している。

これら、オモリ付きのテンビンなどを100メートルも投げるには、竿も専用のものが必要だ。投げ専用の竿には携帯に便利な振出しタイプ、より本格的な継ぎ竿タイプの2種類があるが、最初は持ち運びしやすい振出しタイプが便利。投げ竿を選ぶ際には、使用するオモリに合わせて号数をチェックすること。号

Shore and Boat fishing *Technical Guide*

投げ釣り

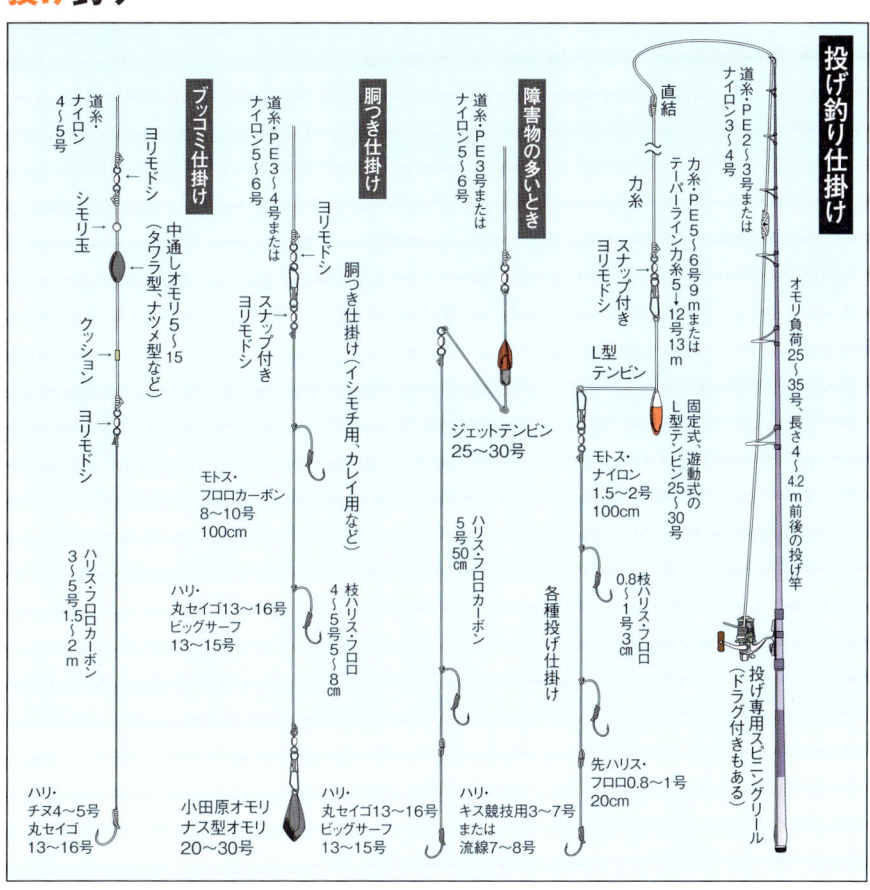

● ブッコミ釣り

中通しオモリを使ってポイントへ仕掛けを投げ込み、マダイやクロダイを狙う釣り方をブッコミ釣りという。イシダイ釣りもこのブッコミ釣りの一種である。タックルには大物を狙う釣りなので、投げやすさだけではなく大物とヤリトリできる強靭さが求められる。マダイ釣りなどでは磯竿の3～4号とドラグ性能に優れた大型のスピニングリール、イシダイ釣りには専用のイシダイ竿と巻き上げパワーに優れた両軸リールが使われる。

数が大きいほど遠投可能だが、その分力も必要。またオモリとのバランスが悪いとかえって飛ばなくなってしまうので注意しよう。リールも道糸が抵抗なく放出されるように設計された専用リールがおすすめ。近ごろではドラグ機能が装備された投げ釣り専用リールもあり、大型魚狙いには重宝するアイテムだ。

ただ、堤防などでは遠くへ投げなくても魚が釣れるため、短めの竿と軽めのオモリで軽く投げる「ちょい投げ」が有利。釣り場や体力に合った釣り方を選ぼう。

Shore Fishing
Technical Guide

ルアー釣り

ルアーで狙える魚種は意外に多い。定番のシーバス（スズキ）を筆頭にメバルやソウダガツオ、イナダなどの小型回遊魚を始め、イカやタコも釣れる！

イナダなどの回遊魚は絶好のルアーターゲットでもある

▲サーフトローリングで使用する弓ヅノ

▲ターゲットに合わせてタックルも使い分ける

▲タコ専用の餌木も市販されている

ルアーの種類

最もオーソドックスなフローティングミノー

深場を狙うのに最適なバイブレーションプラグ

オールマイティーに使用できるメタルジグ

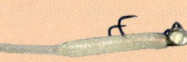

メバルなどの小魚に威力を発揮するソフトルアー

アオリイカを狙う和製ルアーが餌木

小魚に似せたフック付きの擬似餌（ミノープラグ）を投げ、アクションをつけながら引くことによって魚の食欲と好奇心を刺激するのがルアー釣りである。したがって、ターゲットは小魚を捕食するフィッシュイーターだ。

カツオ、ヒラマサ、ワラサ、マグロ、シイラといった大型回遊魚はもちろんだがスズキ、メバル、カサゴ、カマスもターゲットになる。イサキやクロダイ、ヒラメやマゴチが飛びつくこともある。

● ソフトルアーの釣り

プラスチック製ワームやグラブをソフトルアーというが、最近は堤防からのソフトルアー釣りが人気である。第一の理由は生エサを使わないため手軽で、汚れず、短い時間でも楽しめるからだ。一般的にはジグヘッドと呼ばれる専用のオモリ付きフックにソフトルアーを装着し、これを軽く投げて海底近くに潜む魚を誘う。

● メタルジグの釣り

海のルアー釣りでは小魚をまねたミノープラグがよく使われ、用途に応じて様

Shore and Boat fishing *Technical Guide*

ルアー釣り

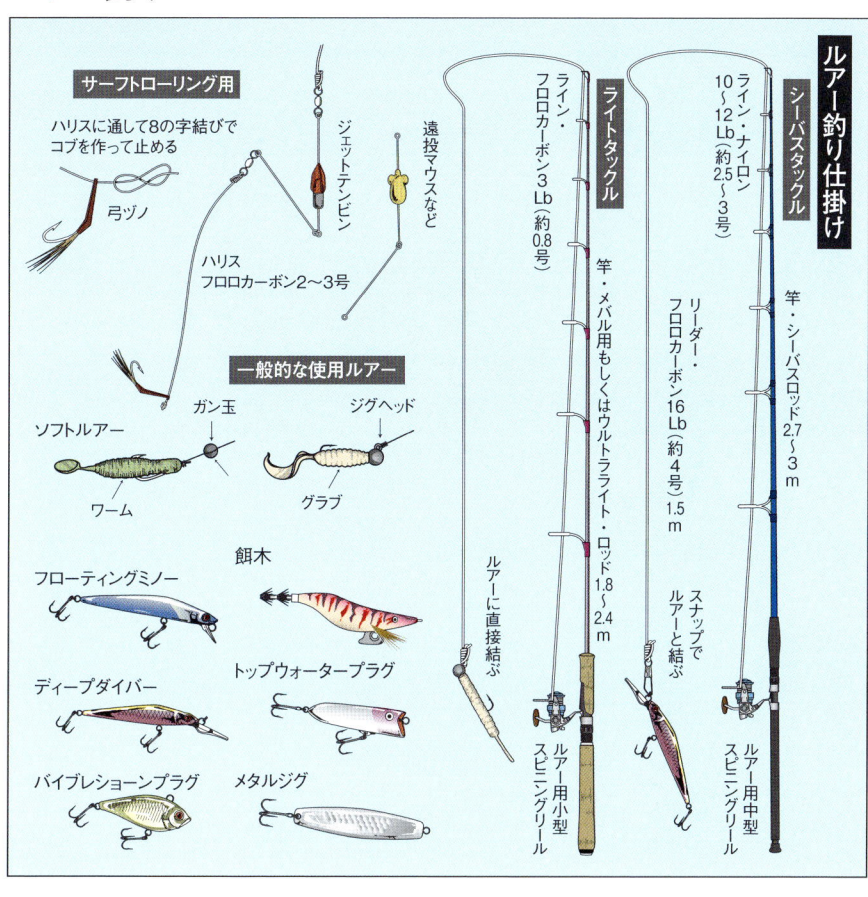

●弓ヅノと餌木の釣り

ルアー釣りは欧米から輸入された釣り方だが、日本にも古くから擬似餌による釣りがあった。

弓ヅノは牛や鹿などの角を削ってハリを付けたもので、海岸からイナダやソウダガツオを釣るのに使われていた。現在もジェットテンビンや専用のフロートにセットして使われ、これにしか反応しないというケースもしばしばある。

また、最近ブームになっているアオリイカのエギングも日本古来のルアー釣りだ。これは餌木と呼ばれるエビや小魚を模した木製ルアーを投げ、ゆっくり引いたり大きくシャクったりしながらイカを乗せる。また、同じ餌木(専用のタコ餌木もある)を使用してタコも狙える。

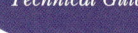

ボート釣り

陸から離れて沖に出る。
手こぎボートだから行ける範囲に限りはあるが、
陸っぱりとはひと味違う釣りが楽しめるぞ

シロギス用のタックルは竿先の敏感なボートロッドにスピニングリールで狙う

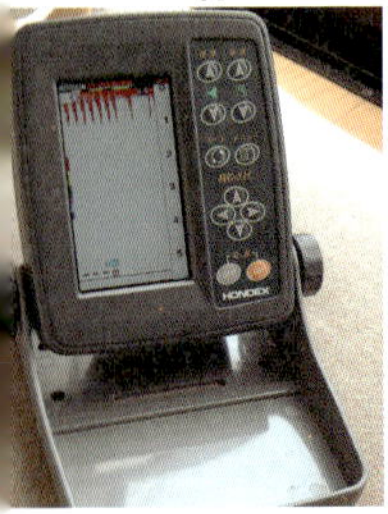

▲ボート釣りの入門にも最適なターゲットがシロギスだ

▼ポータブルの魚群探知機もあると便利

▲アジ狙いは専用の竿に小型両軸リール、コマセカゴに仕掛けは市販のサビキ仕掛けだ

▲弓型テンビンにナス型オモリ、全長の短い市販のシロギス仕掛けを用意。エサはアオイソメやジャリメ

手こぎボートの釣りは手軽に自由に楽しめるのが魅力。本格的な沖釣りほど沖に出られるわけじゃないけれど、陸っぱりからではとうてい届かない沖のポイントで竿を出すことができる。それだけ釣果も期待できるし、狙える魚種も増えるという寸法だ。

ボート釣りで狙える魚種は色いろあるが、最も手軽でポピュラーなのはシロギスとアジだろう。

シロギスは弓型テンビンにナス型オモリ、2～3本バリの投げ釣り仕掛けで狙う。道糸はPEラインがおすすめだ。

この投げ釣り仕掛けはシロギスだけでなく、カレイやハゼ、イシモチ、カワハギなども狙うことができる。もちろん狙う魚の大きさや釣り場の海底形状によってハリスの太さやオモリの大きさ、ハリの種類などを変える必要はあるが、基本的な仕掛けの構造は同じ。仕掛けのパターンが同じということは、つまり釣り方の基本が同じということだ。根掛かりのあまりないポイントで底付近を虫エサで狙うなら、この仕掛けが効果的なのだ。

Shore and Boat fishing *Technical Guide*

ボート釣り

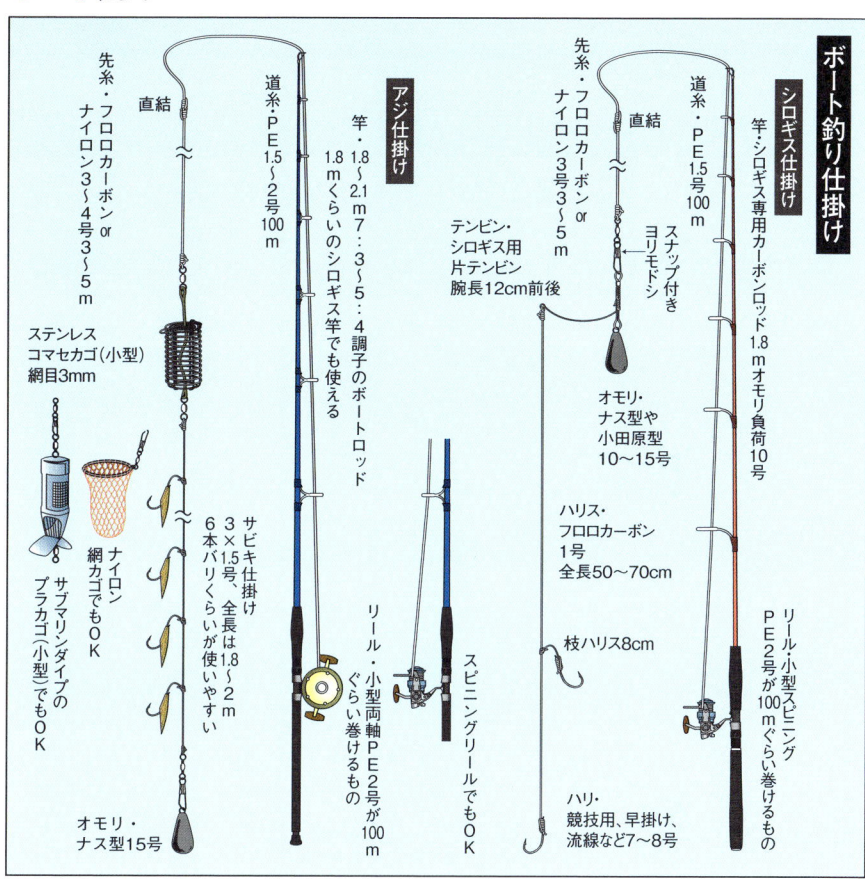

ボート釣り仕掛け

もう一つのボート釣りの人気ターゲット・アジはサビキ仕掛けで狙う。アミコマセで魚の群れを寄せ、コマセの中で擬餌バリを躍らせることで食いつかせるのがサビキ釣り。大きな群れに当たればクーラー一杯の大漁だって夢じゃない高効率な釣りだ。アジのほかに、イワシやメバル、ワカシ・イナダなどもこの釣り方でOK。とくに難しいテクニックがあるわけではないので、子供でも簡単に釣果を得られるのがうれしい。

ボート釣りでは、シロギスやアジ以外にも様々な魚種が狙える。たとえばマダイ、ワラサ、マゴチにヒラメ、アオリイカ、マダコなどなど。海底の地形が急峻で、水深70メートルなんてボート釣り場もあって、そんな所ではアマダイも釣れる。これらを狙うには専用の仕掛けが必要だ。それぞれターゲットごとの仕掛けについては、45ページからのターゲット別仕掛けガイドをご覧いただくとして、これからボート釣りを始める方にはまず、キス仕掛けとサビキ仕掛けを覚えていただきたい。

ヘチ釣り

クロダイやメバルを狙う！
堤防の際をシンプルな仕掛けで落とし込む

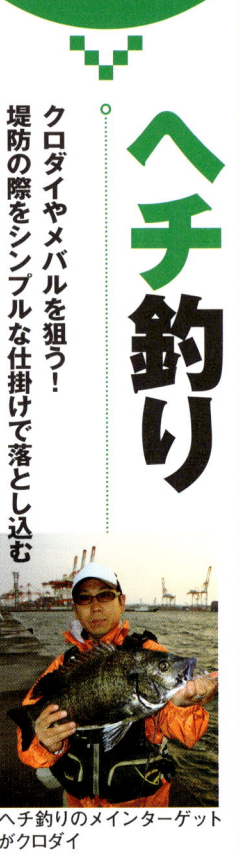

ヘチ釣りのメインターゲットがクロダイ

ヘチ釣り仕掛け

関東地区の代表的なヘチ釣り仕掛け
- 道糸・蛍光ナイロン（黄・オレンジ）3号
- 極小ヨリモドシ もしくは直結
- ハリス・1.5号 1.5m
- ガン玉B〜3B
- ハリ・黒チヌ3〜5号
- 竿・2.1〜2.4mヘチ竿
- リール・タイコリール90mmΦ

関西地区の目印釣り仕掛け
- 道糸・蛍光ナイロン3号
- 目印（パイプ）
- ハリス・1.5号 1m
- ガン玉
- ハリ・黒チヌ3〜5号
- 竿・4.5mクロダイ用前打ち竿
- リール・タイコリール90mmΦ

堤防の壁際を「ヘチ」という。ヘチはクロダイやアイナメ、シマダイ（イシダイの若魚）などの格好の住処だ。このヘチに照準を絞り、好物のイガイ（カラス貝）やカニ、エビ、イソメなどをそっと落とし込む釣り方がヘチ釣りである。コマセやウキやテンビンを使わず、シンプルな仕掛けで足でポイントを探り歩くのがこの釣りのおもしろさだ。

仕掛けを遠くへ投げたり流す必要がないため、リールはタイコリールと呼ばれるギア比1対1の専用リールを使う。タックルや仕掛けがシンプルなので経験がモノをいう釣りだが、それだけにハリ掛かりさせた魚とのヤリトリは非常にスリリングだ。

ヘチ釣りというのは関東の呼び方であり、関西地区ではボタ釣りとか前打ちが一般的である。関西地区の堤防は足場の高い所が多いため竿も長く、アタリを取りやすいように目印を使う釣り方が普及している。この仕掛けでヘチを探るのが「ボタ釣り」、やや沖へ投げ込んで遠くを探るのが「前打ち」だ。

Shore Fishing
Technical Guide

ミャク釣り

直接ブルブルと竿にくる！
ブラクリや中通しオモリの1本バリで
魚を仕留める

ブラクリ釣り仕掛け

- 道糸・ナイロン3号、PE1号
- 3.9〜4ｍの磯竿 1.5〜2号
- 中通しオモリ 1〜3号
- クッション（ゴム管）
- ヨリモドシ
- ハリス 2〜3号
- ブラー仕掛け
- ブラクリ仕掛け 0.8〜2号
- スピニングリール（ベイトリールでも可）
- ハリ・チヌ3〜4号

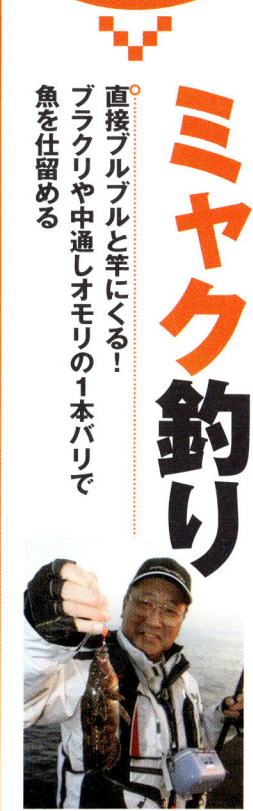

ブラクリで仕留めたアイナメ

　堤防や磯の際、岩の隙間へ仕掛けを落とし、竿先でエサを動かしながらポイントを探る釣法。仕掛けは糸とハリとエサとオモリだけというシンプルな釣り方で、釣りの原点ともいえるだろう。竿先で脈を取るようにアタリを取る釣りだ。おもなターゲットはカサゴやアイナメだが、周辺にいる魚ならすべて狙える。エサは魚やイカの切り身、イソメ類、エビ類、カニ類、貝類など。

　オモリをハリと一体化させ、ポイントを探りやすくしたのがブラクリ仕掛けである。オモリに短いハリスを介してハリが結んであるだけの仕掛けだが、狭いポイントを探りやすく、根掛かりも少ないのがメリット。ナツメオモリを使って自作する人も多い。アイナメ用の釣り方だが、カサゴやアナゴなども釣れる。

　このブラクリにルアーの動きを持たせたのがブラーと呼ばれる、扁平なハリ付きオモリだ。ハリにイソメを付けてユラユラと沈め、メバルやカサゴ、ソイなどの食欲を刺激する作戦であるが、マダイやスズキ、カレイまで飛びついてくる。

仕掛けの結びをマスターしよう

仕掛けを作るということは、イコール糸を結ぶということ。糸と糸、糸とハリ、糸とヨリモドシなど、結び方を知らないと釣りができない。初めからハリが結んである「ハリス付きハリ」や既成品の仕掛けも市販されているけれど、これだってハリスやヨリモドシに結ばないと使えないのだ。ここで紹介した結びは基本的なものばかり。ぜひ覚えてほしい。

ウキ釣り仕掛けで使われる結び方と場所

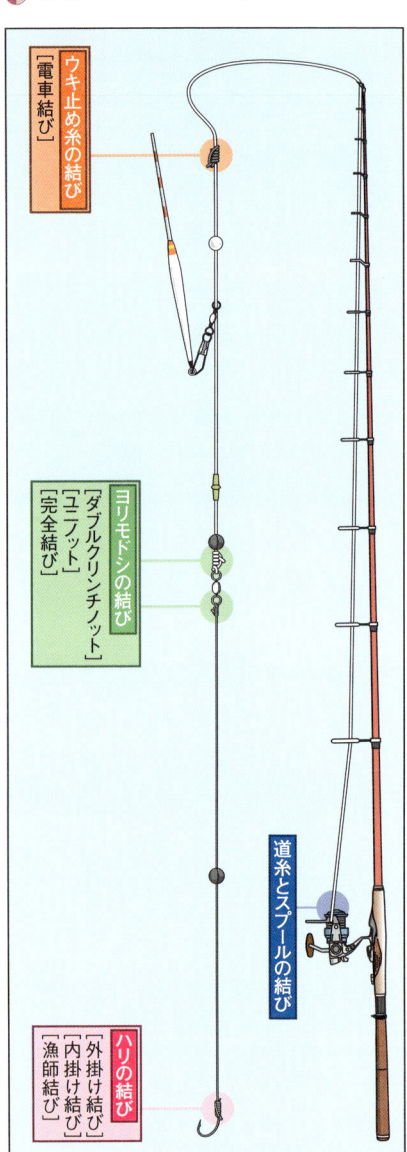

[ウキ止め糸の結び]
［電車結び］

[ヨリモドシの結び]
［ダブルクリンチノット］
［ユニノット］
［完全結び］

[道糸とスプールの結び]

[ハリの結び]
［外掛け結び］
［内掛け結び］
［漁師結び］

- ❖ リールのスプールに道糸を結ぶ
- ❖ ヨリモドシの結び
- ❖ ハリの結び
- ❖ ループを作る
- ❖ リーダーとルアーの結び
- ❖ 糸と糸の結び
- ❖ 枝ハリスの出し方

投げ釣り仕掛けで使われる結び方と場所

サビキ釣り仕掛けで使われる結び方と場所

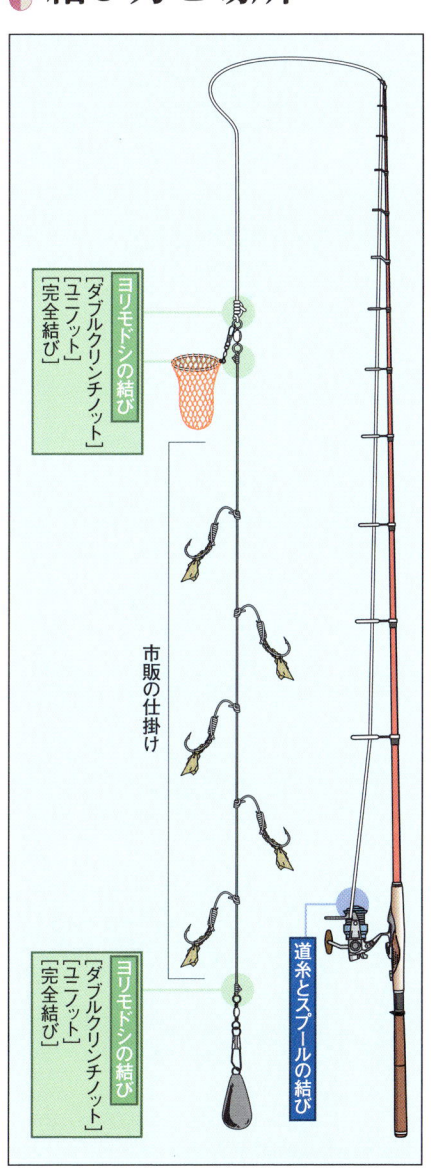

ヘチ釣り仕掛けで使われる結び方と場所

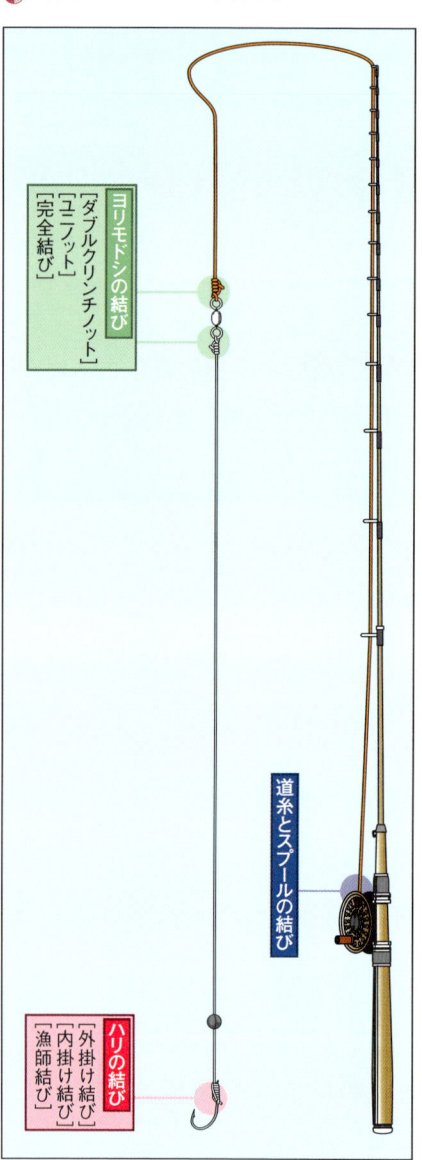

ヨリモドシの結び
［ダブルクリンチノット］
［ユニノット］
［完全結び］

道糸とスプールの結び

ハリの結び
［外掛け結び］
［内掛け結び］
［漁師結び］

ルアーフィッシングで使われる結び方と場所

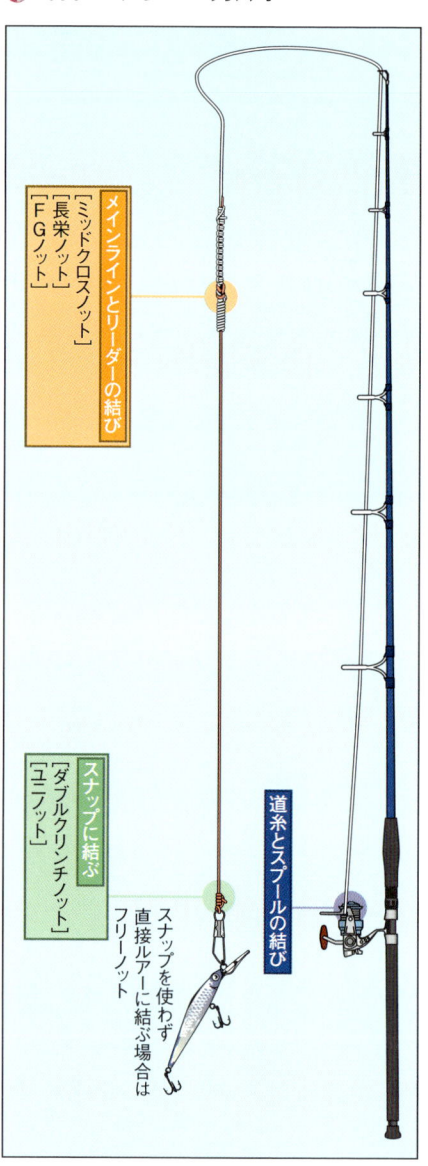

メインラインとリーダーの結び
［ミッドクロスノット］
［長栄ノット］
［FGノット］

スナップに結ぶ
［ダブルクリンチノット］
［ユニノット］

スナップを使わず直接ルアーに結ぶ場合はフリーノット

道糸とスプールの結び

仕掛けの結びをマスターしよう

ボート釣り仕掛けで使われる結び方と場所

ミャク釣り仕掛けで使われる結び方と場所

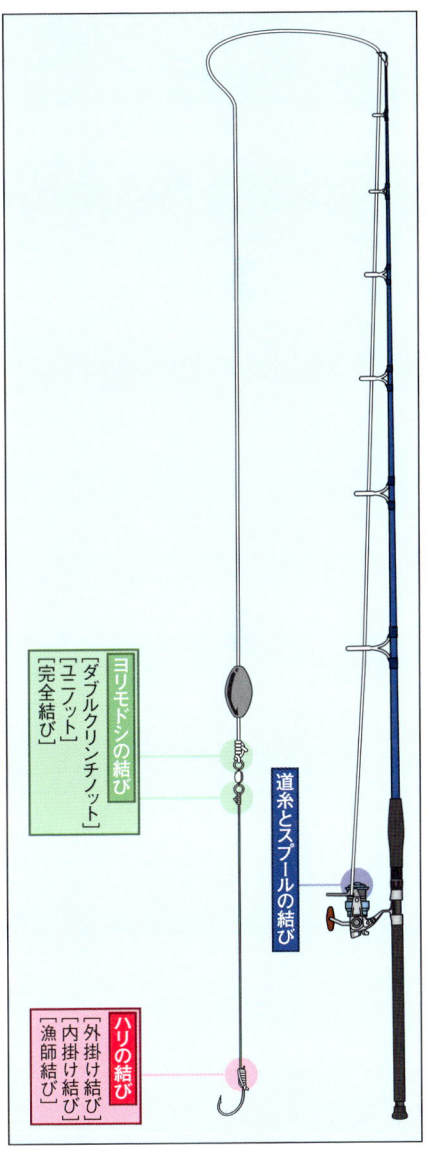

リールのスプールに道糸を結ぶ

リールに道糸を巻くとき、最初にスプールに結ばなければならない。道糸を巻いてしまえば、スプールの一番底なので強度などが問題になることはほとんどない

道糸とスプールの結び

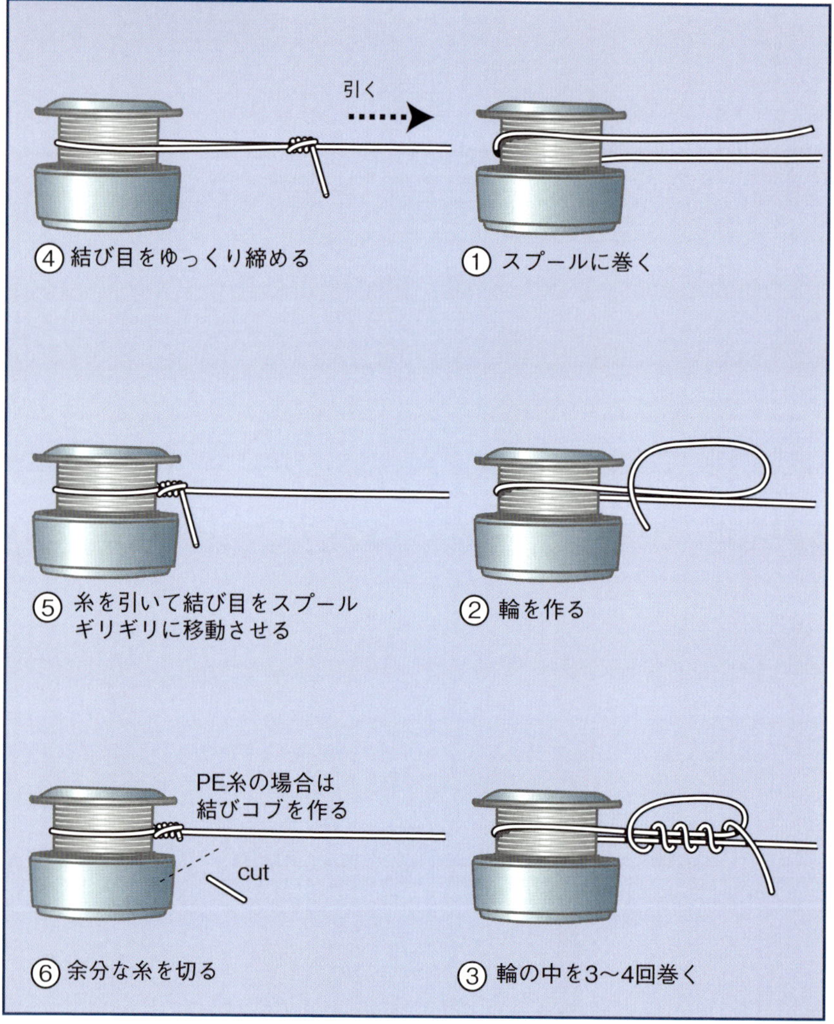

④ 結び目をゆっくり締める（引く）

① スプールに巻く

⑤ 糸を引いて結び目をスプールギリギリに移動させる

② 輪を作る

⑥ 余分な糸を切る（PE糸の場合は結びコブを作る　cut）

③ 輪の中を3〜4回巻く

仕掛けの結びをマスターしよう

❖ヨリモドシの結び
ダブルクリンチノット

ヨリモドシのカンに糸を2度くぐらせる。
1度しかくぐらせないものはクリンチノットという。ダブルクリンチのほうが強い

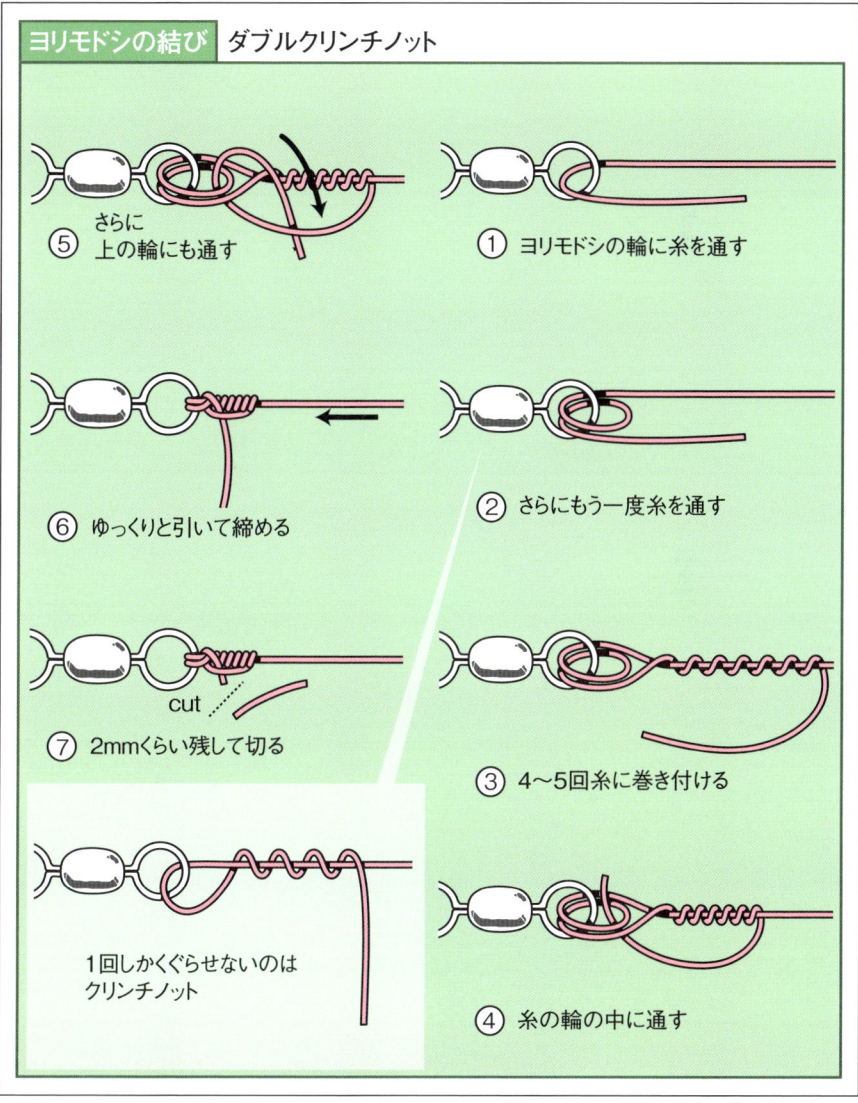

❖ヨリモドシの結び
ユニノット

ヨリモドシの結び方としては、クリンチノットと並んでポピュラー。
簡単で手早く結べるのが特徴だ

| ヨリモドシの結び | ユニノット |

④ 先端を引いて結びを軽く締める

⑤ 本線を引いて締める

⑥ 余った糸をカット
cut

① ヨリモドシの輪に糸を通す

② 先端を折り返し輪を作る

③ 輪にくぐらす要領で5〜6回巻いていく

028

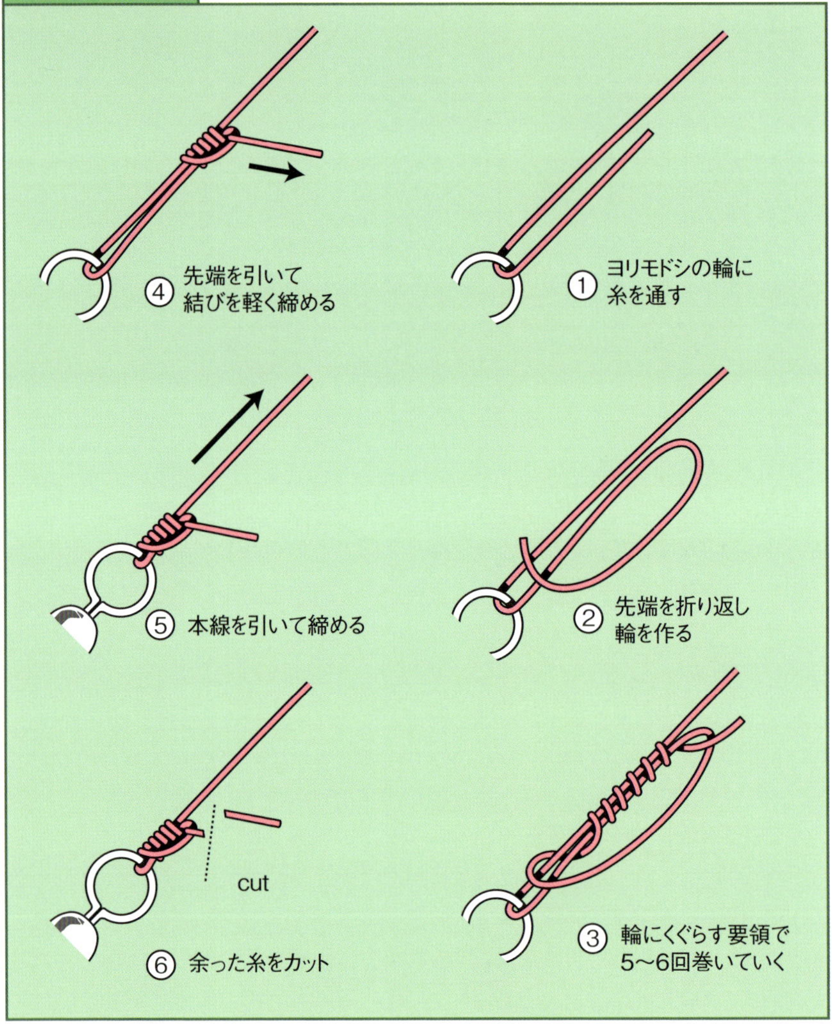

仕掛けの結びをマスターしよう

❖ヨリモドシの結び
完全結び

一見ややこしそうだが、実際に結んでみると意外に簡単。
別名「最強結び」ともいい、強度は抜群

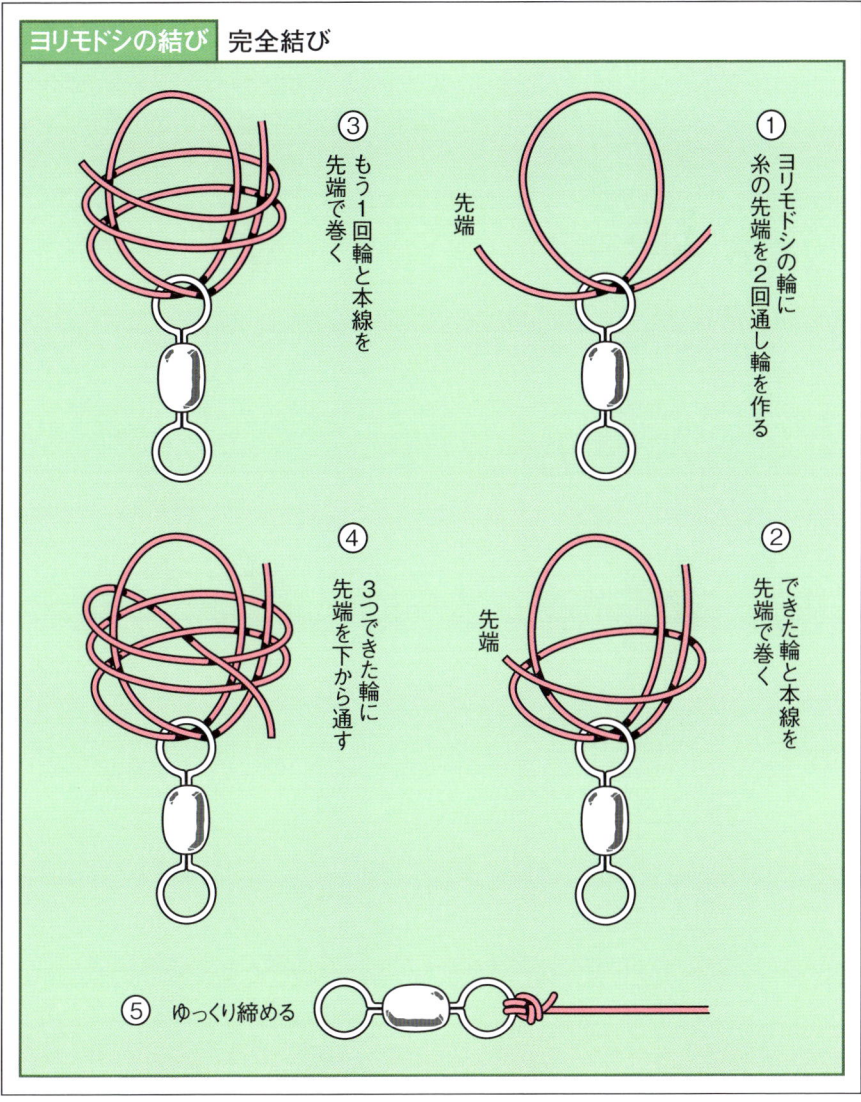

ヨリモドシの結び｜完全結び

① ヨリモドシの輪に糸の先端を2回通し輪を作る
② できた輪と本線を先端で巻く
③ もう1回輪と本線を先端で巻く
④ 3つできた輪に先端を下から通す
⑤ ゆっくり締める

❖ハリの結び
外掛け結び

ハリの結び方としては最も基本的なもの。まずはこれを覚えたい

ハリの結び 外掛け結び

① ハリ軸の内側にハリスを沿わせる

② 輪を作る（押さえる）

③ ハリスをハリのチモト方向へ巻き付ける

④ 6～10回巻き付けたら最初に作った輪に通す

⑤ 本線を引いて締める

⑥ 余った糸をカット（cut）

030

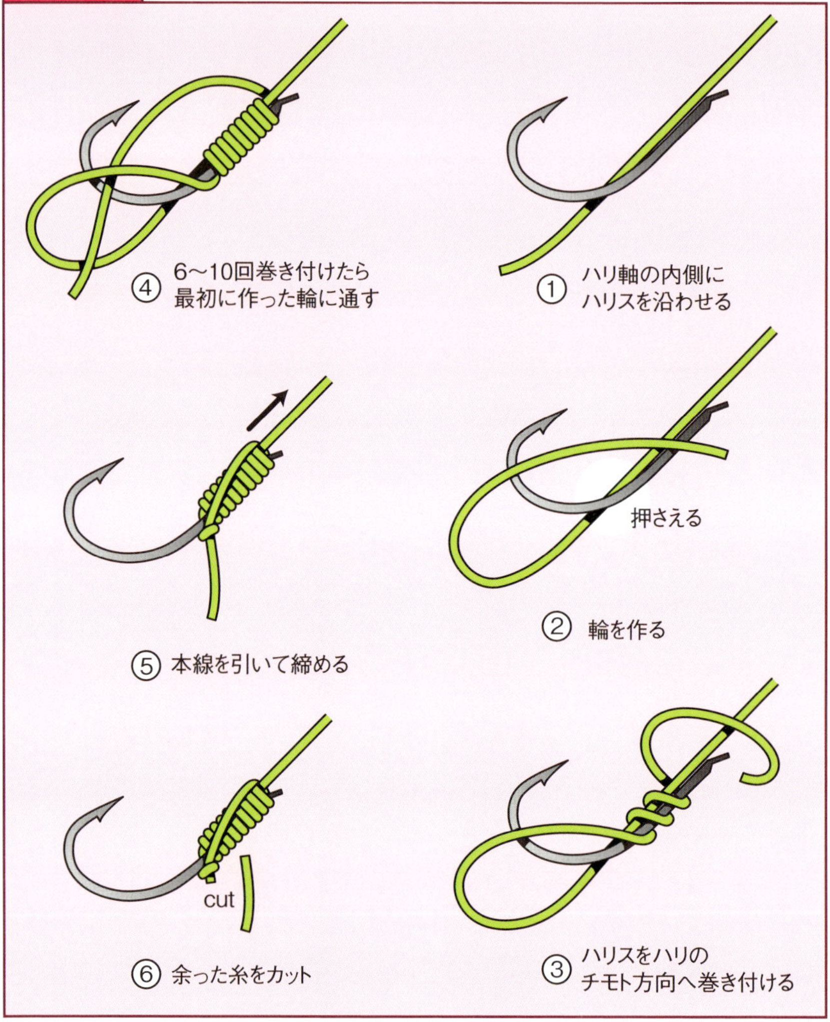

仕掛けの結びをマスターしよう

❖ハリの結び
内掛け結び

外掛け結びよりほどけにくいといわれる。ハリスの長さを調整しやすいのも特徴だ

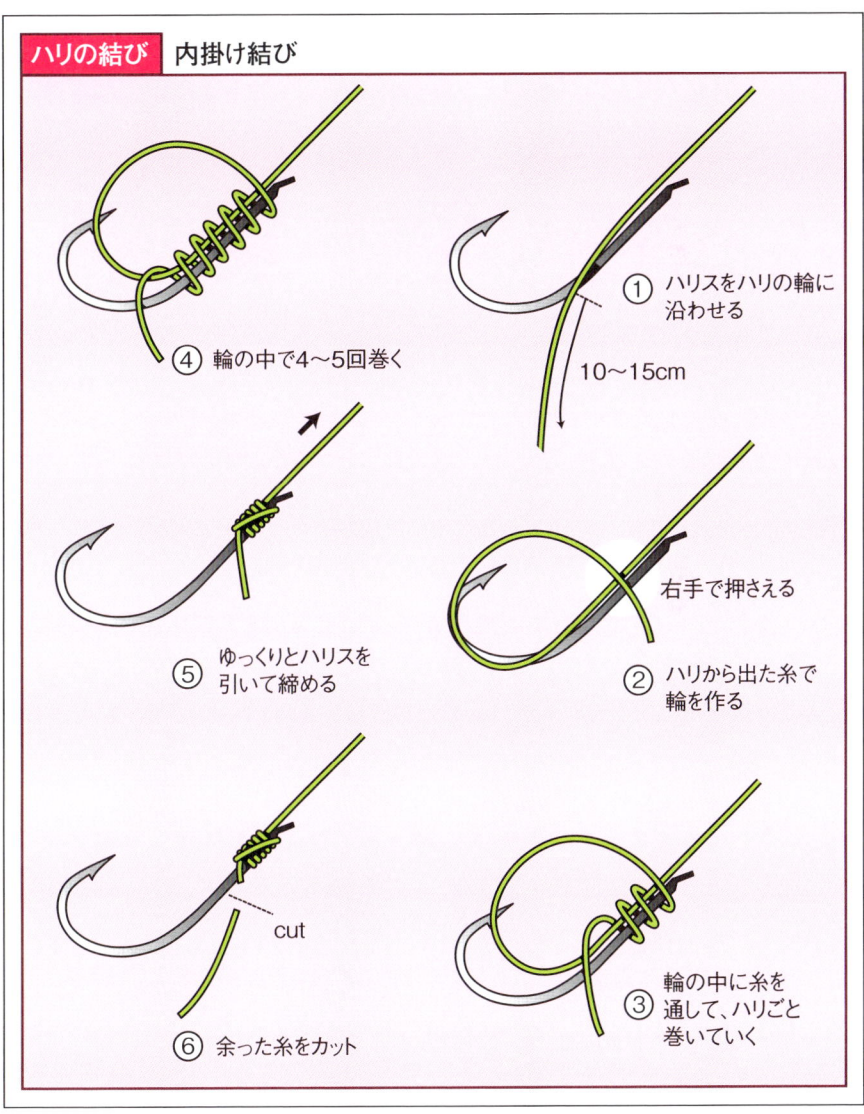

❖ハリの結び
漁師結び

ハリスがハリの軸に沿わず垂直方向に出る。
切り捨てる端糸が少ないのでハリスが短くならないのも特徴だ

ハリの結び	漁師結び

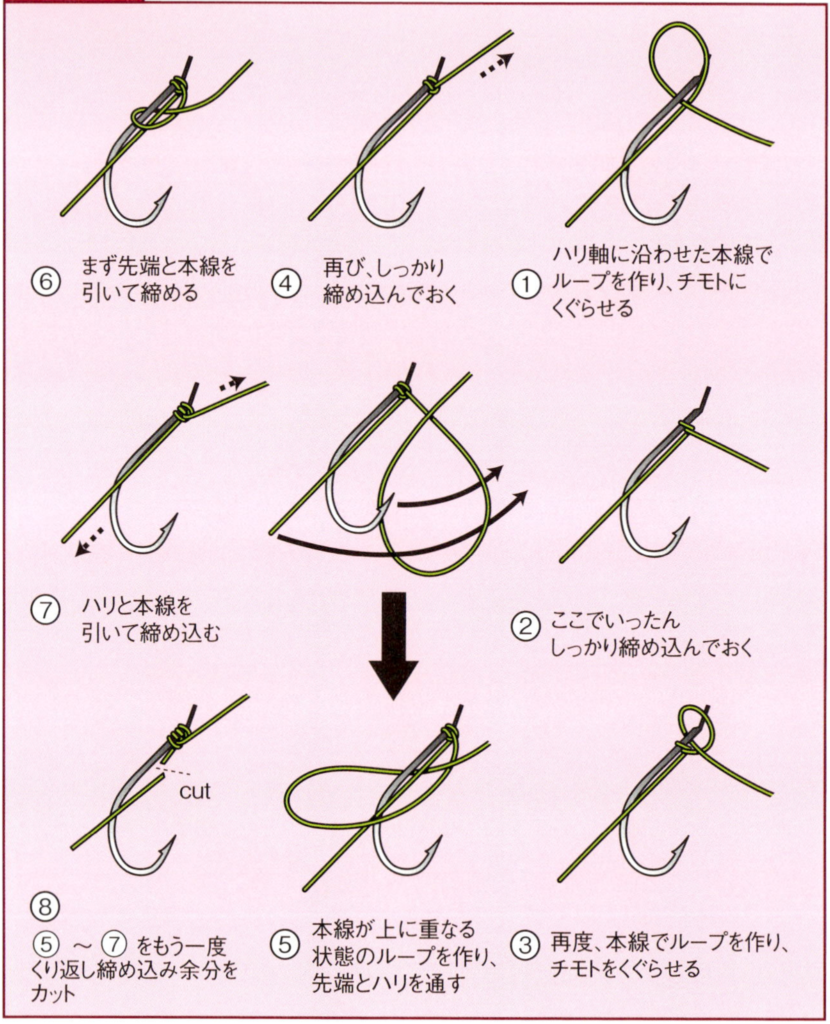

⑥ まず先端と本線を引いて締める

④ 再び、しっかり締め込んでおく

① ハリ軸に沿わせた本線でループを作り、チモトにくぐらせる

⑦ ハリと本線を引いて締め込む

② ここでいったんしっかり締め込んでおく

cut

⑧ ⑤〜⑦をもう一度くり返し締め込み余分をカット

⑤ 本線が上に重なる状態のループを作り、先端とハリを通す

③ 再度、本線でループを作り、チモトをくぐらせる

032

仕掛けの結びをマスターしよう

❖ループを作る
チチワ（8の字）

糸で作った輪（ループ）は、ヨリモドシとつないだりループ同士をつないだりすることができる

ループを作る チチワ（8の字結び）

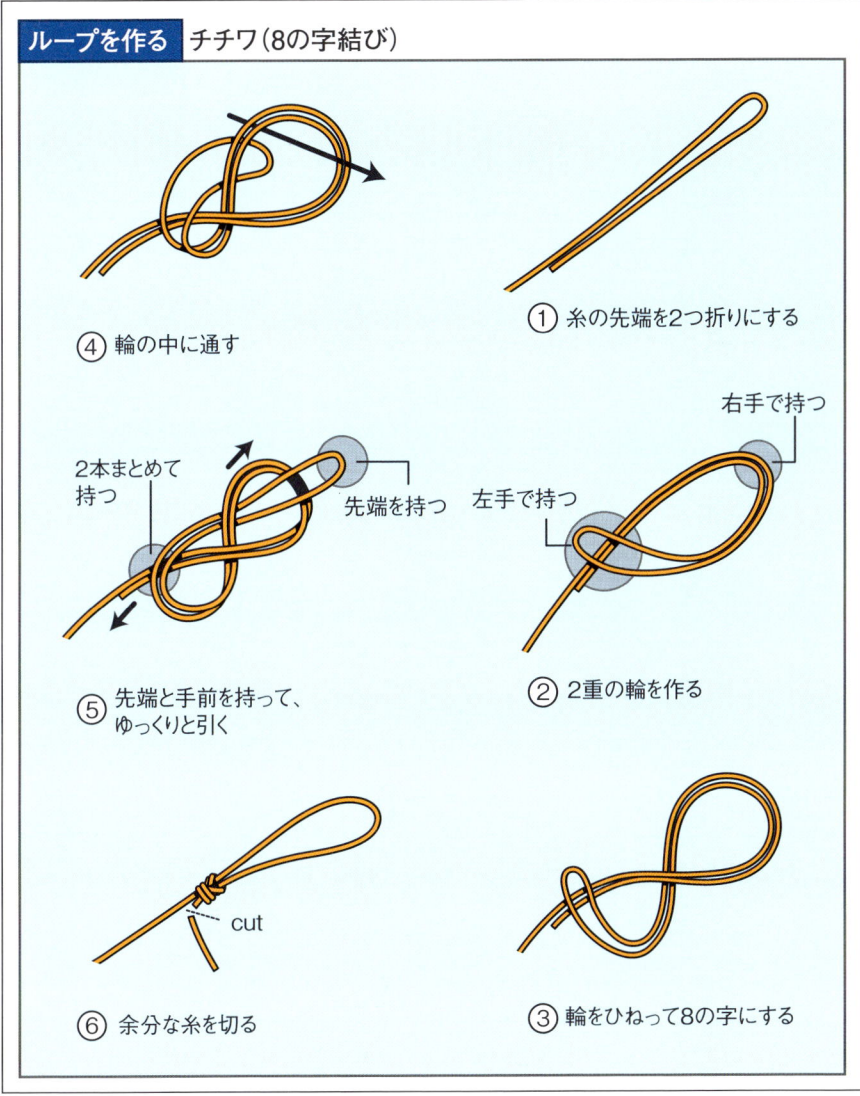

❖ループを作る
サージェンスループ

作った輪に先端部を2～3度くぐらせて締めるだけの簡単なループ。同様の結び方（2本の糸を沿わせて輪をくぐらせる）で糸と糸をつなぐこともできる（サージェンスノット）

ループを作る　チチワ（サージェンスループ）

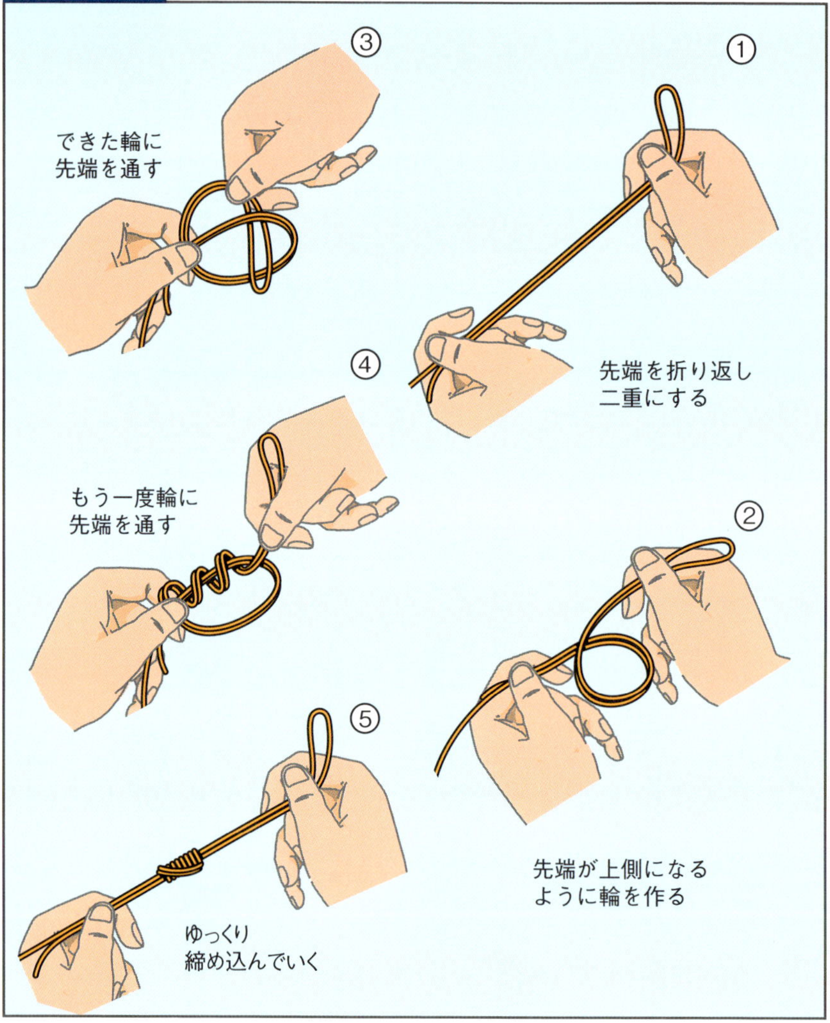

① 先端を折り返し二重にする

② 先端が上側になるように輪を作る

③ できた輪に先端を通す

④ もう一度輪に先端を通す

⑤ ゆっくり締め込んでいく

ループを作る
ビミニツイスト

ルアーフィッシングでよく使われるダブルライン（リーダーとの接続部分の強度を上げる）の作り方。覚えてしまえばそれほど難しくない

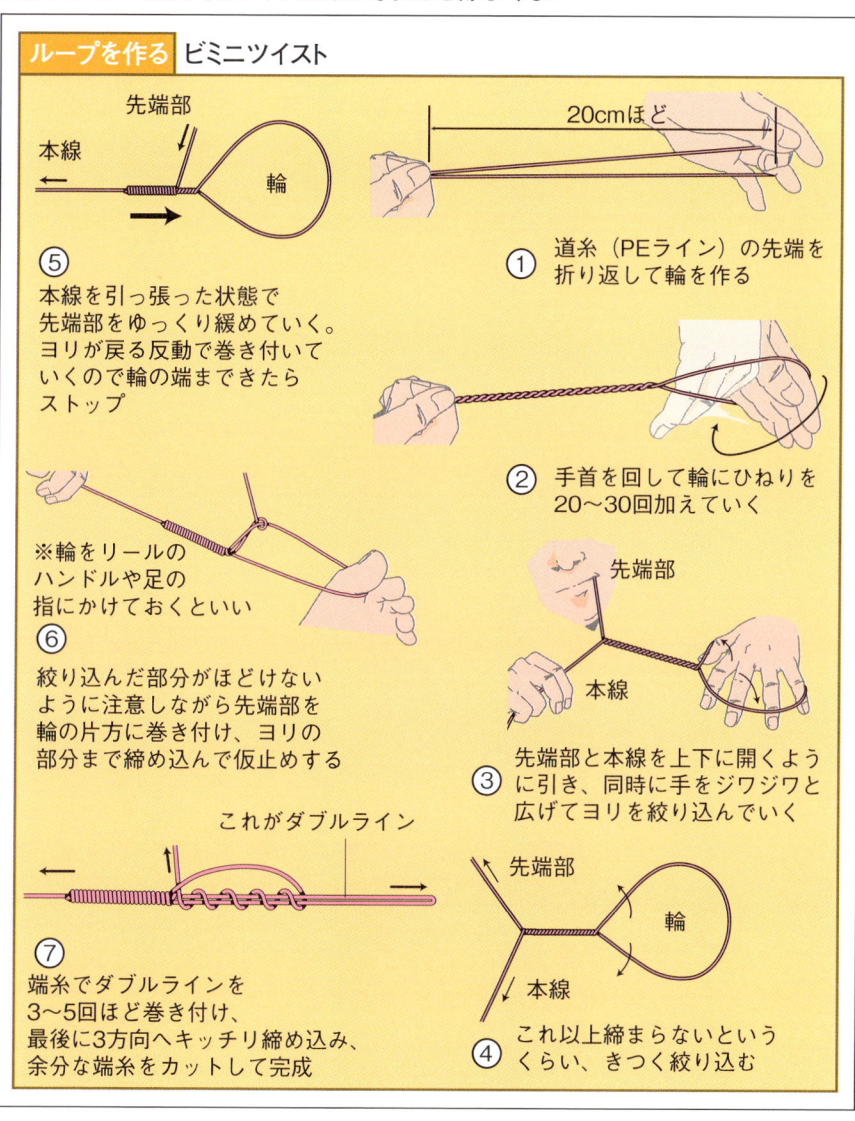

❖リーダーとルアーの結び
フリーノット

ルアーのアイをリーダーで締め付けないため、自由にルアーが動く。
スナップがないときはこの結び方で対応しよう

リーダーとルアーの結び　フリーノット	
⑤ 余ったラインで輪を作る	① シングルノットの輪を作る
⑥ メインのラインといっしょに輪の内側を3回ほど巻く	② ルアーのアイにラインを通す
⑦ 長さを調整しながら締め込む	③ シングルノットの輪にラインを通し、ラインの先端を引き締めていく
⑧ メインのラインを引き結び目をスライドさせて締め込み、余分なラインをカットして完成 cut!	④ ルアーのアイまで締め込む

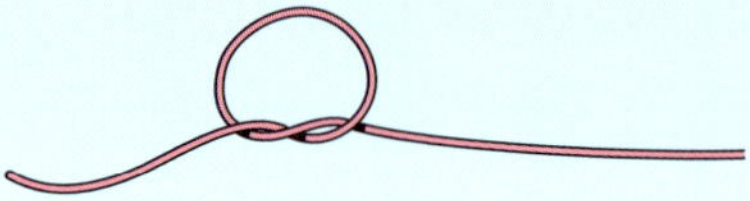

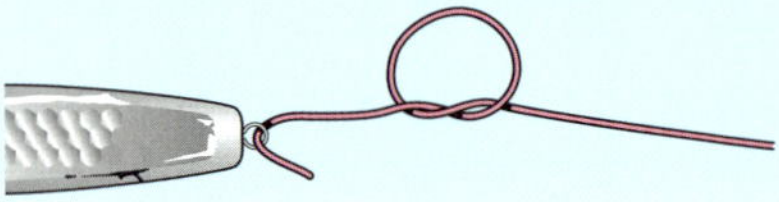

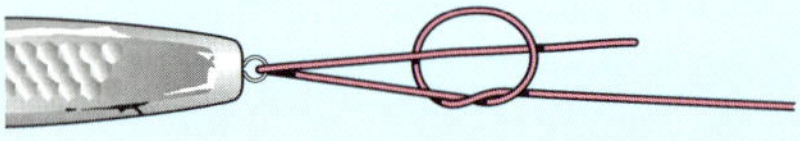

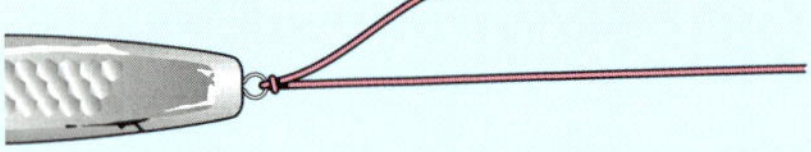

仕掛けの結びをマスターしよう

❖糸と糸の結び
電車結び

最も簡単な糸同士の接続法だ。
ウキ釣りのウキ止めや目印の結びにも応用される

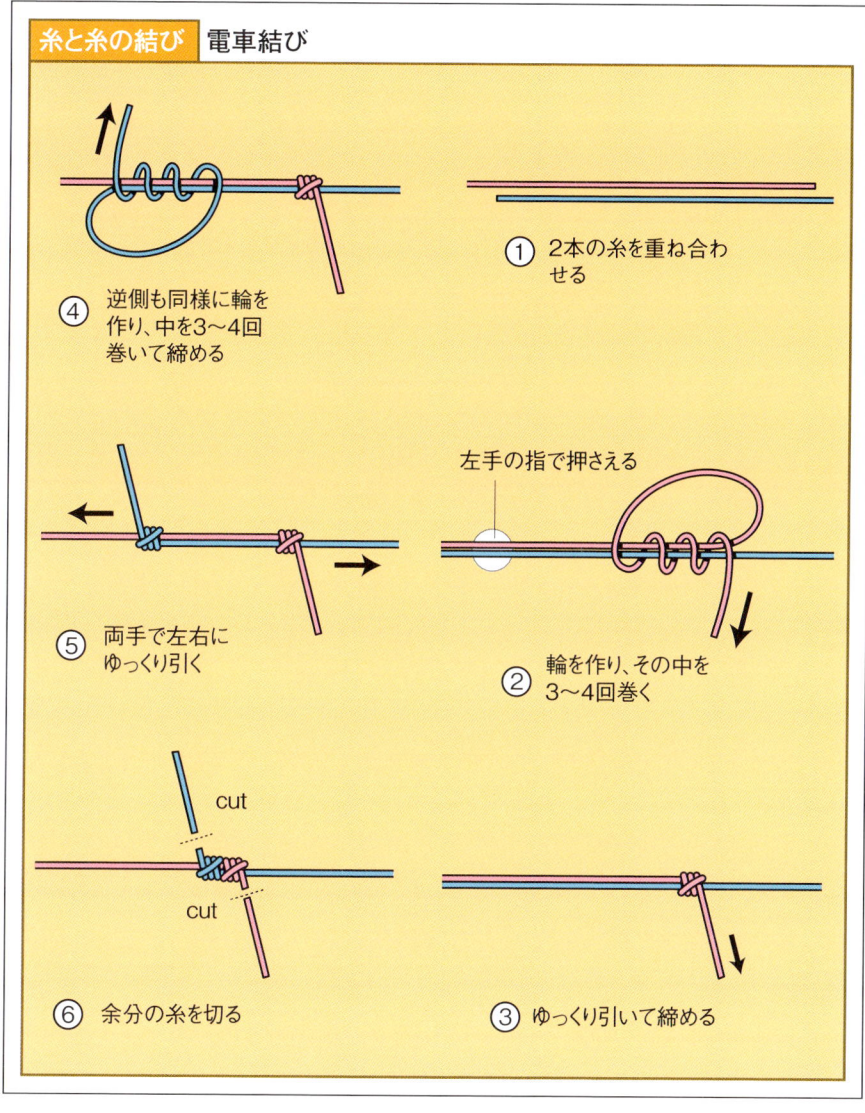

❖糸と糸の結び
ブラッドノット

別名アメリカ結び。結んだ端糸をギリギリでカットできるため、結び目が小さくできるのが特徴だ

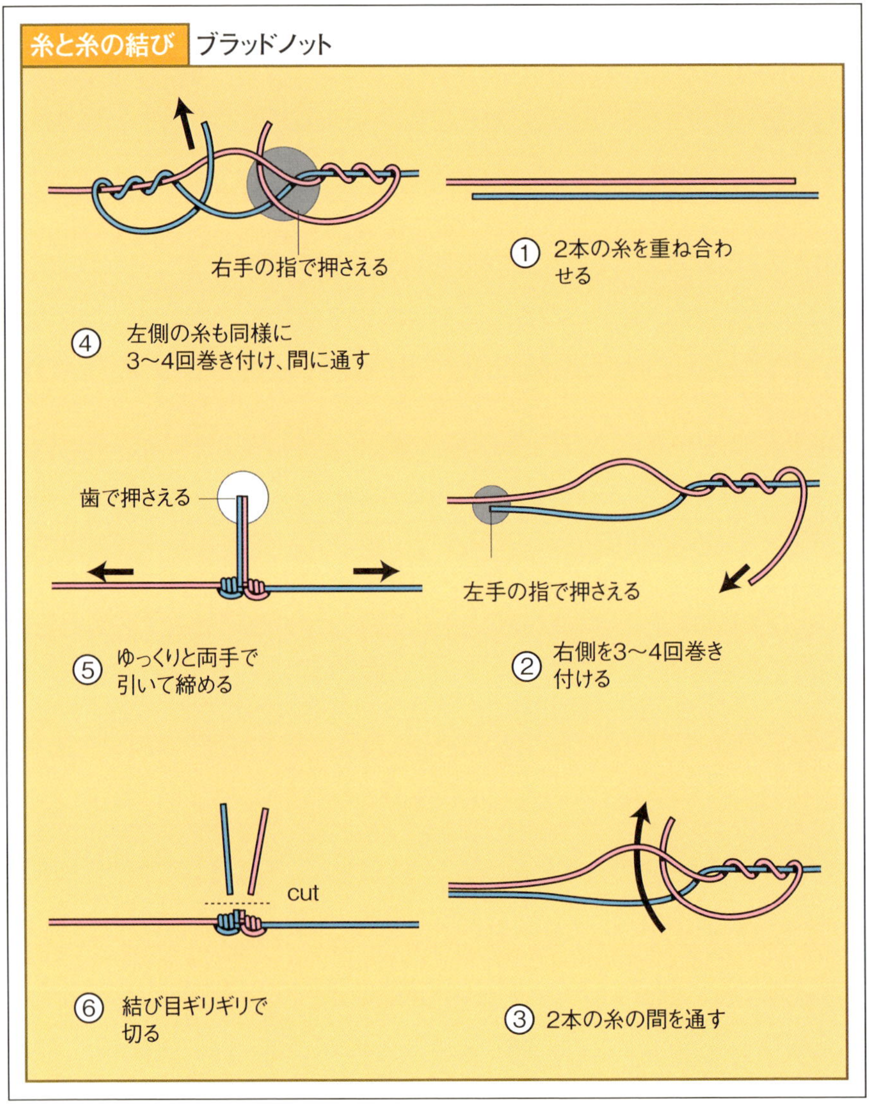

| 糸と糸の結び | ブラッドノット |

① 2本の糸を重ね合わせる

② 右側を3〜4回巻き付ける（左手の指で押さえる）

③ 2本の糸の間を通す

④ 左側の糸も同様に3〜4回巻き付け、間に通す（右手の指で押さえる）

⑤ ゆっくりと両手で引いて締める（歯で押さえる）

⑥ 結び目ギリギリで切る

仕掛けの結びをマスターしよう

❖糸と糸の結び
正海ノット

PEで作ったダブルラインにリーダーを接続する。簡単なうえ、十分な強度が得られる

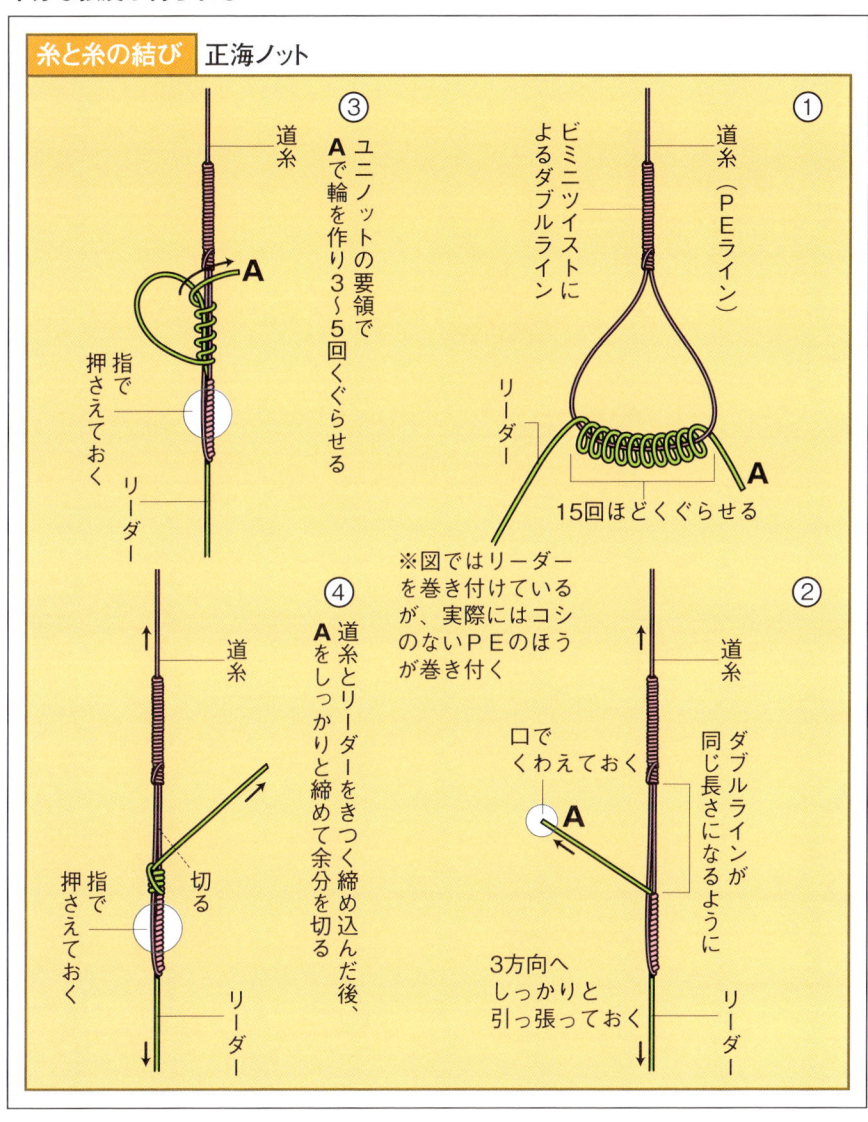

| 糸と糸の結び | 正海ノット |

① 道糸（PEライン）
ビミニツイストによるダブルライン
リーダー
15回ほどくぐらせる
A

※図ではリーダーを巻き付けているが、実際にはコシのないPEのほうが巻き付く

② 道糸
ダブルラインが同じ長さになるように
口でくわえておく
A
リーダー
3方向へしっかりと引っ張っておく

③ 道糸
ユニノットの要領でAで輪を作り3〜5回くぐらせる
A
指で押さえておく
リーダー

④ 道糸
道糸とリーダーをきつく締め込んだ後、Aをしっかりと締めて余分を切る
切る
指で押さえておく
リーダー

a knot

❖糸と糸の結び
長栄ノット

ダブルラインを作らずにPEのメインラインとリーダーを接続する。
特別な道具は不要。目玉クリップがあればOKだ

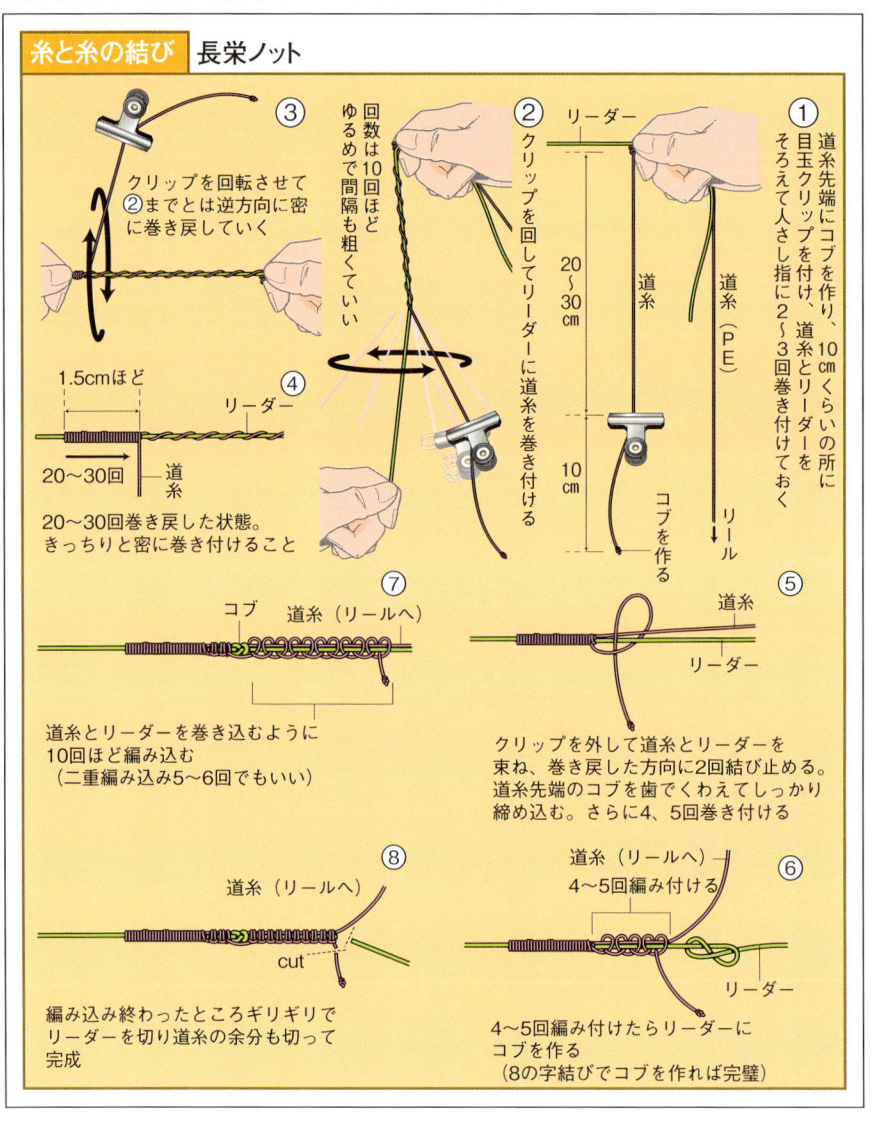

糸と糸の結び 長栄ノット

① 道糸先端にコブを作り、10cmくらいの所に目玉クリップを付け、道糸とリーダーをそろえて人さし指に2〜3回巻き付けておく

② クリップを回してリーダーに道糸を巻き付ける

③ クリップを回転させて②までとは逆方向に密に巻き戻していく
回数は10回ほど
ゆるめで間隔も粗くていい

④ 1.5cmほど リーダー
20〜30回 道糸
20〜30回巻き戻した状態。
きっちりと密に巻き付けること

⑤ クリップを外して道糸とリーダーを束ね、巻き戻した方向に2回結び止める。道糸先端のコブを歯でくわえてしっかり締め込む。さらに4、5回巻き付ける

⑥ 道糸（リールへ）
4〜5回編み付ける
リーダー
4〜5回編み付けたらリーダーにコブを作る
（8の字結びでコブを作れば完璧）

⑦ コブ　道糸（リールへ）
道糸とリーダーを巻き込むように
10回ほど編み込む
（二重編み込み5〜6回でもいい）

⑧ 道糸（リールへ）
cut
編み込み終わったところギリギリで
リーダーを切り道糸の余分も切って
完成

仕掛けの結びをマスターしよう

❖糸と糸の結び
ミッドクロスノット

「ノーネームノット」とか「ぐるぐるノット」とも呼ばれる。
ダブルラインを作らない接続法としてポピュラーな結び方

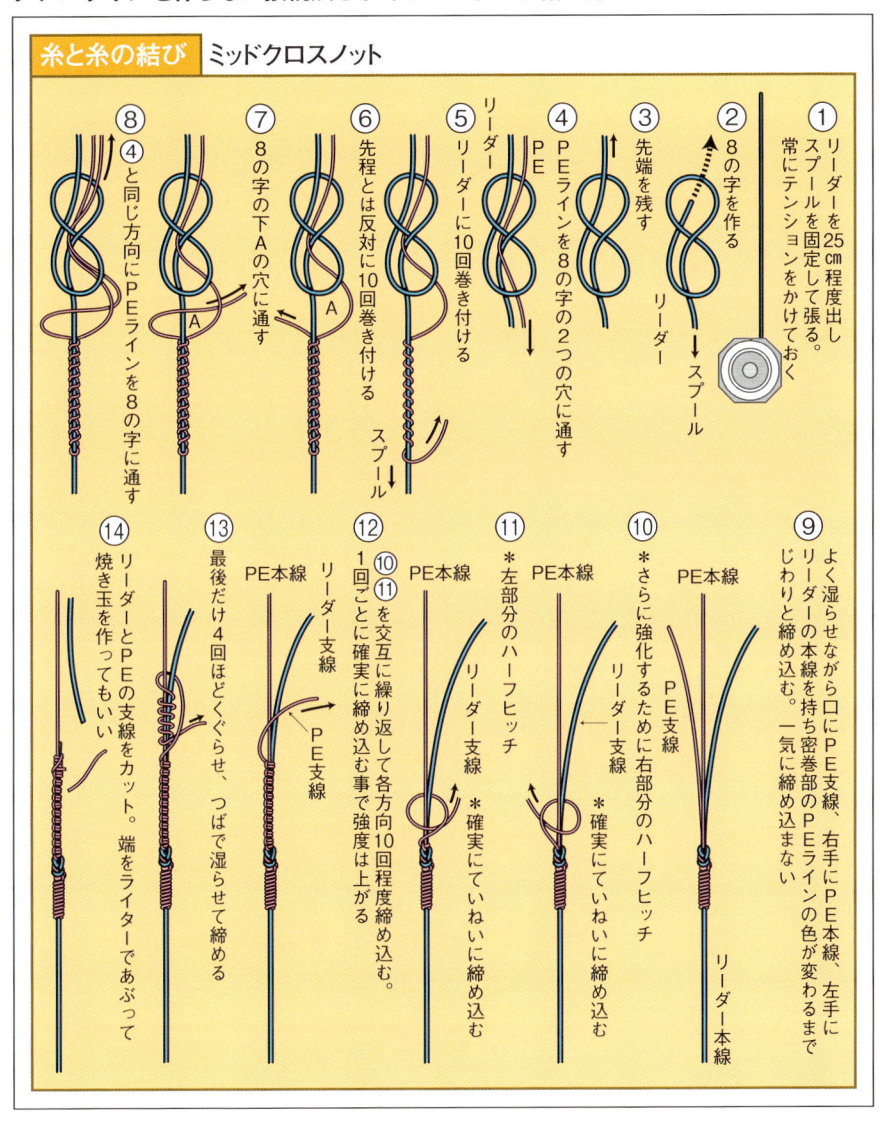

糸と糸の結び　ミッドクロスノット

① リーダーを25cm程度出しスプールを固定して張る。常にテンションをかけておく

② 8の字を作る／スプール

③ 先端を残す／リーダー

④ PEラインを8の字の2つの穴に通す

⑤ リーダーに10回巻き付ける／リーダー

⑥ 先程とは反対に10回巻き付ける／スプール

⑦ 8の字の下Aの穴に通す

⑧ ④と同じ方向にPEラインを8の字に通す

⑨ よく湿らせながら口にPE支線、右手にPE本線、左手にリーダーの本線を持ち密巻部のPEラインの色が変わるまでじわりと締め込む。一気に締め込まない／リーダー本線

⑩ PE本線／PE支線／＊さらに強化するために右部分のハーフヒッチ／リーダー支線／＊確実にていねいに締め込む

⑪ PE本線／＊左部分のハーフヒッチ／リーダー支線／＊確実にていねいに締め込む

⑫ PE本線／⑩⑪を交互に繰り返して各方向10回程度締め込むと1回ごとに確実に締め込む事で強度は上がる／リーダー支線

⑬ PE本線／リーダー支線／最後だけ4回ほどくぐらせ、つばで湿らせて締める

⑭ リーダーとPEの支線をカット。端をライターであぶって焼き玉を作ってもいい

❖糸と糸の結び
FGノット

PEラインとリーダーをつなぐ、編み込み主体のいわゆる摩擦系結節法。手早く確実に結ぶには慣れが必要だ

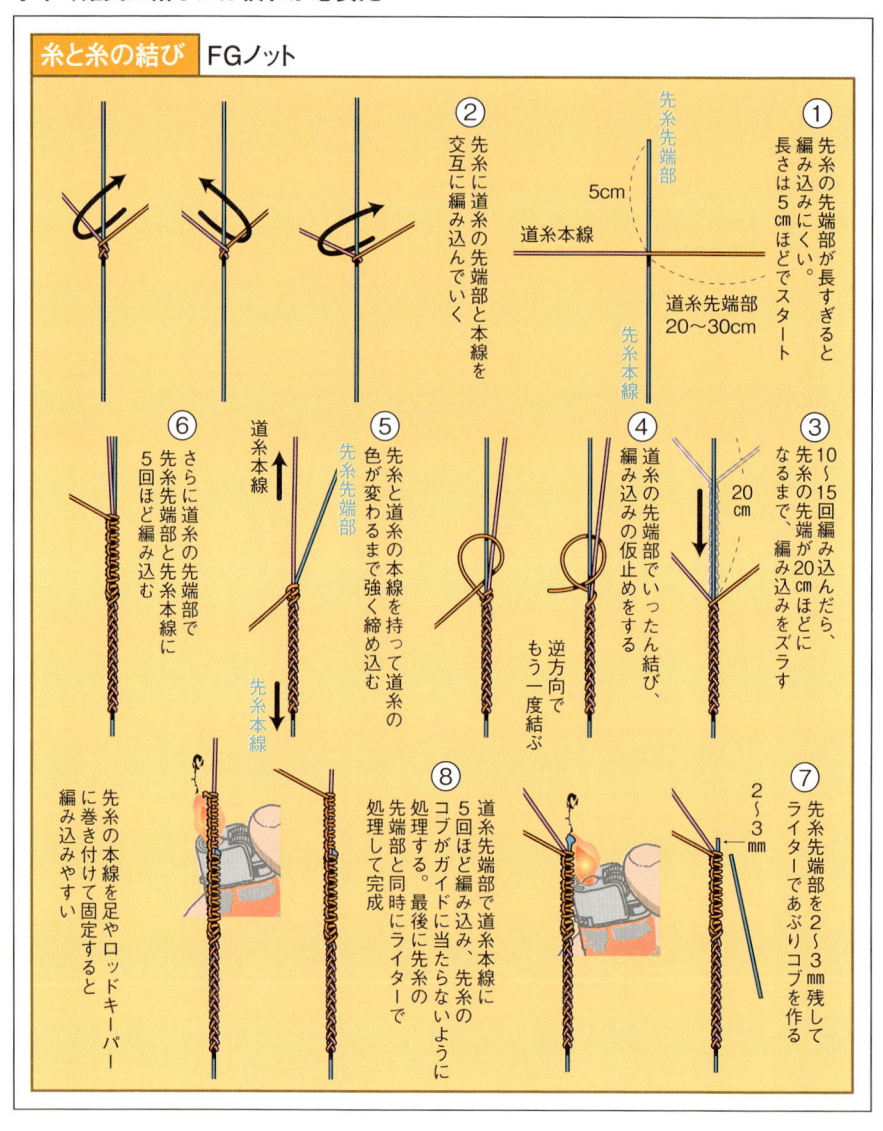

糸と糸の結び　FGノット

① 先糸の先端部が長すぎると編み込みにくい。長さは5cmほどでスタート
- 先糸先端部 5cm
- 道糸本線
- 道糸先端部 20～30cm

② 先糸に道糸の先端部と本線を交互に編み込んでいく

③ 10～15回編み込んだら、先糸の先端が20cmほどになるまで、編み込みをズラす（20cm）

④ 道糸の先端部でいったん結び、編み込みの仮止めをする

逆方向でもう一度結ぶ

⑤ 先糸と道糸の本線を持って道糸の色が変わるまで強く締め込む
- 道糸本線
- 先糸先端部
- 先糸本線

⑥ さらに道糸の先端部で先糸先端部と先糸本線に5回ほど編み込む

⑦ 先糸先端部を2～3mm残してライターであぶりコブを作る（2～3mm）

⑧ 道糸先端部で道糸本線に5回ほど編み込み、先糸のコブがガイドに当たらないように処理する。最後に先糸の先端部と同時にライターで処理して完成

先糸の本線を足やロッドキーパーに巻き付けて固定すると編み込みやすい

仕掛けの結びをマスターしよう

枝ハリスの出し方①

**8の字結びを応用したこの結び方は簡単だが、
長いハリスに何本も枝ハリスを出すのには不向きな方法だ**

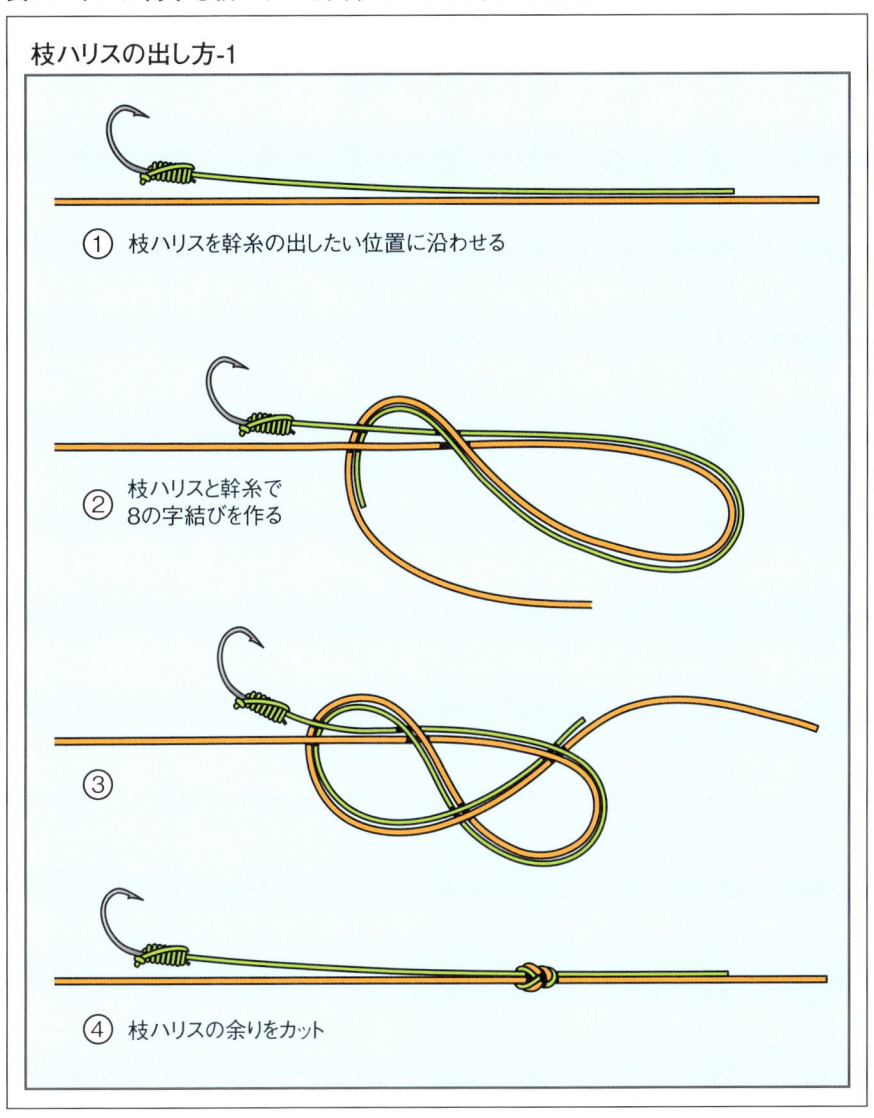

枝ハリスの出し方-1

① 枝ハリスを幹糸の出したい位置に沿わせる

② 枝ハリスと幹糸で8の字結びを作る

③

④ 枝ハリスの余りをカット

枝ハリスの出し方②

一見ややこしそうだが、慣れれば簡単。
枝ハリスの長さや出す位置を思いどおりに決められるため使い勝手はいい

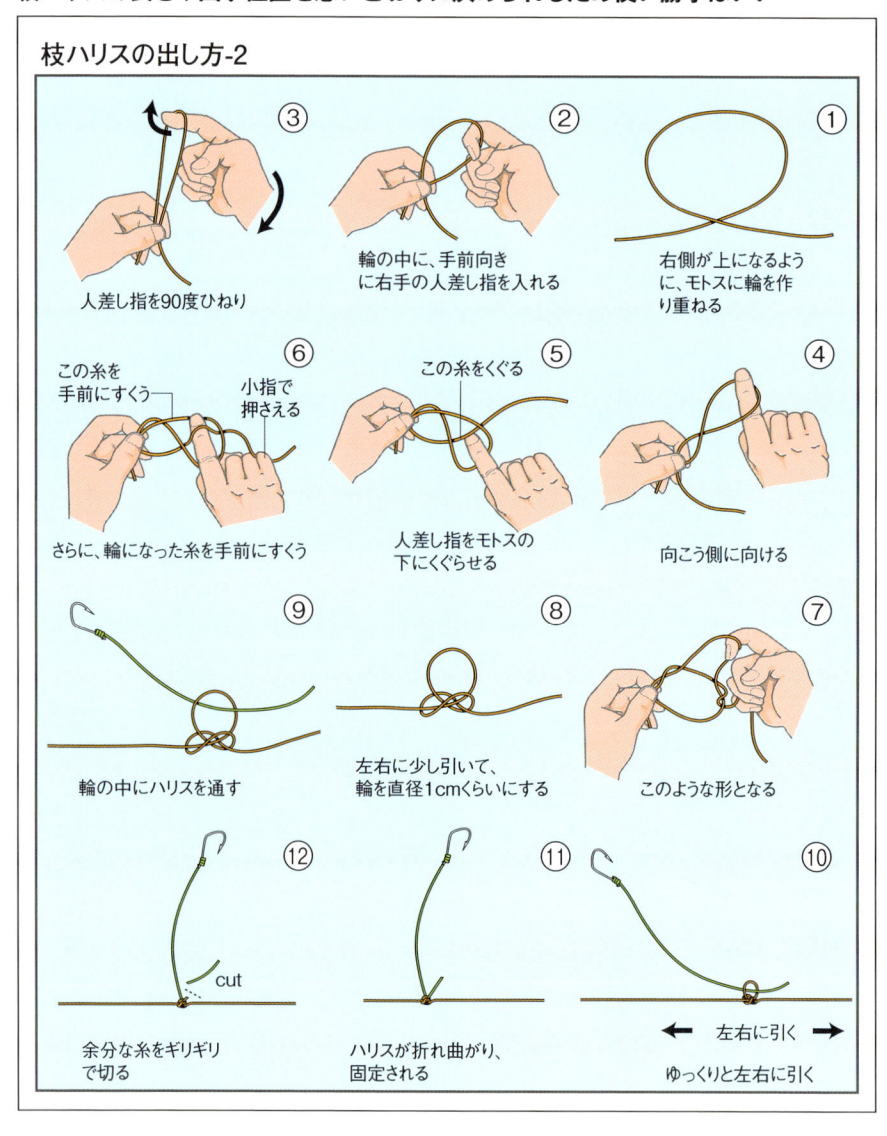

枝ハリスの出し方-2

① 右側が上になるように、モトスに輪を作り重ねる

② 輪の中に、手前向きに右手の人差し指を入れる

③ 人差し指を90度ひねり

④ 向こう側に向ける

⑤ 人差し指をモトスの下にくぐらせる／この糸をくぐる

⑥ さらに、輪になった糸を手前にすくう／この糸を手前にすくう／小指で押さえる

⑦ このような形となる

⑧ 左右に少し引いて、輪を直径1cmくらいにする

⑨ 輪の中にハリスを通す

⑩ ゆっくりと左右に引く／←左右に引く→

⑪ ハリスが折れ曲がり、固定される

⑫ 余分な糸をギリギリで切る／cut

Shore and boat
fishing rigs

堤防、磯、砂浜、ボート
ターゲット別
仕掛けマニュアル

堤防や磯など陸っぱりの釣りから、手こぎボートで楽しむ釣りまで。
ターゲット40魚種の仕掛けを網羅！

- アイナメ
- アオリイカ
- アジ
- アナゴ・ウナギ
- アマダイ・イトヨリダイ
- イサキ
- イシダイ・イシガキダイ
- イシモチ（ニベ・シログチ）
- イワシ・サッパ
- ウミタナゴ
- エソ（ワニエソ）・ホウボウ
- 回遊魚
- カサゴ、ソイ
- カジカ
- カニ(ヒラツメガニ・ガザミ)
- カマス
- カレイ
- カワハギ
- キュウセン
- クエ（モロコ・アラ）
- クロダイ
- コウイカ
- サヨリ
- シリヤケイカ
- シロギス
- スズキ
- タコ
- タチウオ
- テナガエビ
- ハゼ
- ヒラメ
- ブダイ
- ベイカ・ヒイカ
- ホッケ
- マゴチ
- マダイ
- メジナ
- メッキ
- メバル
- ヤリイカ・ケンサキイカ

アイナメ

fat greenling

浅場に乗っ込んでくる晩秋から初冬にかけては、陸っぱりからでも釣りやすい。ブラクリ釣りや投げ釣りで狙う

【カサゴ目アイナメ科】

分布／南西諸島と一部の太平洋岸を除く、ほぼ日本列島沿岸全域。朝鮮半島、黄海
全長／60センチ

おもに岩礁帯や磯底、テトラポッドなどに棲息する。小魚、イソメ類、エビやカニ、ウニ類や貝類など、たいていのものは食う悪食家。釣りではイワイソメエサが最も実績が高く、ルアーにも反応する。産卵期は晩秋から冬にかけて。この時期、オスは山吹色（黄色）の婚姻色に染まる。産卵後、メスはどこかに去っていくが、オスはその場にとどまって卵を守る。漢字では鮎魚女、鮎並

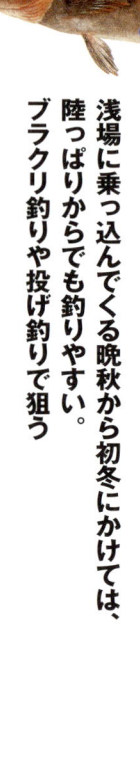

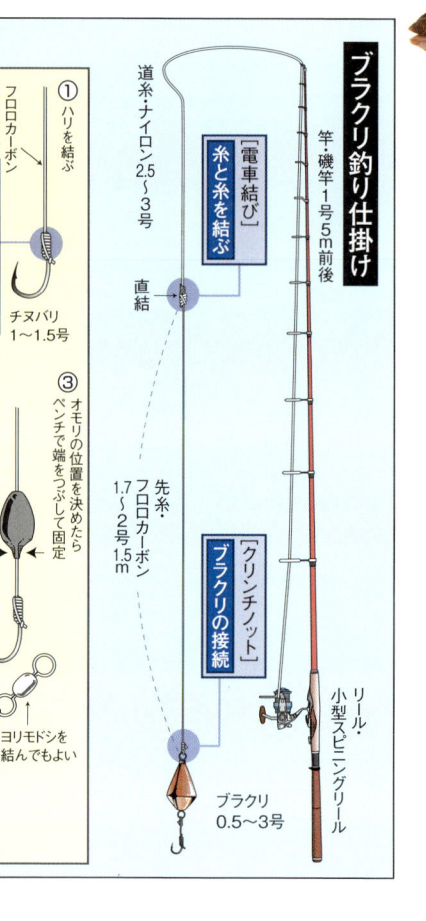

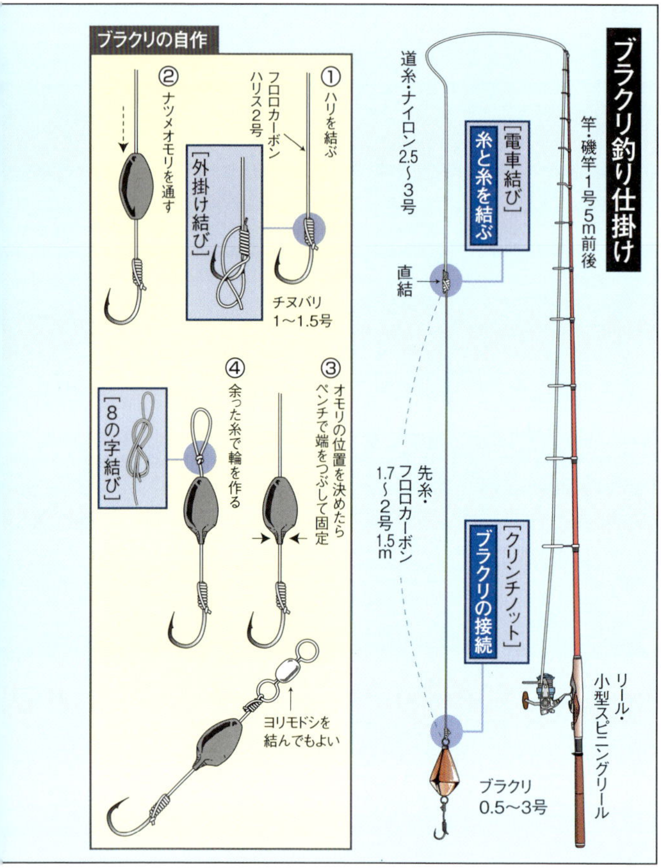

ブラクリ釣り仕掛け

竿：磯竿1号5m前後
道糸：ナイロン2.5～3号
[電車結び] 糸と糸を結ぶ
直結
先糸：フロロカーボン1.7～2号1.5m
[クリンチノット] ブラクリの接続
ブラクリ 0.5～3号
リール：小型スピニングリール

ブラクリの自作

① ハリを結ぶ
フロロカーボンハリス2号
[外掛け結び]
チヌバリ 1～1.5号

② ナツメオモリを通す

③ オモリの位置を決めたらペンチで端をつぶして固定

④ 余った糸で輪を作る
[8の字結び]

ヨリモドシを結んでもよい

ブラクリ釣り

ブラクリオモリと呼ばれる、オモリとハリが一体化した仕掛けを使うブラクリ釣りはアイナメ狙いの代表的な釣法だ。堤防や小磯などから狙う場合、0.5～3号と軽めのブラクリがよく使われる。軽いほうが沈下速度が遅いため長い時間アイナメにアピールできるし、根掛かりも少なくなるからだ。

釣り方は、ブラクリを投入し着底したら、道糸を張らず少し糸フケを出す。竿先から海面にかけて緩く弧を描く感じだ。道糸をピンと張ってしまうと、アタリの感触は手元に伝わって分かりやすいのだが、同時にアイナメにもその感触が

046

ターゲット別仕掛けマニュアル
アイナメ fat greenling

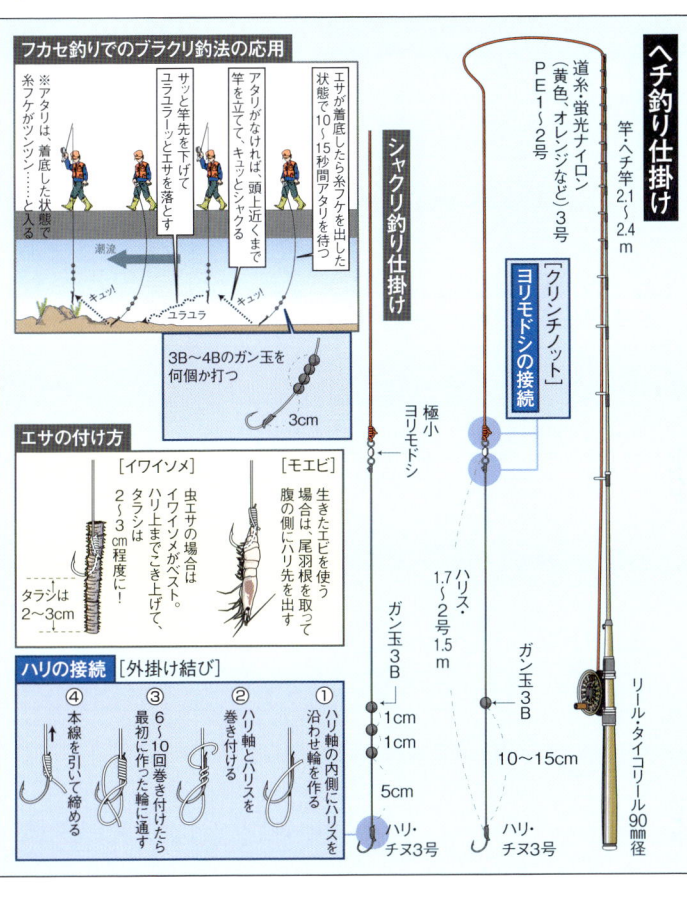

ブラクリのチューニング

市販品の多くはオモリが重くなるほどハリも大きくなる。これでは食いが悪いのでハリだけ小さくしたい

- 1号
- 2号

↓ 小さなハリに付け替える

- 3号

ハリス・3号2cm
ハリ・チヌバリ1～1.5号

ヘチ釣り仕掛け

- 竿・ヘチ竿 2.1～2.4m
- 道糸・蛍光ナイロン（黄色、オレンジなど）3号 PE1～2号
- [クリンチノット]
- [ヨリモドシの接続]
- 極小ヨリモドシ
- ハリス 1.7～2号 1.5m
- ガン玉3B
- ハリ・チヌ3号
- リール・タイコリール 90mm径

シャクリ釣り仕掛け

- ガン玉3B
- 1cm
- 1cm
- 5cm
- ハリ・チヌ3号
- 10～15cm

フカセ釣りでのブラクリ釣法の応用

- エサが着底したら糸フケを出した状態で10～15秒間アタリを待つ
- アタリがなければ、竿を立ててユラユラーッとエサを落とす
- サッと竿先を下げて頭上近くまで糸フケがッンとシャクリ
- ※アタリは、着底した状態で糸フケがツンツン……と入る

3B～4Bのガン玉を何個か打つ
3cm

エサの付け方

[イワイソメ]
虫エサの場合はイワイソメがベスト。ハリ上までこき上げてタラシは2～3cm程度に！
タラシは2～3cm

[モエビ]
生きたエビを使う場合は、尾羽根を取ってハリ先を出す

ハリの接続 [外掛け結び]

① ハリ軸の内側にハリスを沿わせ輪を作る
② ハリ軸とハリスを巻き付ける
③ 6～10回巻き付けたら最初に作った輪に通す
④ 本線を引いて締める

ヘチ釣り

点々とポイントを探っていく釣りで、加えて底付近を中心に探るので、どちらかといえば重めのガン玉を使って、テンポよく釣るほうがよい結果が出ることが多い。

アイナメ狙いの場合、ハリスの太さはあまり気にしなくてもよいので、1.7～2号を使いたい。根の荒いポイントを探るため、根の中からアイナメを引きずり出すようなケースもあるので、太めのハリスのほうが安心だ。

釣り方は、仕掛けを海底まで落とし着底させる。ズルズルと底を引きずることが多いのだ。しばらく待ってもアタリがない場合は、竿を大きくあおってブラクリを手前に移動させる。ズルズルと底を引きずると根掛かりするので要注意だ。アタリは、フケていた道糸がスルスル走り出すのですぐ分かる。

抵抗や違和感として伝わってしまう。側線を5本も持つアイナメは非常に敏感で、これでくわえたエサを放してしまうことが多いのだ。

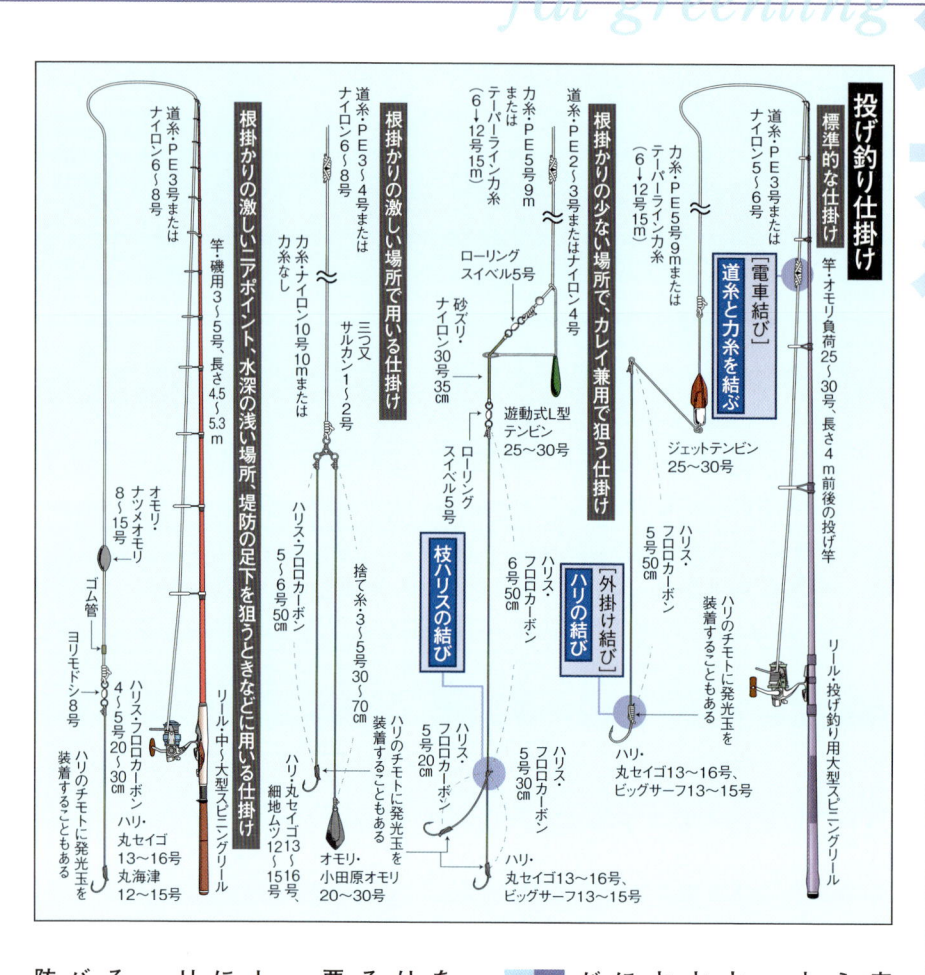

アイナメ fat greenling

投げ釣り仕掛け

標準的な仕掛け

- 竿・オモリ負荷25〜30号、長さ4m前後の投げ竿
- 道糸・PE3号またはナイロン5〜6号
- 力糸・PE5号9mまたはテーパーラインカ糸（6〜12号15m）
- [電車結び] 道糸と力糸を結ぶ
- ジェットテンビン25〜30号
- ハリス・フロロカーボン5号50㎝
- [外掛け結び] ハリの結び
- ハリ・丸セイゴ13〜16号、ビッグサーフ13〜15号
- ハリのチモトに発光玉を装着することもある
- リール・投げ釣り用大型スピニングリール

根掛かりの少ない場所で、カレイ兼用で狙う仕掛け

- 道糸・PE2〜3号またはナイロン4号
- 力糸・PE5号9mまたはテーパーラインカ糸（6〜12号15m）
- ローリングスイベル5号
- 砂ズリ・ナイロン30号35㎝
- 遊動式L型テンビン25〜30号
- ローリングスイベル5号
- ハリス・フロロカーボン6号50㎝
- [枝ハリスの結び]
- ハリス・フロロカーボン5号20㎝
- ハリス・フロロカーボン5号30㎝
- ハリ・丸セイゴ13〜16号、ビッグサーフ13〜15号
- ハリのチモトに発光玉を装着することもある

根掛かりの激しい場所で用いる仕掛け

- 道糸・PE3〜4号またはナイロン6〜8号
- 力糸なし
- 三つ又サルカン1〜2号
- 捨て糸3〜5号30〜70㎝
- ハリス・フロロカーボン5〜6号50㎝
- オモリ・小田原オモリ20〜30号
- ハリ・丸セイゴ13〜16号、細地ムツ1213〜1516号

根掛かりの激しいアポイント、水深の浅い場所、堤防の足下を狙うときなどに用いる仕掛け

- 竿・磯用3〜5号、長さ4.5〜5.3m
- 道糸・PE3号またはナイロン6〜8号
- 力糸・ナイロン10号10m
- ハリス・フロロカーボン4〜5号20〜30㎝
- オモリ・ナツメオモリ8〜15号
- ゴム管
- ヨリモドシ8号
- ハリ・丸セイゴ13〜16号、丸海津12〜15号
- ハリのチモトに発光玉を装着することもある
- リール・中〜大型スピニングリール

■ 投げ釣り

　投げ釣りといえばすぐにL型テンビンを使った仕掛けが思い浮かぶが、根掛かりが付きものノアイナメ釣りでは、できるだけ根掛かりを減らすような工夫が必要だ。

　したがって、基本となるのは「ジェットテンビン＋1本バリ」の仕掛け。とくに根掛かりの激しい場所では「捨てオモリ式仕掛け」に切り換えることもある。逆に根掛かりが少なく、カレイも狙えるような場所ではL型テンビンに「段差バリ仕掛け」がおすすめだ。さらに、堤防直下やニアポイントを狙う場合には

048

ターゲット別仕掛けマニュアル
アイナメ fat greenling

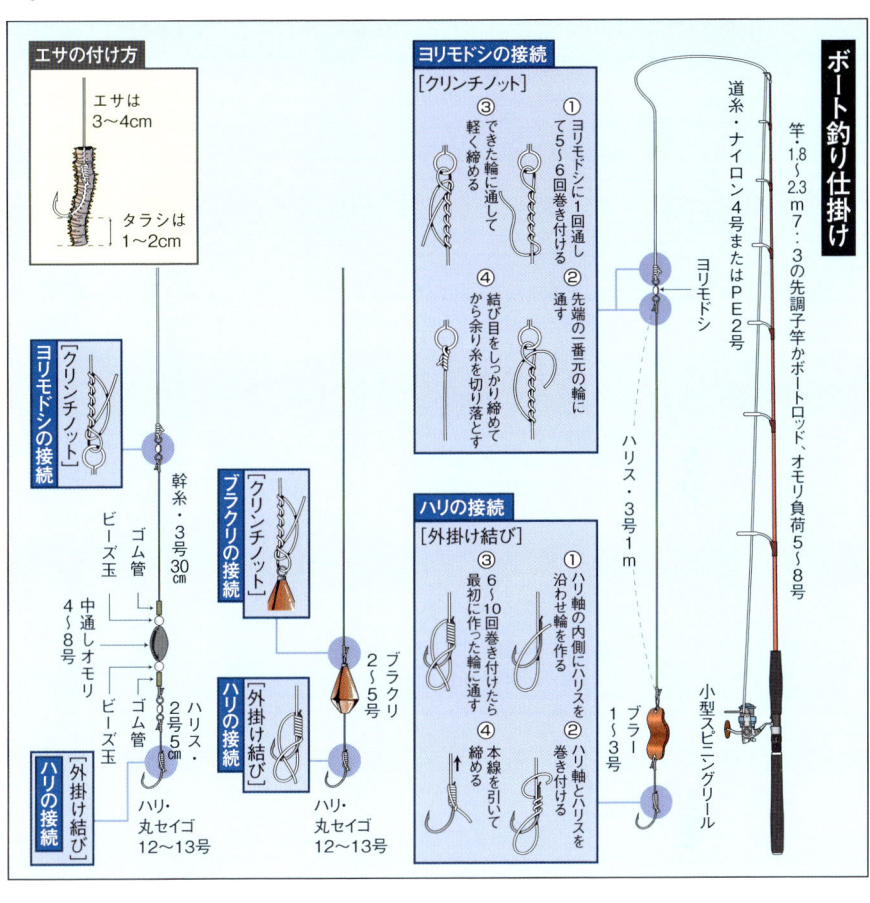

ボート釣り仕掛け

竿・1.8～2.3m7：3の先調子竿かボートロッド、オモリ負荷5～8号
道糸・ナイロン4号またはPE2号
小型スピニングリール
ヨリモドシ
ハリス・3号1m
ブラー 1～3号

エサの付け方
エサは3～4cm
タラシは1～2cm

ヨリモドシの接続 [クリンチノット]
① ヨリモドシに1回通して5～6回巻き付ける
② 先端の一番元の輪に通す
③ できた輪に通して軽く締める
④ 結び目をしっかり締めてから余り糸を切り落とす

ハリの接続 [外掛け結び]
① ハリ軸の内側にハリスを沿わせ輪を作る
② ハリ軸とハリスを巻き付ける
③ 6～10回巻き付けたら最初に作った輪に通す
④ 本線を引いて締める

幹糸・3号30cm
ゴム管
ビーズ玉
中通しオモリ 4～8号
ビーズ玉
ゴム管
ハリス・2号5cm
ハリ・丸セイゴ12～13号

ブラクリ 2～5号
ハリ・丸セイゴ12～13号

[ヨリモドシの接続 クリンチノット]
[ブラクリの接続 クリンチノット]
[ハリの接続 外掛け結び]
[ハリの接続 外掛け結び]

ボート釣り

「磯竿＋中通しオモリ」のスタイルも効果がある。

ボート釣りで狙う場合、内湾の岩礁帯で水深3～30メートルくらいのポイントを選ぶ。ボート釣りでもブラクリを使った釣りが主流だ。中通し式のオモリを使った仕掛けもあり、釣り方はほぼ同じと考えてよい。

基本的な釣り方は、堤防や小磯のブラクリ釣りと同様。仕掛けを投入してしばらく待ち、アタリがなければ軽く竿をあおって再びブラクリを沈め直す。やはりブラクリはなるべく軽いほうがいいが、水深の深い所ではやや重めのものが使いやすい。

ほかに片テンビン仕掛けや胴つき仕掛けでもアイナメは釣れるが、微妙なアタリを取って釣るブラクリ釣りが最もおもしろく、おすすめだ。

エサはゴカイやアオイソメでも食うが、最良のエサはイワイソメ。ハリに通し刺しにし、2センチほどタラす。

アオリイカ

沿岸性の強いイカで、陸っぱりからでもよく釣れる。近年ブームとなったエギングや、生きた小魚の泳がせ釣りで狙う

bigfin reef squid

【ツツイカ目ヤリイカ科】

分布／関東、北陸近辺以南〜琉球列島、東南アジア〜オーストラリア北域
全長／外套長で60センチ

近年の研究で、アオリイカは3種いることが分かってきた。3種のうち、沖縄方面に棲息する成長しても外套長15センチほどの小型種はクワイカと名付けられた。ほかの2種は研究途上だが、琉球列島方面に棲息する種は俗にアカイカ、本州のものは俗にシロイカと呼ばれている。海底が岩礁帯や砂地、砂礫の場所に棲み、小魚やエビ、カニ類などを捕食する。海藻に擬態して潜んでいることも多い。産卵期は4〜9月。漢字では障泥烏賊

エギング仕掛け

竿：7〜8ftのエギングロッド
ライン：PE 0.6〜0.8号
ダブルライン10cm［ビミニツイスト］
［正海ノット］
リーダー：フロロカーボン1.5〜2号
小型スピニングリール
接続具の結び［クリンチノット］

ダブルラインを作る

[ビミニツイスト]
① 両手両足を密にする
② 手首をひねってヨリをかける
③ 両手両足を広げヨリをいく
④ 先端を緩めるとヨリの部分に巻きついていく
⑤ ヨリの端をとめる
⑥〜⑧ ヨリの端まで重ねる

[正海ノット]
❶ 道糸 ビミニツイストによるダブルライン リーダー
❷ ダブルラインが同じ長さになるように 口でくわえておく 三方向へしっかりと引っ張っておく
❸ ユニノットの要領でAで輪を作り3〜5回くぐらせる 15回ほどくぐらせる 指で押さえておく
❹ 道糸とリーダーをきつく締め込んだ後、Aをしっかりと締めて余分を切る 切る

エギング

餌木、フロロカーボンのリーダーに極細のPEライン、そして専用のエギングロッドと、非常にシンプルな道具立てで楽しむことができるエギングは、10年あまり前からブームとなった比較的新しい釣り方だ。

釣り方は、餌木をキャストしたら底に着くのを待ち、余分な糸フケを巻き取ってからシャクリを入れる。鋭く大きく竿を振るのがコツで、ビュンと音がするくらいの勢いがほしい。

餌木というのはかなり微妙なバランスで設計されていて、強くシャクると水の抵抗を受けてバランスを崩し、左右どち

ターゲット別仕掛けマニュアル
アオリイカ bigfin reef squid

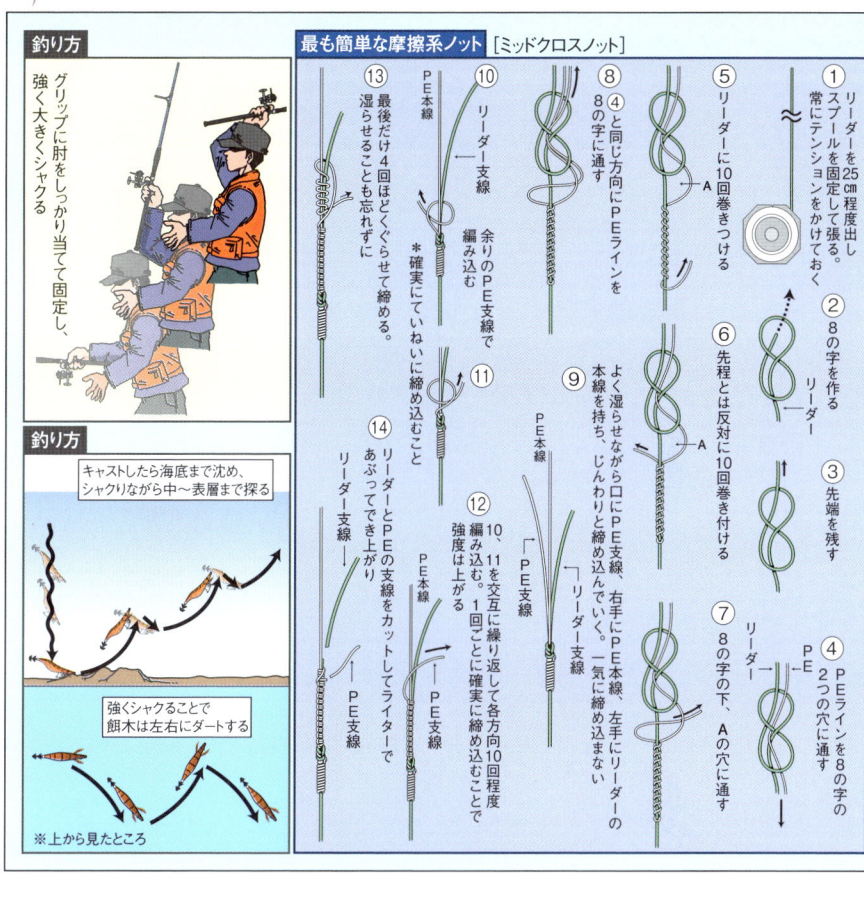

釣り方
グリップに肘をしっかり当てて固定し、強く大きくシャクる

釣り方
キャストしたら海底まで沈め、シャクリながら中〜表層まで探る

強くシャクることで餌木は左右にダートする
※上から見たところ

最も簡単な摩擦系ノット[ミッドクロスノット]

① リーダーを25cm程度出しスプールを固定して張る。常にテンションをかけておく
② 8の字を作る
③ 先端を残す
④ PEラインを8の字の2つの穴に通す
⑤ リーダーに10回巻きつける
⑥ 先程とは反対方向に10回巻き付ける
⑦ 8の字の下、Aの穴に通す
⑧ ④と同じ方向にPEラインを8の字に通す
⑨ よく湿らせながら口にPE支線、右手にPE本線、左手にリーダーの本線を持ち、じんわりと締め込んでいく。一気に締め込まない
⑩ 余りのPE支線で編み込む
⑪ *確実にていねいに締め込むこと
⑫ 10、11を交互に繰り返して各方向10回程度編み込む。1回ごとに確実に締め込むことで強度は上がる
⑬ 最後だけ4回ほどぐらぐらに湿らせることも忘れずに
⑭ リーダーとPEの支線をカットしてライターであぶってでき上がり

らかにスライドしながら斜め上へ跳ね上がる。連続してシャクれればジグザグに泳ぎだす。

アオリはこの動きに弱く、急に興奮してわらわらと集まってくる。だが、シャクリだけを繰り返してもイカは乗らない。何回かシャクったところで動きを止め、餌木をスーッと沈めてやる。シャクリで寄せてフォールで乗せるのだ。

ベテランになると、最初の数投は遠投してシャクり続け、自分の周囲にイカを集めておいてから通常のパターンに切り換えるという高等テクニックも使う。

餌木のサイズはイカの大きさに合わせるのが基本。3〜3.5号を基準に小型が多いときは2.5号、大型主体なら4号まで用意する。カラーはピンクとオレンジが多用される。これはイカの好みもさることながら、人間にも見やすいのが原因だ。ただ背中の色だけでなく、腹側の色にもこだわりがほしい。一見同じに見えても、下地に金、銀、オーロラなどのバリエーションがあり、これが微妙に影響することも少なくない。

アオリイカ

bigfin reef squid

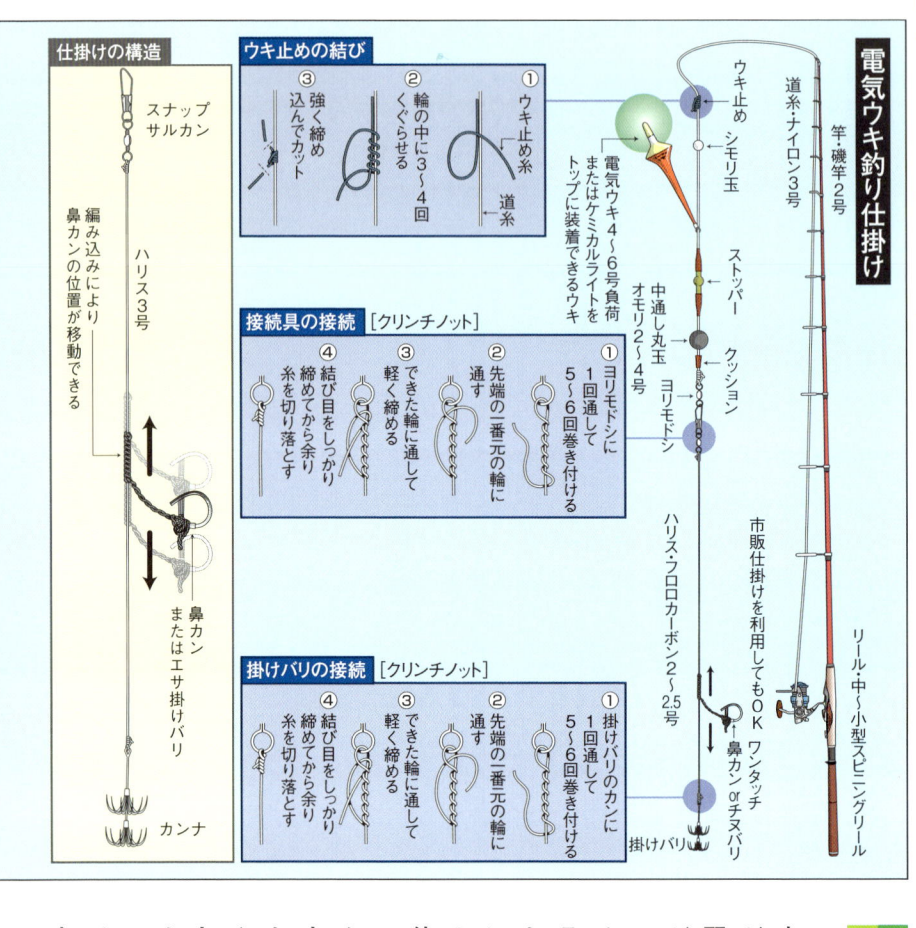

電気ウキ釣り仕掛け

仕掛けの構造
- スナップサルカン
- ハリス3号
- 編み込みにより鼻カンの位置が移動できる
- 鼻カンまたはエサ掛けバリ
- カンナ

ウキ止めの結び
① ウキ止め糸／道糸
② 輪の中に3〜4回くぐらせる
③ 強く締め込んでカット

接続具の接続［クリンチノット］
① 先端の一番元の輪に通す
② できた輪に通して5〜6回巻き付ける
③ 軽く締める
④ 結び目をしっかり締めてから余り糸を切り落とす

掛けバリの接続［クリンチノット］
① 掛けバリのカンに1回通して5〜6回巻き付ける
② 先端の一番元の輪に通す
③ できた輪に通して軽く締める
④ 結び目をしっかり締めてから余り糸を切り落とす

仕掛け構成
- 竿 磯竿2号
- 道糸 ナイロン3号
- ウキ止め
- シモリ玉
- 電気ウキ4〜6号負荷 またはケミカルライトをトップに装着できるウキ
- ストッパー
- クッション
- 中通し丸玉オモリ2〜4号
- ヨリモドシ
- ハリス・フロロカーボン2〜2.5号
- ヨリモドシ
- 市販仕掛けを利用してもOK
- ワンタッチ鼻カン orチヌバリ
- 掛けバリ
- リール 中〜小型スピニングリール

電気ウキ釣り

　アオリイカは日中も釣れるが本来的に夜行性が強く、昼間よりも日没後のほうが活発にエサを求めて泳ぎ回る。そんな習性を利用したのが電気ウキを使った泳がせ釣りだ。

　泳がせるエサはおもに小アジが使われる。小サバやネンブツダイ、イナッコ（ボラの幼魚）などの小魚でもいいが、これらは自分で釣らなければならない。条件によってはまったく釣れないこともあるので、エサ店で購入できる小アジが最も使い勝手のいいエサだといえる。

　仕掛けにはエサの小魚を装着するワンタッチ鼻カンが付いているので、これを小アジの鼻孔に通す。仕掛けをぶら下げた状態で掛けバリがアジの尾ビレより2〜3センチ下に位置するように調整すると投入時のトラブルが少なく、アオリイカの掛かりもよくなる。

　この釣りではエサの生きのよさによって釣果が左右されるので、投入の際は注意が必要だ。ポイントが足下ならそのま

ターゲット別仕掛けマニュアル
アオリイカ bigfin reef squid

生きエサ用のアイテムも必要だ!

生きエサ釣りでは、エサとなる小魚をできるだけ元気な状態で生かしておくことが大切。そのためのアイテムも色いろある。

[生かしバケツ]
釣エサ店で購入した生きアジを釣り場まで輸送するためには入れ物が必要だ。水がこぼれないようにしっかりとフタのできるものならコマセ用のポリバケツでも十分だが、各社より色いろな形と機能を持った専用バケツも市販されている

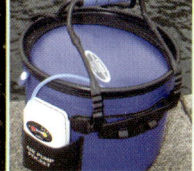

[エアポンプ]
バケツに入れておくだけでは生きエサは死んでしまう。そこで必要なのが空気を送り込むエアーポンプ。浄化機能付きや細かい気泡を出すタイプなどアイテムも豊富

[ネット]
生きエサをバケツから取り出す、入れる時に必要なのが魚をすくうネット。直接手をバケツに入れて魚を追いかけ回すとすぐに弱ってしまう

生エサの装着

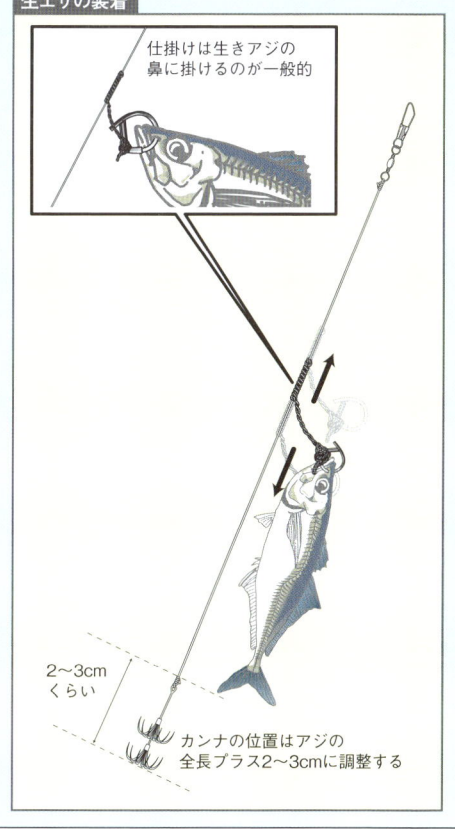

仕掛けは生きアジの鼻に掛けるのが一般的

2〜3cmくらい

カンナの位置はアジの全長プラス2〜3cmに調整する

ま竿で下ろしてやる。遠投するときはアジに負担がかからないようにオーバースローでソフトに投入する。乱暴にあつかうと小アジはすぐに弱ってしまう。あとは糸フケを出しすぎないように(竿を立てるとウキが動く程度がベスト)ウキを流せばよい。

ウキに出るアタリのパターンは色いろだが、ジワジワとウキを引き込むか横走りするアタリが多い。アタリが出てもすぐに合わせず、しばらく食い込ませること。合わせは大きくイカを竿に乗せる感じ。シャープな合わせは禁物だ。うまくアオリイカが乗ったら、イカの重みを感じながら竿を立てた状態で道糸を巻き取る。強い引き込みがあっても絶対に道糸はたるませないこと。足下まで寄せたら玉網ですくって取り込む。このとき、玉網は必ず後ろ(胴のほう)から差し出す。

なお、弱った小アジはほかの魚にイタズラされやすいため、10分に一度くらいは仕掛けを上げてエサをチェックしたい。またこの仕掛けには、コウイカやアオリイカが乗ることも少なくない。

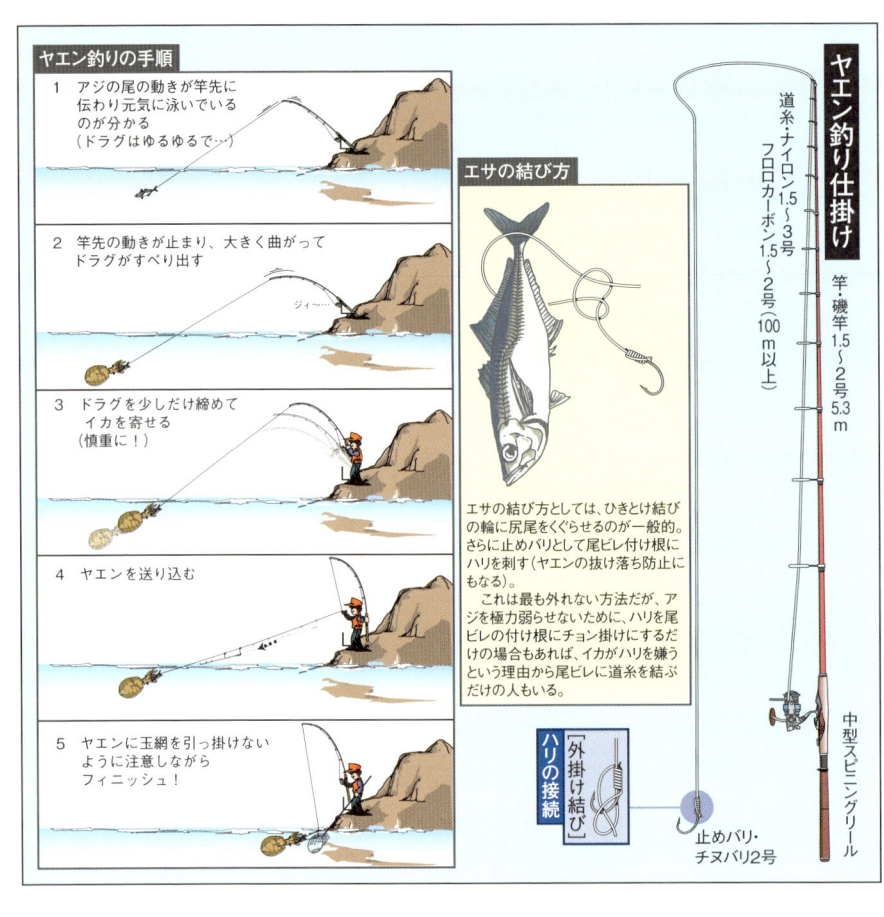

アオリイカ

bigfin reef squid

ヤエン釣りの手順

1. アジの尾の動きが竿先に伝わり元気に泳いでいるのが分かる（ドラグはゆるゆるで）
2. 竿先の動きが止まり、大きく曲がってドラグがすべり出す
3. ドラグを少しだけ締めてイカを寄せる（慎重に！）
4. ヤエンを送り込む
5. ヤエンに玉網を引っ掛けないように注意しながらフィニッシュ！

ヤエン釣り仕掛け

- 道糸：ナイロン1.5～3号
- フロロカーボン1.5～2号（100m以上）
- 竿：磯竿1.5～2号 5.3m
- 中型スピニングリール
- 止めバリ・チヌバリ2号

エサの結び方

エサの結び方としては、ひきとけ結びの輪に尻尾をくぐらせるのが一般的。さらに止めバリとして尾ビレ付け根にハリを刺す（ヤエンの抜け落ち防止にもなる）。

これは最も外れない方法だが、アジを極力弱らせないために、ハリを尾ビレの付け根にチョン掛けにするだけの場合もあれば、イカがハリを嫌うという理由から尾ビレに道糸を結ぶだけの人もいる。

[外掛け結び] ハリの接続

ヤエン

アオリイカは、生きた小魚が大好物。生きアジなどをエサにするのもそのためだが、この生きアジを最も自然に泳がせることができるのがヤエンの釣りだ。

道糸の先に生きアジを縛りつけ、泳がせる。掛けバリの付いた重い仕掛けを背負うウキ釣りとは違い、自然に泳ぐアジをアオリイカも違和感なく襲う。したがってアタリのあと、そのまましばらく待つと、やがてイカは夢中でアジを食べ始める。ちょうど内臓まで食い進むころ、イカは最も興奮するといわれる。こうなると、多少道糸を引っ張ってもアジを放すことはない。

アタリのあと、そのまましばらく待つと、やがてイカは夢中でアジを食べ始める。ちょうど内臓まで食い進むころ、イカは最も興奮するといわれる。こうなると、多少道糸を引っ張ってもアジを放すことはない。

イカがエサに夢中になっていると判断できたら、徐々に道糸を巻き取ってイカを寄せる。竿を立てた状態で道糸と海面の角度（海面に対する道糸の入射角）が45度くらいになる位置まで寄せたらヤエンの投入だ。ヤエンは道糸の先（イカの所）まで滑っていくと、オモリが下方向

ターゲット別仕掛けマニュアル

アオリイカ bigfin reef squid

ヤエンとは…

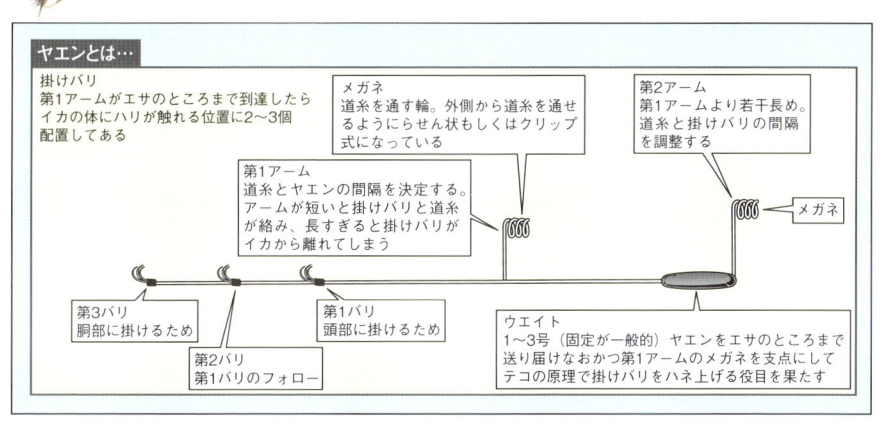

掛けバリ
第1アームがエサのところまで到達したらイカの体にハリが触れる位置に2～3個配置してある

メガネ
道糸を通す輪。外側から道糸を通せるようにらせん状もしくはクリップ式になっている

第2アーム
第1アームより若干長め。道糸と掛けバリの間隔を調整する

第1アーム
道糸とヤエンの間隔を決定する。アームが短いと掛けバリと道糸が絡み、長すぎると掛けバリがイカから離れてしまう

メガネ

第3バリ
胴部に掛けるため

第2バリ
第1バリのフォロー

第1バリ
頭部に掛けるため

ウエイト
1～3号（固定が一般的）ヤエンをエサのところまで送り届けなおかつ第1アームのメガネを支点にしてテコの原理で掛けバリをハネ上げる役目を果たす

ヤエン釣り専用のリールもあるぞ！

ドラグをユルユルに緩めた状態で生きアジを泳がせてアタリを待つヤエンの釣りでは、ドラグのオンオフを瞬時に切り替えられる機構の付いた専用リールが市販されている。アオリイカはエサのアジを抱くとその場から離れるように走り出すことが多い。このとき、ドラグはフリーに近い状態でイカを走らせてやる。走りが止まってイカを寄せるときは、道糸がフリーで出てしまっては寄せられない。そこでオンオフをワンタッチでできるようにしたのが専用リールだ。リアドラグ式のスピニングリールがベースになっており、ヤリトリの途中でドラグの調整もしやすい。

[シマノ] BIOMASTER L AORI

ドラグフリーと設定しておいたドラグ値が瞬時に切り替えられるファイティングレバーを搭載。リールスタンドも装備したヤエン釣り専用モデル。2500A（2.5号150m）C3000A（3号150m）4000A（4号150m）の3アイテム

[DAIWA] BATTLE GAME

リアドラグ式で、ワンタッチでドラグのオンオフが切り替えられるバトルクラッチを搭載。3050アオリ（ナイロン3号200m）とフロロSP 2号用（フロロカーボン2号150m）の2アイテム

へ沈み込んで掛けバリがハネ上がり、アオリイカの体や足にハリ先が立つ。

この時点でアオリイカが危険を感じて走ってくれれば、向こう合わせ的にハリ掛かりするのだが、この感じが手元に伝わらなければこちらから軽く合わせるようにする。

ヤエンが掛かったら、あわてずゆっくり引き寄せる。強引に巻き取ると身切れでバラすことがあるので、一定速度でゆっくり巻き取ることが大切。取り込みは玉網やギャフの使用が無難だ。

この仕掛けのポイントは、なんといってもアジを自然に泳がせることを前提にしているということ。そのため仕掛けは非常にシンプルで、竿、リール、道糸、ヤエンのみで釣りは成り立つ。道糸はナイロン2～3号が標準だが、底へ潜ろうとするアジの泳ぎを助ける（アジの浮き上がりを防ぐ）ために、比重の大きなフロロカーボン道糸を使用する人も多くなってきた。ヤエンに関しては、数多くの種類が市販されており、自分が信頼できるものを選べばよい。

アオリイカ

bigfin reef squid

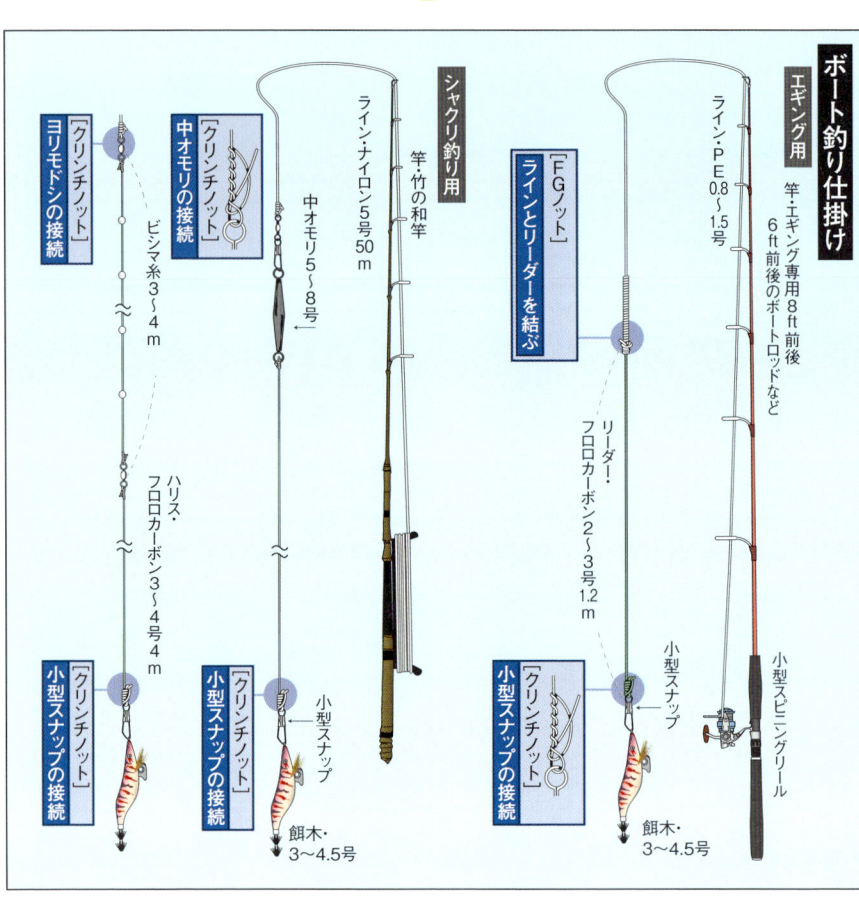

ボート釣り仕掛け

エギング用
竿・エギング専用8ft前後
6ft前後のボートロッドなど
ライン・PE 0.8〜1.5号
[FGノット] ラインとリーダーを結ぶ
リーダー・フロロカーボン2〜3号 1.2m
小型スナップ
[クリンチノット] 小型スナップの接続
餌木・3〜4.5号

シャクリ釣り用
竿・竹の和竿
ライン・ナイロン5号 50m
中オモリ5〜8号
[クリンチノット] 中オモリの接続
小型スナップ
[クリンチノット] 小型スナップの接続
餌木・3〜4.5号

[クリンチノット] ヨリモドシの接続
ビシマ糸3〜4m
ハリス・フロロカーボン3〜4号 4m
[クリンチノット] 小型スナップの接続

小型スピニングリール

■ ボート釣り

ボートで狙うイカは、イカのなかでも最高級としてあつかわれるアオリイカが中心だ。

ボートからのアオリイカ釣りでは、生きアジを泳がせることもできる（ヤエンの釣りは釣趣もあって、かなりおもしろい）が、一般にはエギを使って釣るほうが主流。古くから行われている中オモリを使った餌木のシャクリ釣りや、近年ブームのエギングも人気だ。

中オモリ式のシャクリ釣りは、餌木が海底スレスレから4〜5メートル上までの範囲を跳ねては落ちるイメージで、5〜10秒間隔でシャクリ続ける。ボートはアンカリングせず、ゆっくりと流しながら広くポイントを探っていく。

また、最近はキャスティングタイプのボートエギングも人気。これは根の周りなどアオリイカのポイントにアンカリングし、餌木をキャストして狙う釣り方で、基本的に堤防からの釣りとほぼ同様と考えていい。

056

ターゲット別仕掛けマニュアル
アオリイカ bigfin reef squid

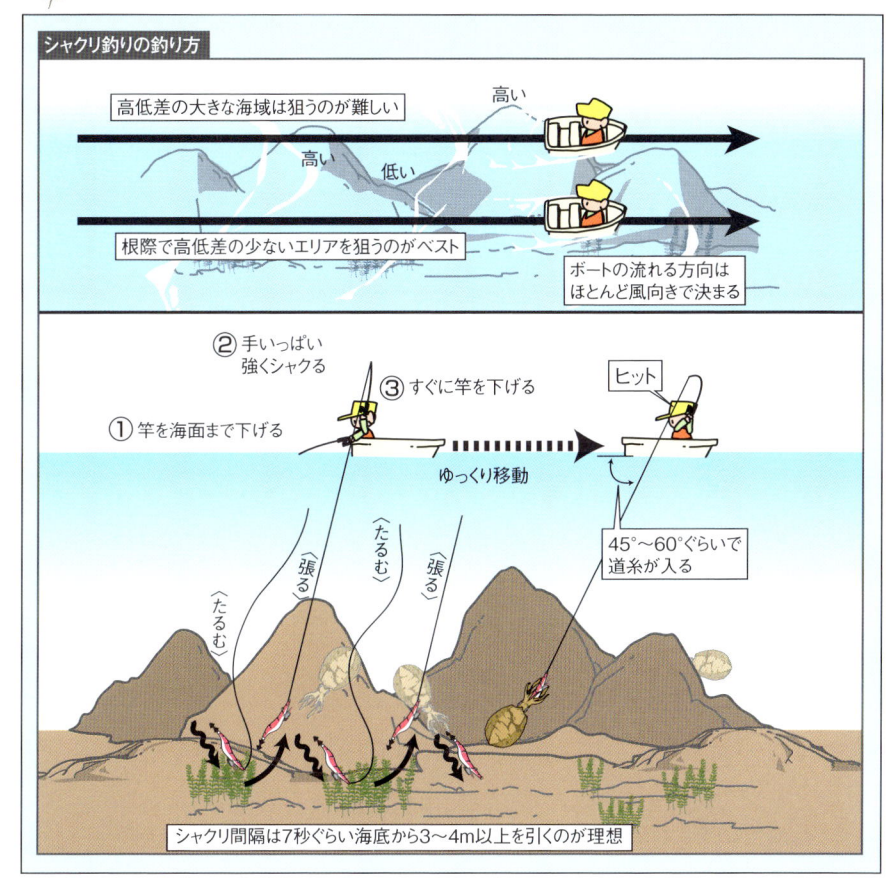

シャクリ釣りの釣り方

高低差の大きな海域は狙うのが難しい
高い
高い
低い
根際で高低差の少ないエリアを狙うのがベスト
ボートの流れる方向はほとんど風向きで決まる

① 竿を海面まで下げる
② 手いっぱい強くシャクる
③ すぐに竿を下げる
ヒット
ゆっくり移動
45°〜60°ぐらいで道糸が入る
〈張る〉〈たるむ〉〈張る〉〈たるむ〉
シャクリ間隔は7秒ぐらい海底から3〜4m以上を引くのが理想

　釣り方は餌木をキャストして海底近くまで沈めたら、ギュン、ギュン、ギュンと3度ほど強くシャクリを入れて餌木を踊らせたのち、フォールさせる。これを7秒くらいの間隔で繰り返し、ボートの近くまで探ってくる。

　アオリイカは潮に乗って回遊してくるので、狙う根（ポイント）に対する潮の当たり具合なども考慮してアンカリングする場所を選びたい。堤防のエギング同様、しばらく攻めてアタリがない場合はさっさと移動しよう。

　アタリはシャクった際にズシンと重みが乗ることが多いが、キャスティングタイプのエギングでは、道糸が引き込まれるような明確なものも少なくない。

　イカが掛かったら、決して道糸をたるませないように注意しながらゆっくりとリールを巻くか道糸をたぐる。餌木のカンナ（掛けバリ）にはカエシがないので、テンションがなくなるとバレてしまうからだ。イカが水面に浮いてきたら、慌てずにイカをボートの近くに寄せて、玉網を使って取り込もう。

アジ
horse mackerel

堤防でもボートでも、最もポピュラーな釣り方はサビキ釣りだ。大きな群れに当たれば数釣れるのも魅力のひとつだ

【スズキ目アジ科】

分布／日本各地。東シナ海、朝鮮半島
全長／50センチ

沖合の中層から下層に棲息し息し、幼魚は内湾にも入ってくる。稜鱗（りょうりん・ゼイゴのこと）が大きく、側線の全体にある（ゼイゴはブリ属などの一部を除くアジの仲間の特徴。多くは尾ビレに近い側線の後方にある）。肉食性。非常に美味な魚で「アジとは味なり」とも。旬は夏。刺身やタタキ、塩焼き、干物、揚げ物など、様々な料理法がある。漢字では真鯵

サビキ釣り仕掛け

エサの付け方
トリック仕掛け専用のスピードエサ付け器
容器に入ったアミをこするように仕掛けを前後に動かせばOK

接続具の接続
[クリンチノット]

蛇口の止め方
[チチワ結び]

- 道糸・ナイロン2号
- コマセ袋（スナップでセット）
- ヨリモドシ
- スナップ付きヨリモドシ
- 竿・ノベ竿（渓流竿など）
- 竿・磯竿1～1.5号
- 小型スピニングリール
- ナス型オモリ3～5号（スナップにセット）
- オモリ付きコマセカゴ（スナップにセット）

トリック仕掛け
- 魚皮やスキンはなくハリだけ
- 枝ハリスは短い
- ハリ数は多め（平均8～10本）
- ※ハリの軸を平らにして水中でヒラヒラさせたり、エサが刺さりやすいように2本バリを使った仕掛けもある

ここまでがセットで市販されている

コマセ袋を仕掛けの上に付ける関東式と呼ばれることもある）、オモリ付きのコマセカゴを仕掛けの下に付けるタイプ（関西式とも呼ばれる）のほか、アミを直接ハリに引っ掛けるトリック仕掛けなどがある。

サビキ釣り

堤防や護岸からの小アジ狙いで最もポピュラーなのがサビキ釣り。擬餌バリがたくさん付いたサビキ仕掛けを海中に下ろし、竿を上下させながらコマセ袋に詰めたアミを振り出すという釣り方だ。コマセ袋を仕掛けの上に付けるタイプ（関東式と呼ばれることもある）、オモリ付きのコマセカゴを仕掛けの下に付けるタイプ（関西式とも呼ばれる）のほか、アミを直接ハリに引っ掛けるトリック仕掛けなどがある。

アジのタナはやや深いことが多く、イワシや小サバばかり釣れるようなら深く沈めてみたい。コマセカゴを仕掛けの下

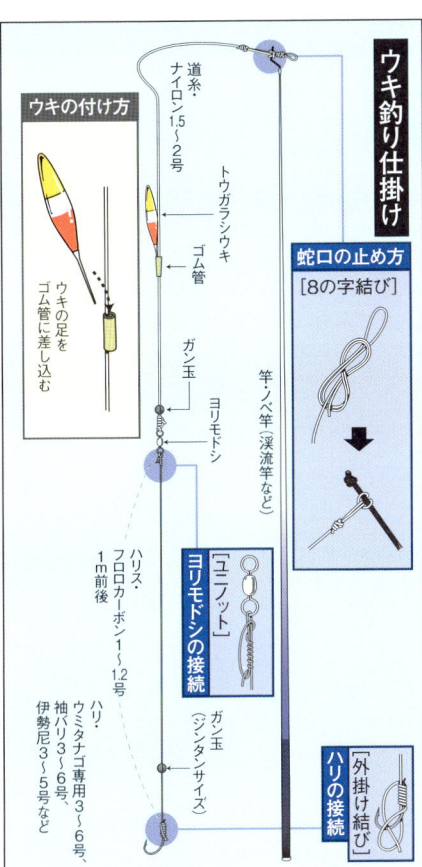

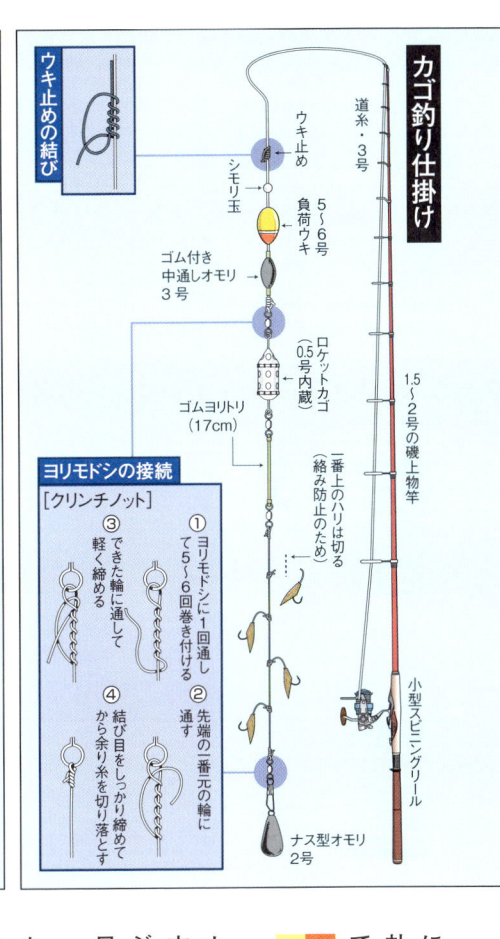

ターゲット別仕掛けマニュアル
アジ horse mackerel

ウキ釣り仕掛け

- ウキの付け方：ウキの足をゴム管に差し込む
- 蛇口の止め方 [8の字結び]
- ヨリモドシの接続 [ユニノット]
- ハリの接続 [外掛け結び]

道糸・ナイロン1.5～2号
トウガラシウキ
ゴム管
ガン玉
ヨリモドシ
ガン玉（ジンタンサイズ）
ハリス・フロロカーボン1～1.2号 1m前後
ハリ・ウミタナゴ専用3～6号、袖バリ3～6号、伊勢尼3～5号など
竿・ノベ竿（渓流竿など）

カゴ釣り仕掛け

- ウキ止めの結び
- ヨリモドシの接続 [クリンチノット]
  ① ヨリモドシに1回通して5～6回巻き付ける
  ② 先端を一番元の輪に通す
  ③ できた輪に通して軽く締める
  ④ 結び目をしっかり締めてから余り糸を切り落とす

道糸・3号
ウキ止め
シモリ玉
5～6号 負荷ウキ
ゴム付き中通しオモリ 3号
ロケットカゴ（0.5号内蔵）
ゴムヨリトリ（17cm）
（一番上のハリは切る〈絡み防止のため〉）
ナス型オモリ 2号
1.5～2号の磯上物竿
小型スピニングリール

カゴ釣り

サビキ仕掛けにコマセカゴ（ロケットカゴなど）とウキを付けて遠投する釣り方がカゴ釣りだ。沖を回遊する良型のアジを狙うときに使用するが、堤防などで足下にアジが回遊しない場合も有効。本格的にウキを遠投して大アジを狙うなら、ハリ数を減らした吹き流しスタイルがトラブルも少なくおすすめだ。

にセットした下カゴ式は、こんなときに効果的だ。食いの悪いときはトリック式でないと釣れないこともある。

ウキ釣り

サビキ釣りやカゴ釣りで数を狙うのもおもしろいが、アジを1尾ずつ釣り上げる繊細なウキ釣りも楽しい。堤防や小磯ならノベ竿に玉ウキやトウガラシウキを付けただけの仕掛けで十分だが、ポイントが遠いときは1号以下の磯竿にリールをセットして沖目を狙ってみよう。玉ウキや円錐ウキよりも棒ウキのほうが明確なアタリが出る。

horse mackerel アジ

[ジグヘッド＋ワーム]
0.9グラムからせいぜい3グラムくらいの小さなジグヘッドに1.5〜2インチのワームをセットして使う

[シャッドテールワーム]
アジングで使う代表的なワーム。テール部分に水流を受けてフルフルと震えるタイプ

[ピンテール ワーム]
こちらもよく使われるワーム。ゆっくり引いてくると、テールが微細に震えるタイプだ

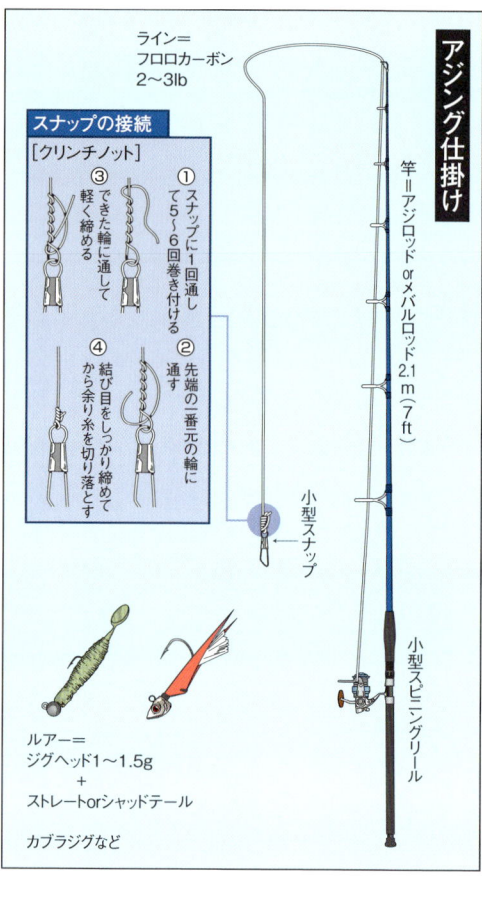

アジング仕掛け

- 竿＝アジロッド or メバルロッド 2.1m（7ft）
- ライン＝フロロカーボン 2〜3lb
- 小型スナップ
- 小型スピニングリール
- ルアー＝ジグヘッド1〜1.5g ＋ ストレート or シャッドテール
- カブラジグなど

スナップの接続 [クリンチノット]

① スナップに1回通して5〜6回巻き付ける
② 先端の一番元の輪に通す
③ できた輪に通して軽く締める
④ 結び目をしっかり締めてから余り糸を切り落とす

アジング

近年注目されているのが、ごくライトなルアータックルで狙う「アジング」だ。タックルはメバルのルアーフィッシングと同様。これで引きの強いアジを掛けると、迫力満点だ。

アジングのおもなポイントは、潮通しのよいエリアにあり、足下から水深のある堤防など。常夜灯のある漁港などはナイトゲームの好ポイントだ。アジは日中でも釣れないことはないが、やはり好時合となるのは朝夕マヅメと夜。夜は常夜灯周りで大釣りすることも多い。

タックルは、0.9〜3グラムほどのジグヘッドに1.5〜2インチのワームまたはカブラジグ。ワームはシャッドテールやピンテールで実績が高い。ラインは2〜3ポンドテストで、ロッドはメバル用などの根魚用でもいいが近ごろは専用のアジングロッドも販売されている。

釣り方はジャーク＆フォールかストレートリトリーブ。アクションもさることながら、泳層を見つけることが重要だ。

ターゲット別仕掛けマニュアル
アジ horse mackerel

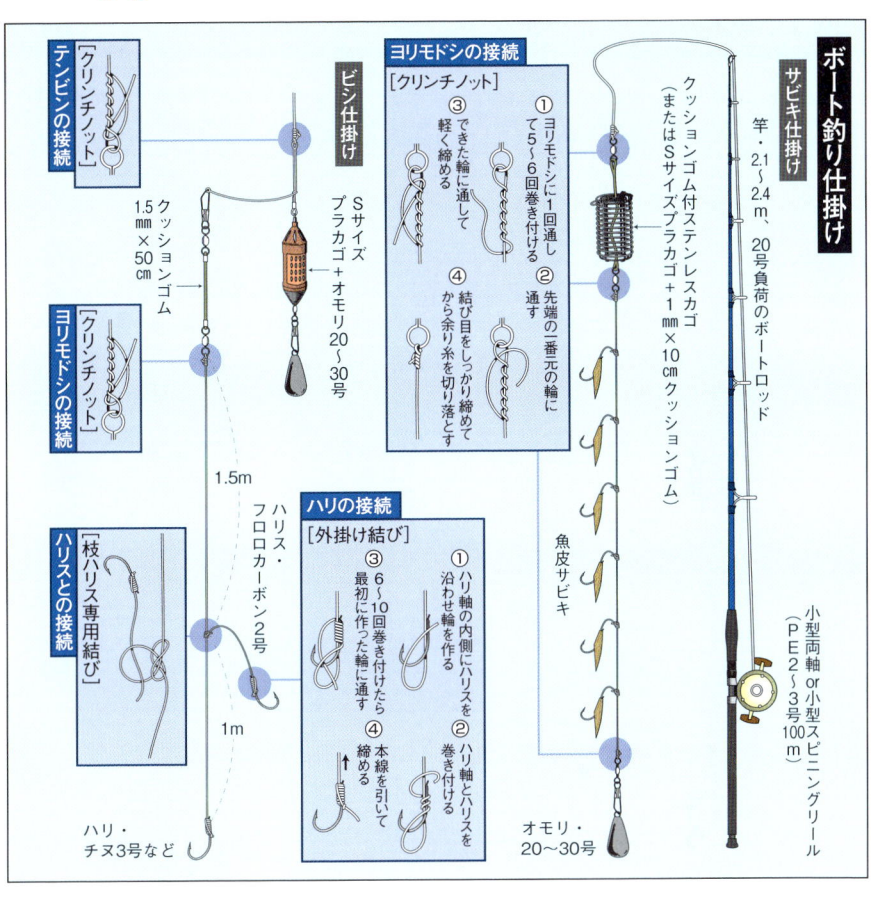

ボート釣り仕掛け

サビキ仕掛け
- 竿：2.1～2.4m、20号負荷のボートロッド
- 小型両軸 or 小型スピニングリール（PE2～3号100m）
- クッションゴム付ステンレスカゴ（またはSサイズプラカゴ＋1mm×10cmクッションゴム）
- 魚皮サビキ
- オモリ・20～30号

ヨリモドシの接続［クリンチノット］
① ヨリモドシに1回通して5～6回巻き付ける
② できた軸に通して軽く締める
③ 先端の一番元の輪に通す
④ 結び目をしっかり締めてから余り糸を切り落とす

ビシ仕掛け
- Sサイズプラカゴ＋オモリ20～30号

テンビンの接続［クリンチノット］

クッションゴム 1.5mm×50cm

ヨリモドシの接続［クリンチノット］

- ハリス・フロロカーボン2号 1.5m
- 1m
- ハリ・チヌ3号など

ハリの接続［外掛け結び］
① ハリ軸の内側にハリスを沿わせ輪を作る
② ハリ軸とハリスを巻き付ける
③ 6～10回巻き付けたら最初に作った輪に通す
④ 本線を引いて締める

ハリスとの接続［枝ハリス専用結び］

ボート釣り

ボート釣りではアミコマセを使ったサビキ釣りが主流だが、小型のビシ仕掛けを使った手釣りも釣趣があるものだ。食い渋りのときなど、ビシ釣りのほうが好釣果を得られることもある。手返しよく釣るのが数をのばす一番のコツだ。

サビキ仕掛けは自作も可能だが、市販のものを利用するのが手っ取り早い。ハリには魚皮やスキン、ウイリーなどが付いており、何種類か用意しておくといいだろう。ハリスの太さは小アジの場合1～1.5号。20センチ以上の中アジが多い場合は1.5～2号程度で、長さは5～10センチのものが向いている。

ビシ釣りには、イカを薄い短冊や5ミリ角ぐらいに切ったものをハリに刺して使うとよい。

コマセのアミは、コマセカゴの7～8分目を目安に詰める。あまり詰めすぎると、竿をあおってもコマセが出ないので注意。入れ食いになったら、1回のコマセの量は少なくしよう。

アナゴ・ウナギ

conger myriaster

アナゴはタマヅメから夜にかけて、投げ釣りで狙う。
通年釣れるが、旬は梅雨から夏にかけて。
このころのアナゴは実に美味

【ウナギ目アナゴ科】

分布／日本各地。東シナ海、琉球列島、朝鮮半島
全長／100センチ

マアナゴの特徴は、体側上部に、頭部から尾部にかけて白い点（側線の穴）があること。目盛りのようにも見えることから、関東ではハカリメとも呼ばれる。沿岸の砂泥底に棲息、昼は海底の穴の中に潜り、夜になるとエサを活発に追う。ハリに掛かるとダンゴ状に丸まって仕掛けをぐちゃぐちゃにしてしまうことが多い。天ぷら、煮付けのほか塩焼きや骨せんべいなどにして実にうまい。血液に毒があり、生食は不可。漢字では真穴子

投げ釣り仕掛け

- ケミカルライト
- 道糸・ナイロン3～4号
- 「電車結び」道糸と力糸を結ぶ
- 力糸・テーパーライン4～12号
- ローリングスイベル5号
- 砂ズリ・モトス2本ヨリ
- テンビンL型遊動式 または 名古屋、改良名古屋、ジェットテンビンなど20～25号
- 竿・振出し投げ竿25号負荷4m前後
- リール・投げ釣り専用スピニングリール
- ハリス・フロロカーボン3～4号
- 仕掛け全長1m
- ハリ・セイゴバリ13号

エサの付け方

アオイソメは3～4匹房掛けにしてタラシ3～4cmで切りそろえる
3～4cm
サバやサンマ、イカの切り身は皮のほうからチョン掛け
Cut

2本ヨリの結び
「8の字結び」
モトス2本ヨリ

集魚パーツを付ける場合
- 夜光ビーズ
- 蛍光パイプ
- クリスタル

3つ付ける場合、そのうち2つは蛍光・夜光を組合わせる

アナゴ

アナゴは通年釣れる長物の代表魚。夕方から夜半の投げ釣りで狙う。

タックルは4メートル前後の振出し投げ竿で、オモリ負荷25号ぐらいが食い込みがよくて使いやすい。ナイロン道糸3～4号に、テーパーライン。テンビンはL型でもストレートでもかまわない。号数は狙う場所と飛距離によるが、20号と25号を用意してけばいいだろう。

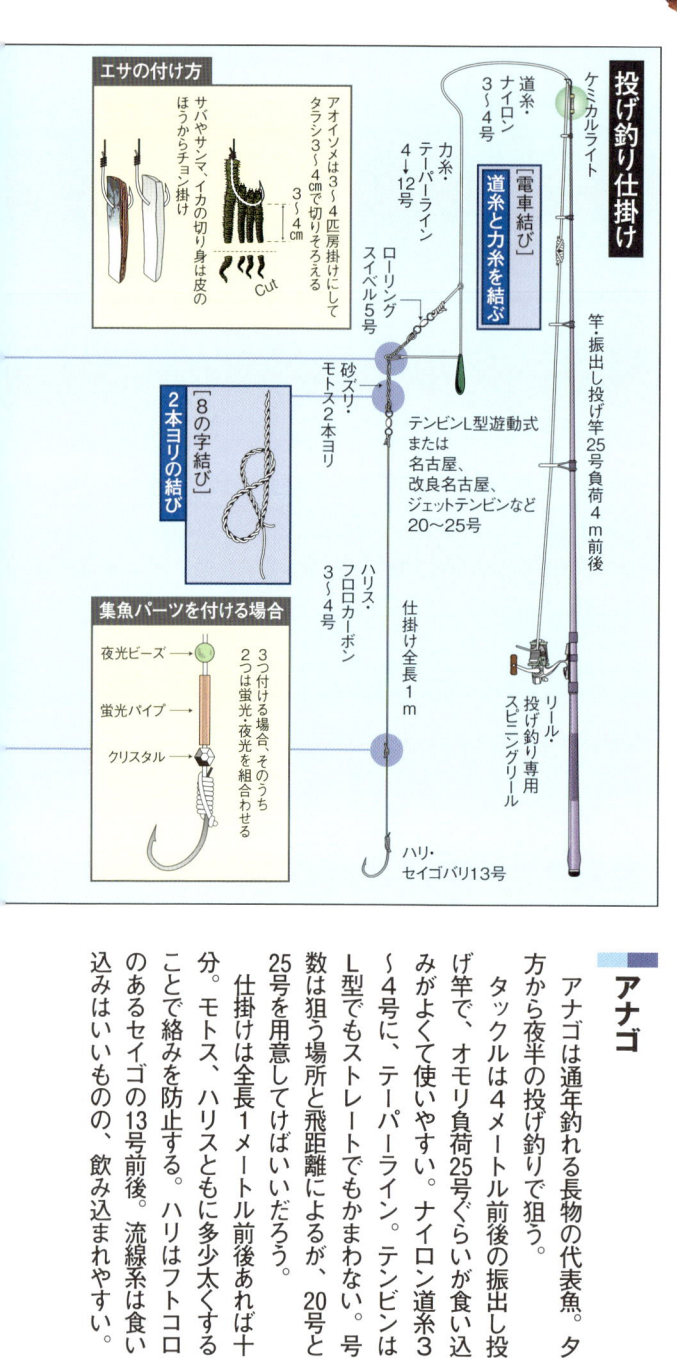

仕掛けは全長1メートル前後あれば十分。モトス、ハリスともに多少太くすることで絡みを防止する。ハリはフトコロのあるセイゴの13号前後。流線系は食い込みはいいものの、飲み込まれやすい。

ターゲット別仕掛けマニュアル

アナゴ conger myriaster

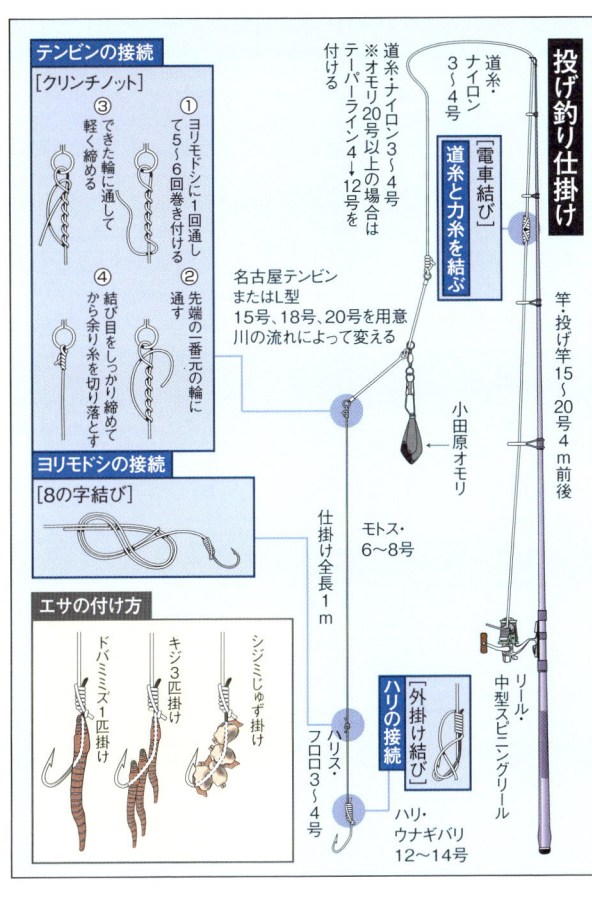

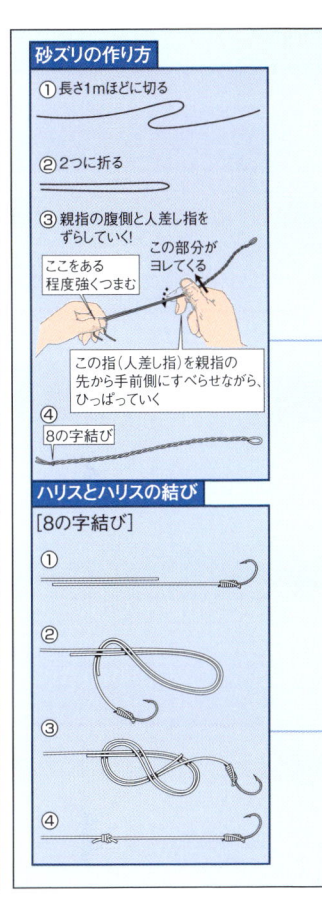

投げ釣り仕掛け

- 竿・投げ竿 15〜20号 4m前後
- リール・中型スピニングリール
- 道糸・ナイロン 3〜4号
- [電車結び] 道糸と力糸を結ぶ
- ※オモリ20号以上の場合はテーパーライン4→12号を付ける
- 小田原オモリ
- 名古屋テンビンまたはL型 15号、18号、20号を用意 川の流れによって変える
- モトス・6〜8号
- 仕掛け全長1m
- [外掛け結び] ハリの接続
- ハリス・フロロ3〜4号
- ハリ・ウナギバリ 12〜14号

テンビンの接続 [クリンチノット]
① ヨリモドシに1回通して5〜6回巻き付ける
② 先端の一番元の輪に通す
③ できた輪に通して軽く締める
④ 結び目をしっかり締めてから余り糸を切り落とす

ヨリモドシの接続 [8の字結び]

エサの付け方
- ドバミミズ1匹掛け
- キジ3匹掛け
- シジミじゅず掛け

砂ズリの作り方
① 長さ1mほどに切る
② 2つに折る
③ 親指の腹側と人差し指をずらしていく！
- ここをある程度強くつまむ
- この部分がヨレてくる
- この指（人差し指）を親指の先から手前側にすべらせながら、ひっぱっていく
④ 8の字結び

ハリスとハリスの結び [8の字結び]
①
②
③
④

ハリのチモトには、エサを目立たせるために夜光玉や蛍光パイプ、ビーズを装着すると効果がある。ただし、場所によってはゴンズイが入れ掛かりになることもある。エサはアオイソメで十分だ。

アタリは大型だとガンガンと明確に出る。小型のアタリでも十分分かるので、ひと呼吸おいて合わせよう。合わせたら一気に巻き上げること。そのままにしておいても逃げられることはないが、仕掛けをぐちゃぐちゃにされる。

ウナギ

食材としては同じ長物の代表選手だが、釣りではウナギはマイナーなターゲットといえる。最もよく行われているのは、汽水域での投げ釣りだろう。

竿は安価な振出しで十分。全長3〜4メートルで、20号負荷くらいが食い込みもいい。道糸はナイロン3〜4号で、オモリ20号以上を使う場合には力糸を結ぶ。テンビンはアナゴ同様、L型でもストレートでもいいが、川の流れのある場所は、後者が仕掛けが絡みにくい。

アマダイ・イトヨリダイ

tilefish

陸っぱりでは釣れず、ボート釣りでも深場狙いのターゲット。水深35メートル以深がポイントで、イトヨリダイも同じポイントで釣れる

【スズキ目アマダイ科】

分布／南日本、東シナ海、済州島、南シナ海
全長／50センチ

アマダイの仲間は数種いるが、一般にアマダイといえばアカアマダイを指す。冬の釣り物で、食のほうでも冬が旬。日本料理には欠かせない高級魚だ。京都ではグジと呼ばれる。おでこが張っているのが形態的な特徴で、これはアマダイ科に共通している。ボート釣り場としてはやや沖合がポイントとなるので、風に十分注意すること。強まりそうな気配を感じたら、早めに岸近くに移動することだ。
漢字では甘鯛

ボート釣り仕掛け

- 道糸・PE4号 100～200m
- 竿・2.7mヒラメ竿（2.4～2.7m7：3調子でも可）オモリ負荷30号
- 中型ドラグ付き両軸リール
- 先糸・ナイロン8号5～10m
- 中型片テンビン
- オモリ・30～40号
- クッションゴム2mm×30cm
- ハリス・3～4号3m
- 枝ハリス・30cm
- ハリ・カットチヌ4～5号
- 1.5m

[道糸と先糸]ブラッドノット
[テンビンの接続]クリンチノット
[ハリスとの接続]枝ハリス専用結び
[ハリの接続]外掛け結び

アマダイ、イトヨリダイともに冬の魚で、ボート釣りでは深場のポイントとなる水深35メートル以上を狙う。

水深が35～50メートルともなると、アンカーを使うと上げ下げが大変なので、この釣りでは風のない日で潮がトロトロと流れているときにノーアンカーで狙うことになる。パラシュートアンカーを用意できれば、さらに釣りやすい。

ただし、水深のあるポイントとは必然的に陸から離れた沖合でもあるので、風向きや強さには十分注意しながらこの釣りを楽しんでほしい。

アマダイもイトヨリダイも砂地に棲息しているが、近くに根が点在している所やカケ上がりが最高のポイントとなる。

064

ターゲット別仕掛けマニュアル

アマダイ tilefish

アマダイのポイントで釣れるイトヨリダイの仲間。上からタマガシラ、ソコイトヨリ（黄色の縦縞が3〜4本）、イトヨリダイ（黄色の縦縞が7〜8本）

パラシュートアンカーを用意しておこう

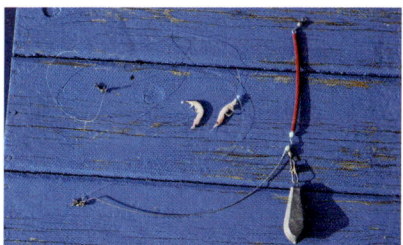

アマダイ仕掛け。オモリは30号前後、オキアミエサでコマセは使わない

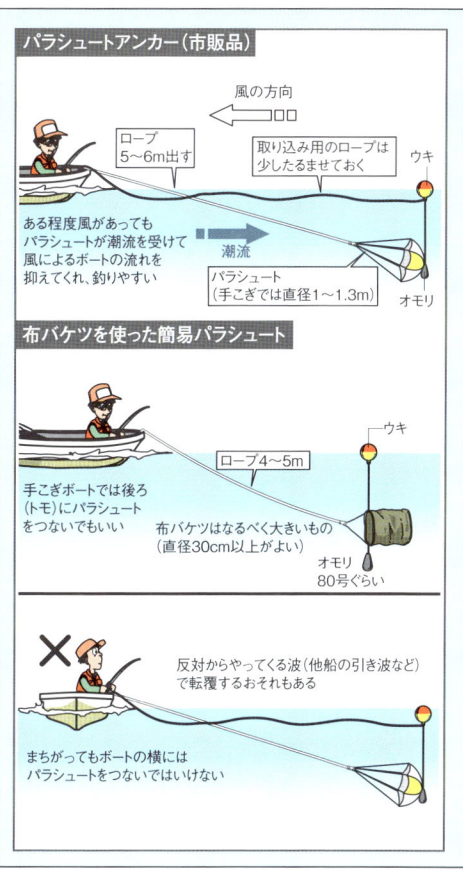

パラシュートアンカー（市販品）

風の方向
ロープ5〜6m出す
取り込み用のロープは少したるませておく
ウキ
ある程度風があってもパラシュートが潮流を受けて風によるボートの流れを抑えてくれ、釣りやすい
潮流
パラシュート（手こぎでは直径1〜1.3m）
オモリ

布バケツを使った簡易パラシュート

ウキ
ロープ4〜5m
手こぎボートでは後ろ（トモ）にパラシュートをつないでもいい
布バケツはなるべく大きいもの（直径30cm以上がよい）
オモリ80号ぐらい

反対からやってくる波（他船の引き波など）で転覆するおそれもある

まちがってもボートの横にはパラシュートをつないではいけない

仕掛けと釣り方

釣り方は片テンビン仕掛けで、オモリが時どき底をたたくようにベタ底を狙う。コマセは不要だ。

アタリはゴクンとかグイーッという感じでハッキリ分かるので、そこで竿を軽く立ててればガッチリハリ掛かりする。アマダイの引きはあまり強くなく釣り味に欠けるが、イトヨリダイはやや強い引きを楽しませてくれる。ハリ掛かりしたらバレにくい魚でもある。

ハリに付けるエサはオキアミでよいが、イワイソメもよいエサである。カサゴやハタなども交じり、場所によっては高級魚五目になることもある。

一般にアマダイといえばアカアマダイが中心だが、水深40〜50メートルの所ではアマダイの仲間でも最も高級とされるシロアマダイが釣れる可能性もある。イトヨリダイはピンクの魚体に鮮やかな黄色のストライプが入った美しい魚で、近縁種のソコイトヨリも同じポイントで釣れてくる。

イサキ

chicken grunt

夏の磯魚の代表選手。
磯や堤防では夜釣りの好ターゲットとなっている。
食味もよいため、人気が高い釣り物だ

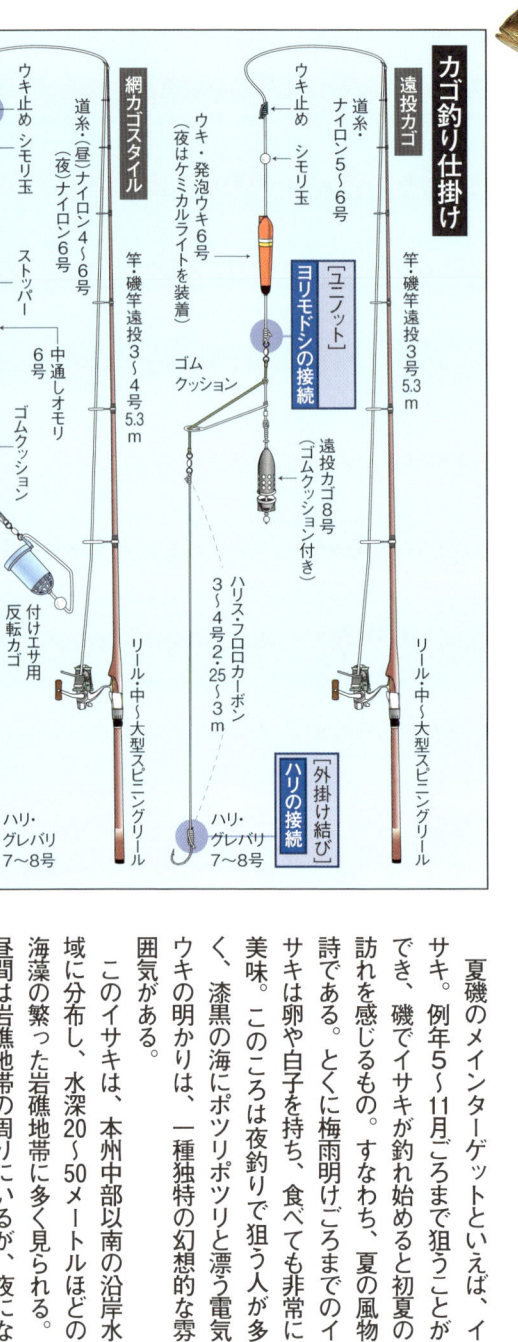

【スズキ目イサキ科】

分布／南日本、南シナ海
全長／50センチ

イサキといえば夏磯の代表魚。幼魚のうちは黄色の鮮やかな縦縞があるが、これがイノシシの子に模様が似ていることから「ウリンボ」とも呼ばれる。典型的な磯魚で、岩礁に着く。群れで行動することが多く、大きな群れに当たれば数釣りが楽しめる。大型個体ほど群れの上層を陣取るともいわれ、浅いタナで良型が釣れることが多い。日中も釣れるが、磯や堤防では夜釣りのほうが有利。漢字では鶏魚

カゴ釣り仕掛け

遠投カゴ

- 道糸：ナイロン5～6号
- ウキ止め　シモリ玉
- ウキ・発泡ウキ6号（夜はケミカルライトを装着）
- 竿・磯竿遠投3号5.3m
- ゴムクッション
- 遠投カゴ8号（ゴムクッション付き）
- ハリス・フロロカーボン3～4号2.25～3m
- ハリ・グレバリ7～8号
- リール・中～大型スピニングリール

[ユニット] ヨリモドシの接続
[ハリの接続] 外掛け結び

網カゴスタイル

- 道糸・（昼）ナイロン4～6号（夜）ナイロン6号
- ウキ止め　シモリ玉
- ウキ・発泡ウキ8号（夜はケミカルライトを装着）
- ストッパー
- 中通しオモリ6号
- ゴムクッション
- 網カゴ
- 付けエサ用反転カゴ
- ハリス・フロロカーボン3～4号2.25～3m
- ハリ・グレバリ7～8号
- 竿・磯竿遠投3～4号5.3m
- リール・中～大型スピニングリール

夏磯のメインターゲットといえば、イサキ。例年5～11月ごろまで狙うことができ、磯でイサキが釣れ始めると初夏の訪れを感じるもの。すなわち、夏の風物詩である。とくに梅雨明けごろまでのイサキは卵や白子を持ち、食べても非常に美味。このころは夜釣りで狙う人が多く、漆黒の海にポツリポツリと漂う電気ウキの明かりは、一種独特の幻想的な雰囲気がある。

このイサキは、本州中部以南の沿岸水域に分布し、水深20～50メートルほどの海藻の繁った岩礁地帯に多く見られる。昼間は岩礁地帯の周りにいるが、夜になると海面近くに浮上してくることが多い。夜釣りのイメージが強いのはそのた

ターゲット別仕掛けマニュアル
イサキ chicken grunt

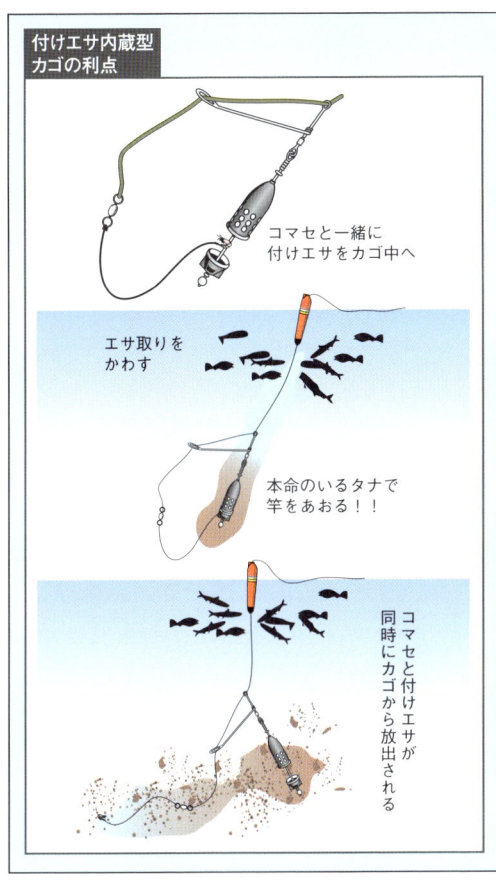

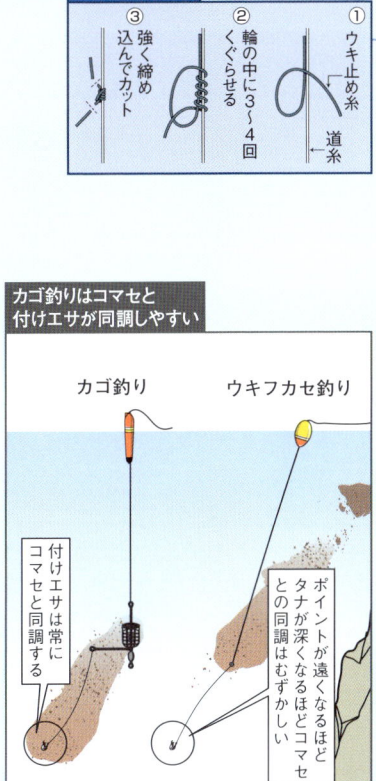

付けエサ内蔵型カゴの利点
コマセと一緒に付けエサをカゴ中へ
エサ取りをかわす
本命のいるタナで竿をあおる！！
コマセと付けエサが同時にカゴから放出される

ウキ止めの結び
① ウキ止め糸／道糸
② 輪の中に3〜4回くぐらせる
③ 強く締め込んでカット

カゴ釣りはコマセと付けエサが同調しやすい
カゴ釣り：付けエサは常にコマセと同調する
ウキフカセ釣り：ポイントが遠くなるほどタナが深くなるほどコマセとの同調はむずかしい

カゴ釣り

カゴ釣りは遠投が可能で深ダナを直撃でき、しかも付けエサとコマセを同調させやすいという点でイサキ釣りには有効な釣り方といえる。とくに地磯や堤防では、昨今ウキフカセ釣りで釣果を得るのが難しくなってきており、カゴ釣りのほうが圧倒的に有利だ。

ポイントは潮通しのよい場所を選ぶことが大切で、これは沖磯でも地磯でも、またウキフカセ釣りでも同じだ。

エサはコマセにはやや潰したオキアミかアミ、あるいはこれに配合エサを混ぜるが、夜釣りではアミの単品で十分だ。付けエサはいずれもオキアミを使用する。

仕掛け全体が重いので、それなりにしっかりした竿が必要になる。

めだが、潮が通すポイントであれば日中でも十分狙える。ただ、足下で入れ食いというのはやはり夜で、日中はどちらかといえば遠め、深めのポイントで食うことが多いようだ。

イサキ

ウキフカセ釣り仕掛け

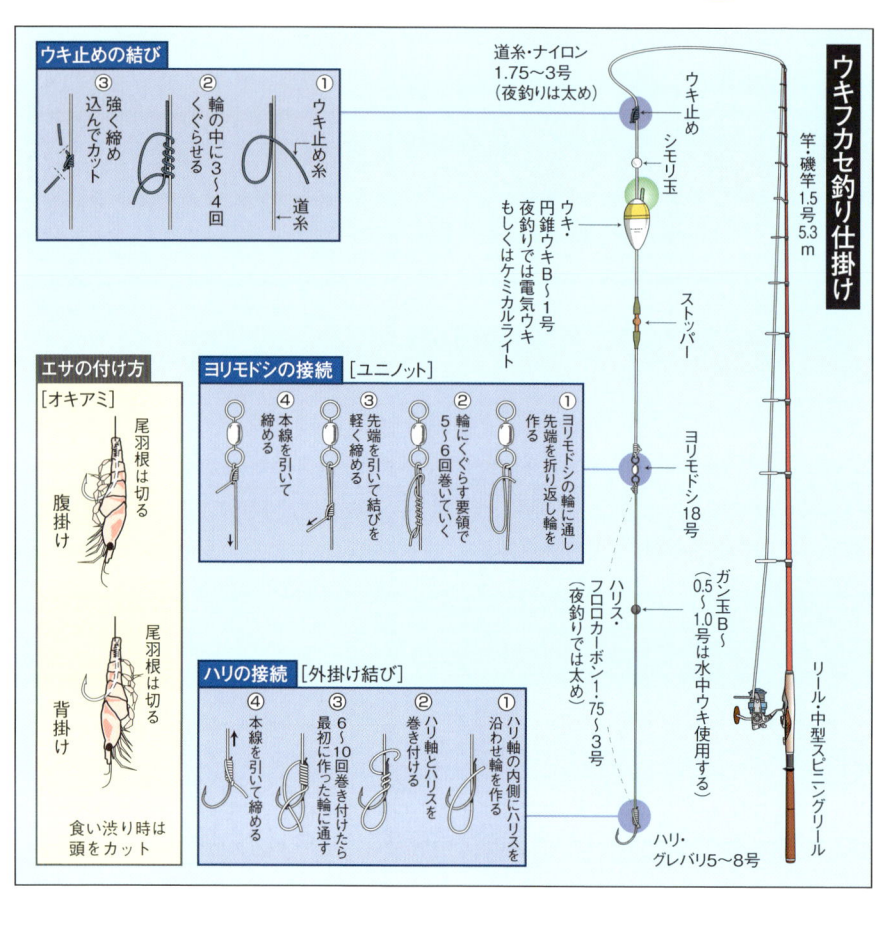

ウキ止めの結び
① ウキ止め糸／道糸
② 輪の中に3～4回くぐらせる
③ 強く締め込んでカット

エサの付け方
[オキアミ]
- 腹掛け：尾羽根は切る
- 背掛け：尾羽根は切る
- 食い渋り時は頭をカット

ヨリモドシの接続 [ユニノット]
① ヨリモドシの輪に通し先端を折り返し輪を作る
② 輪にくぐらす要領で5～6回巻いていく
③ 先端を引いて軽く締める
④ 本線を引いて締める

ハリの接続 [外掛け結び]
① ハリ軸の内側にハリスを沿わせ輪を作る
② ハリ軸とハリスを巻き付ける
③ 6～10回巻き付けたら最初に巻った輪に通す
④ 本線を引いて締める

仕掛け図：
- 竿・磯竿1.5号5.3m
- 道糸・ナイロン1.75～3号（夜釣りは太め）
- ウキ止め
- シモリ玉
- ウキ・円錐ウキB～1号 夜釣りでは電気ウキもしくはケミカルライト
- ストッパー
- ヨリモドシ18号
- ガン玉B～（0.5～1.0号は水中ウキ使用する）
- ハリス・フロロカーボン1.75～3号（夜釣りでは太め）
- ハリ・グレバリ5～8号
- リール・中型スピニングリール

ウキフカセ釣り

イサキはカゴ釣りだけでなくウキフカセ釣りでも楽しめる。

ウキフカセ釣りでは、日中でも夜釣りでもメジナ狙いのタックル、仕掛けを使用すればよい。ただ日中はメジナより深いタナで釣れることも多いので、ウキは0.5号前後のやや重いオモリを背負えるものも用意しておきたい。夜釣りの場合、釣り座が海面から低く、風もない条件ならごく軽い仕掛けでもいいが、高い釣り座だったり風があるようなときは1号前後のオモリを使ったやや重い仕掛けのほうが釣りやすい。夜間は道糸がまったく見えないため、ラインコントロールがほとんどできないからだ。

ポイントはメジナと同じで、とくに地磯の場合はやや波気があるほうが好条件。ベタナギの日は厳しいだろう。

エサやコマセはオキアミ＋配合エサでいいが、夜釣りのコマセには必ずアミを加えること。アミは解凍すると発光するため、夜釣りでは非常に効果的だ。

ターゲット別仕掛けマニュアル

イサキ chicken grunt

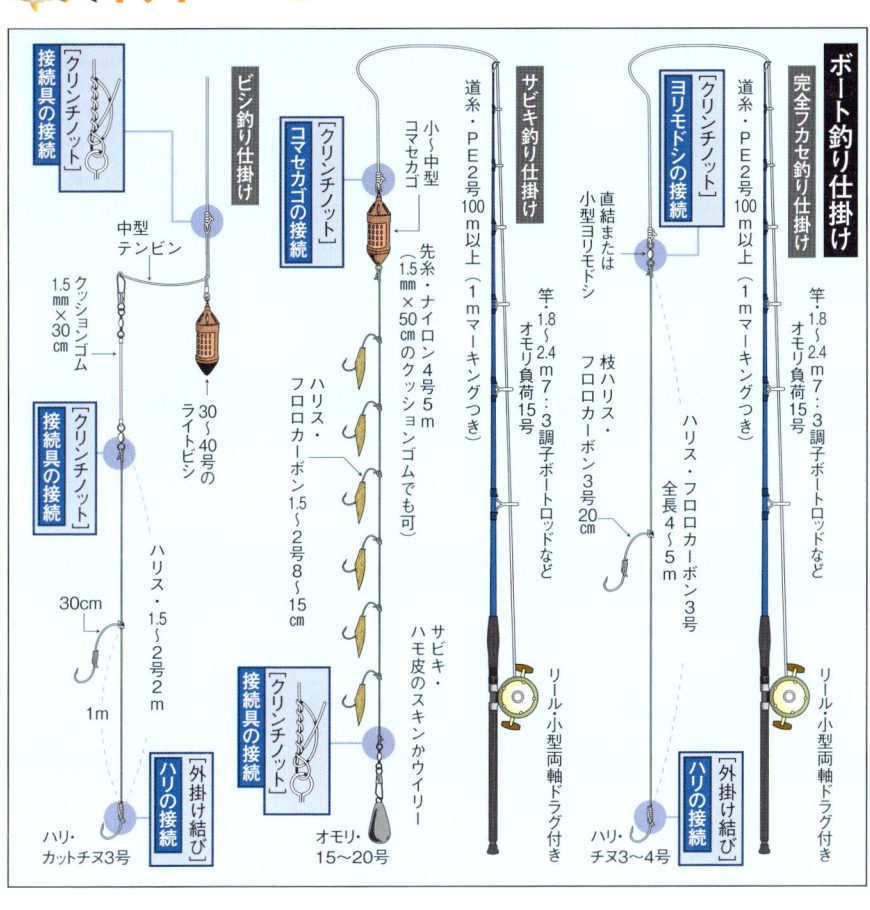

ボート釣り仕掛け

完全フカセ釣り仕掛け

- 竿：1.8～2.4m 7:3調子ボートロッドなど
- 道糸：PE2号100m以上（1mマーキングつき）
- オモリ負荷15号
- リール：小型両軸ドラグ付き
- ［ヨリモドシの接続］［クリンチノット］：直結または小型ヨリモドシ
- ハリス：フロロカーボン3号 全長4～5m
- 枝ハリス：フロロカーボン3号20cm
- ［ハリの接続］［外掛け結び］：ハリ・チヌ3～4号

サビキ釣り仕掛け

- 竿：1.8～2.4m 7:3調子ボートロッドなど
- 道糸：PE2号100m以上（1mマーキングつき）
- オモリ負荷15号
- リール：小型両軸ドラグ付き
- 小～中型コマセカゴ
- ［コマセカゴの接続］［クリンチノット］
- 先糸：ナイロン4号5m（1.5mm×50cmのクッションゴムでも可）
- ハリス・フロロカーボン1.5～2号8～15cm
- サビキ・ハモ皮のスキンかウイリー
- ［接続具の接続］［クリンチノット］
- オモリ・15～20号

ビシ釣り仕掛け

- 中型テンビン
- クッションゴム 1.5mm×30cm
- ［接続具の接続］［クリンチノット］
- 30～40号のライトビシ
- ［コマセカゴの接続］［クリンチノット］
- 30cm
- ハリス・1.5～2号2m
- 1m
- ［ハリの接続］［外掛け結び］
- ハリ・カットチヌ3号

ボート釣り

ボート釣りでは、夏になると湾内のやや険しい岩礁帯やイケス周りに群れで集まってくるイサキを狙うが、このポイントを見つけるのはなかなか難しい。小アジといっしょにウリンボが釣れることがあるが、中型以上のポイントはアジより沖合になることが多く、うまく探し当てるには携帯魚群探知機があると便利だ。

ボートでイサキを釣る際の仕掛けは、サビキ仕掛けと片テンビンを使ったビシ仕掛け。良型を狙うならビシ釣りのほうがやや有利か。サビキの場合はハリスを長めにしたほうが良型が釣れる。

タナは底から2～3メートルを中心に、ときに中層まで群れが上がってくることもある。釣れるタナを早く発見することが好釣果につながる。

近年ひそかに人気が高まってきた完全フカセ釣りも有効だ。オモリを付けずエサの付いたハリと糸だけでゆっくり沈めていく。時どきコマセを少量、手で糸の近くにまいて流すだけの釣りだ。

イシダイ・イシガキダイ

striped beakfish

イシダイといえば磯の王者。その強烈なファイトは石物師を魅了してやまない。大型はめったに釣れない希少性もあり、憧れのターゲットだ

【スズキ目イシダイ科】

分布／日本各地、韓国、台湾、ハワイ諸島
全長／80センチ

魚体には白地または淡銀色の地に、黒または濃灰色の横縞が7本入る。老成化するにしたがい、黒い横縞は消失傾向にあり不鮮明となる。とくに老成したオスは、全身が鈍い光沢のある濃灰色となる。また老成魚は口の周りが黒くなるためクチグロと呼ばれる。近縁種のイシガキダイは体表に黒斑を細かく散りばめたような模様がある。やはり老成するとともに模様が消失し、イシダイと違って口の周りが白くなるためクチジロと呼ばれる。イシガキダイのほうが大型化する。漢字では石鯛

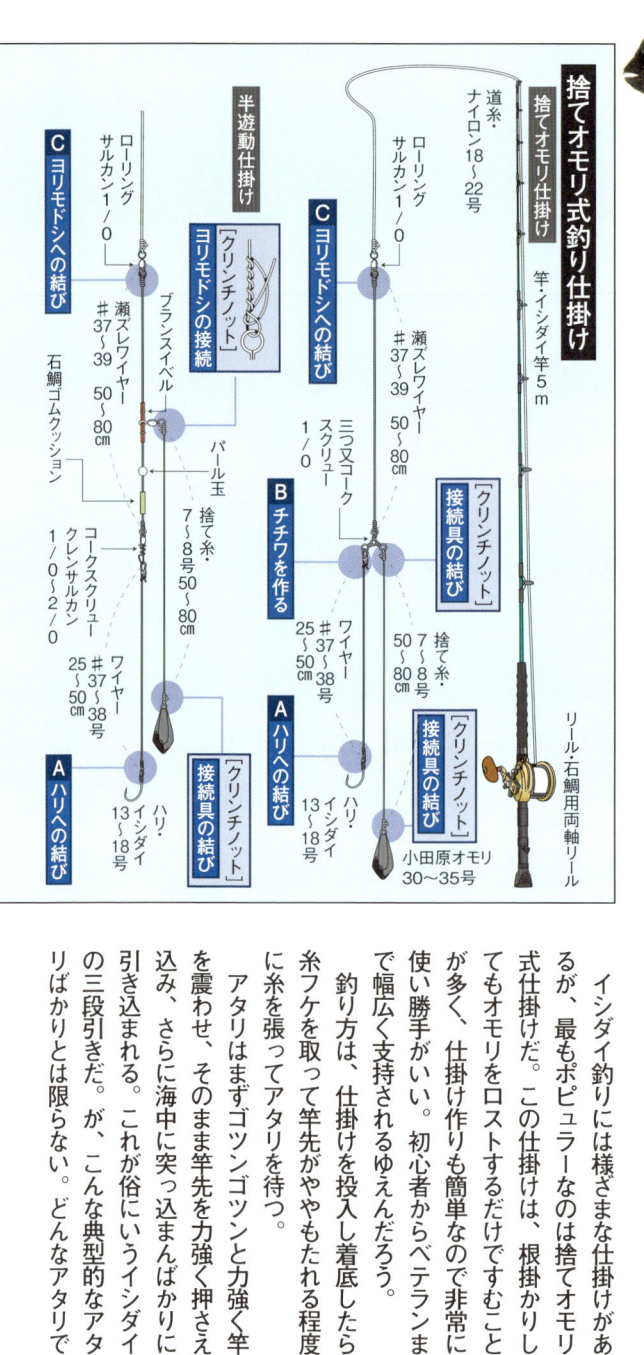

捨てオモリ式釣り仕掛け

捨てオモリ仕掛け
竿・イシダイ竿5m
道糸・ナイロン18～22号
ローリングサルカン1/0
Ⓒ ヨリモドシへの結び
瀬ズレワイヤー ♯37～39 50～80cm
三つ又コークスクリュー 1/0
Ⓑ チチワを作る
捨て糸・7～8号 50～80cm
ワイヤー ♯37～38号 25～50cm
Ⓐ ハリへの結び
ハリ・イシダイ 13～18号
「クリンチノット」接続具の結び
小田原オモリ 30～35号
リール・石鯛用両軸リール

半遊動仕掛け

ローリングサルカン 1/0
Ⓒ ヨリモドシへの結び
「クリンチノット」ヨリモドシの接続
瀬ズレワイヤー ♯37～39 50～80cm
ブランスイベル
パール玉
捨て糸・7～8号 50～80cm
ワイヤー ♯37～38号 25～50cm
Ⓐ ハリへの結び
ハリ・イシダイ 13～18号
「クリンチノット」接続具の結び

Ⓒ ヨリモドシへの結び
ローリングサルカン 1/0
石鯛ゴムクッション
コークスクリューサルカン 1/0～2/0
ワイヤー ♯37～38号 25～50cm

イシダイ釣りには様々な仕掛けがあるが、最もポピュラーなのは捨てオモリ式仕掛けだ。この仕掛けは、根掛かりしてもオモリをロストするだけですむことが多く、仕掛け作りも簡単なので非常に使い勝手がいい。初心者からベテランまで幅広く支持されるゆえんだろう。

釣り方は、仕掛けを投入し着底したら糸フケを取って竿先がややもたれる程度に糸を張ってアタリを待つ。

アタリはまずゴツンゴツンと力強く竿を震わせ、そのまま竿先を力強く押さえ込み、さらに海中に突っ込まんばかりに引き込まれる。これが俗にいうイシダイの三段引きだ。が、こんな典型的なアタリばかりとは限らない。どんなアタリで

070

ターゲット別仕掛けマニュアル

イシダイ striped beakfish

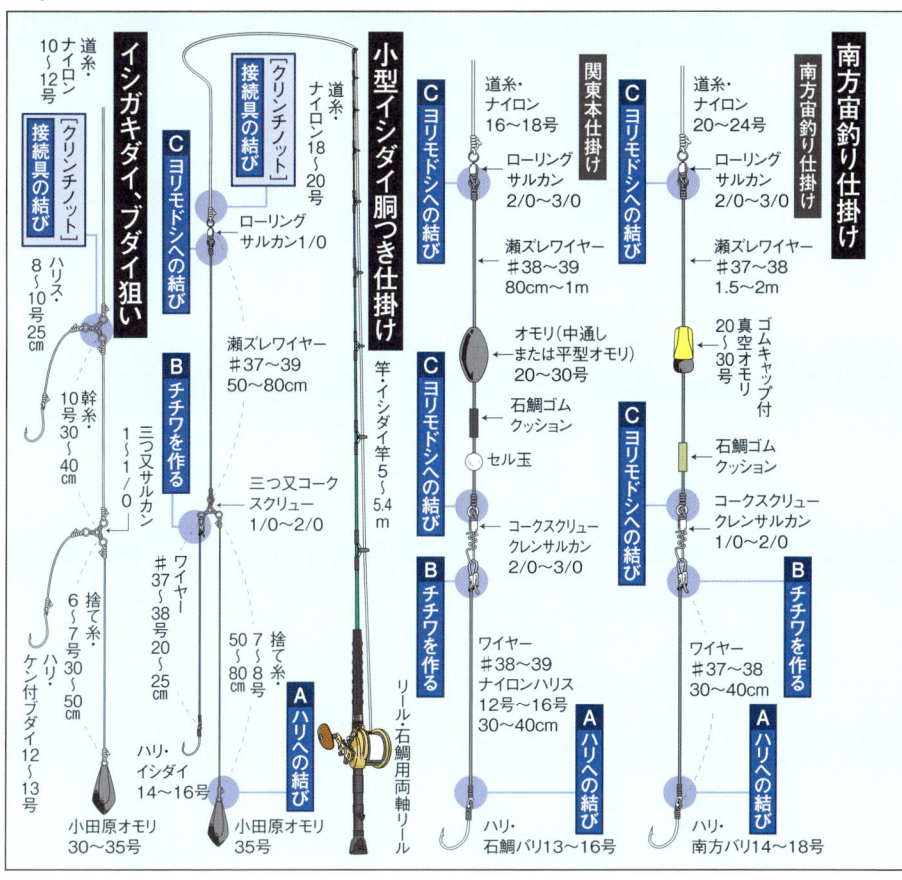

南方宙釣り仕掛け

- 道糸・ナイロン20〜24号
- ローリングサルカン2/0〜3/0
- 瀬ズレワイヤー♯37〜38 1.5〜2m
- ゴムキャップ付 真空オモリ20〜30号
- 石鯛ゴムクッション
- コークスクリュークレンサルカン1/0〜2/0
- ワイヤー♯37〜38 30〜40cm
- ハリ・南方バリ14〜18号
- [C]ヨリモドシへの結び
- [B]チチワを作る
- [A]ハリへの結び

関東本仕掛け

- 道糸・ナイロン16〜18号
- ローリングサルカン2/0〜3/0
- 瀬ズレワイヤー♯38〜39 80cm〜1m
- オモリ（中通しまたは平型オモリ）20〜30号
- 石鯛ゴムクッション
- セル玉
- コークスクリュークレンサルカン2/0〜3/0
- ワイヤー♯38〜39 ナイロンハリス12号〜16号 30〜40cm
- ハリ・石鯛バリ13〜16号
- [C]ヨリモドシへの結び
- [B]チチワを作る
- [A]ハリへの結び

小型イシダイ胴つき仕掛け

- 竿・イシダイ竿5〜5.4m
- リール・石鯛用両軸リール
- 道糸・ナイロン18〜20号
- [クリンチノット] 接続具の結び
- ローリングサルカン1/0
- 瀬ズレワイヤー♯37〜39 50〜80cm
- 三つ又コークスクリュー1/0〜2/0
- ワイヤー♯37〜38号 20〜25cm
- 捨て糸 7〜8号 50〜80cm
- ハリ・イシダイ14〜16号
- 小田原オモリ35号
- [C]ヨリモドシへの結び
- [B]チチワを作る
- [A]ハリへの結び

イシガキダイ、ブダイ狙い

- 道糸・ナイロン10〜12号
- [クリンチノット] 接続具の結び
- ハリス8〜10号 25cm
- 幹糸10号 30〜40cm
- 三つ又サルカン1〜1/0
- 捨て糸6〜7号 30〜50cm
- ハリ・ケン付ブダイ12〜13号
- 小田原オモリ30〜35号
- [C]ヨリモドシへの結び

九州では南方宙釣りが主流だ。この釣り方は釣り場が足下から急深で垂直に切り立った磯場に限られる。つまり九州や西南諸島にはそうしたポイントが多いということだ。投入することが前提の捨てオモリ式に比べ、南方宙釣りではひと回り太い道糸を使用する。オモリは中通しオモリで、流されにくい平型形状のものや潮を受けても回転しない真空オモリを使う。また根掛かり防止のためにオモリにゴムキャップを付ける。ハリは南方バリ。イシダイバリと違ってセイゴバリのように軸長なので、ウニや赤貝などのエサをじゅず掛けするのに向いている。

この南方宙釣りとほぼ同じ仕掛けなのが関東の本仕掛けだ。関東でも、以前はこの仕掛けが主流だった。当時はイシダイの魚影も濃く、そのため足下を狙った遊動式の本仕掛けが抜群の威力を示したものだ。だがイシダイの数が減るとともにポイントが遠くなり、近ごろではあまり見られなくなっている。

も早合わせは禁物で、必ず竿先が完全に引き込まれてから合わせること。

イシダイ

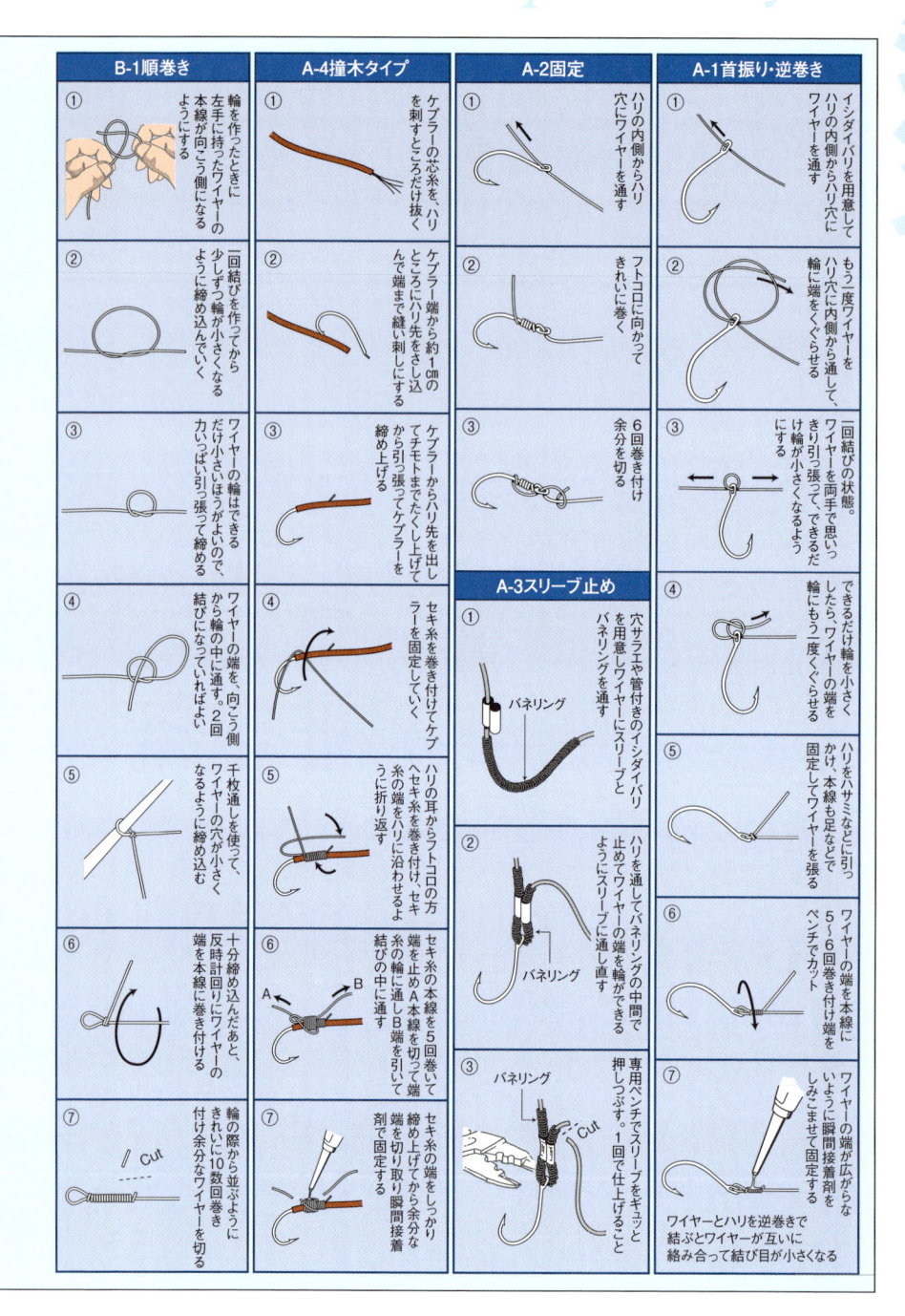

A-1 首振り・逆巻き

① イシダイバリを用意してハリの内側からハリ穴にワイヤーを通す

② もう一度ワイヤーをハリ穴の内側から通して、輪にフトコロに向かって端をくぐらせる

③ 一回結びの状態。ワイヤーを両手で思いっきり引っ張って輪が小さくなるようにする

④ できるだけ輪を小さくしたら、ワイヤーの端にもう一度くぐらせる

⑤ ハリをハサミなどに引っかけ、本線も足などで固定してワイヤーを張る

⑥ ワイヤーの端を本線に5〜6回巻き付け端をペンチでカット

⑦ ワイヤーの端が広がらないように瞬間接着剤をしみこませて固定する

※ワイヤーとハリを逆巻きに結ぶとワイヤーが互いに絡み合って結び目が小さくなる

A-2 固定

① ハリの内側からハリ穴にワイヤーを通す

② フトコロに向かってきれいに巻く

③ 6回巻き付け余分を切る

A-3 スリーブ止め

① 穴サラエや管付きのイシダイバリを用意しワイヤーにスリーブとバネリングを通す

② ハリを通してバネリングの中間で止めてワイヤーの端を輪ができるようにスリーブに通し直す

③ 専用ペンチでスリーブをギュッと押しつぶす。1回で仕上げること

A-4 撞木タイプ

① ケプラーの芯糸を、ハリを刺すところだけ抜く

② ケプラー端から約1cmのところにハリ先をさし込んで端まで縫い刺しにする

③ ケプラーからハリ先を出してチモトでたくし上げてから引っ張ってケプラーを締め上げる

④ セキ糸を巻き付けてケプラーを固定していく

⑤ ハリの耳からフトコロの方へセキ糸を巻き付け、セキ糸の端をハリに沿わせるように折り返す

⑥ セキ糸の本線を5回巻いて端を止めA本線を切って端をセキ糸の輪に通しB端を引く

⑦ セキ糸の端をしっかり締め上げてから余分な端を切り取り瞬間接着剤で固定する

B-1 順巻き

① 輪を作ったときに左手に持ったワイヤーの本線が向こう側になるようにする

② 一回結びを作ってから少しずつ輪が小さくなるように締め込んでいく

③ ワイヤーの輪はできるだけ小さいほうがよいので、力いっぱい引っ張って締める

④ ワイヤーの端から輪の中に通し、向こう側結びになっていればよい

⑤ 千枚通しを使って、ワイヤーの穴が小さくなるように締め込む

⑥ 十分締め込んだあと、反時計回りにワイヤーの端を本線に巻き付ける

⑦ 輪の際から並ぶように付け10数回巻き付け余分なワイヤーを切る

ターゲット別仕掛けマニュアル

イシダイ striped beakfish

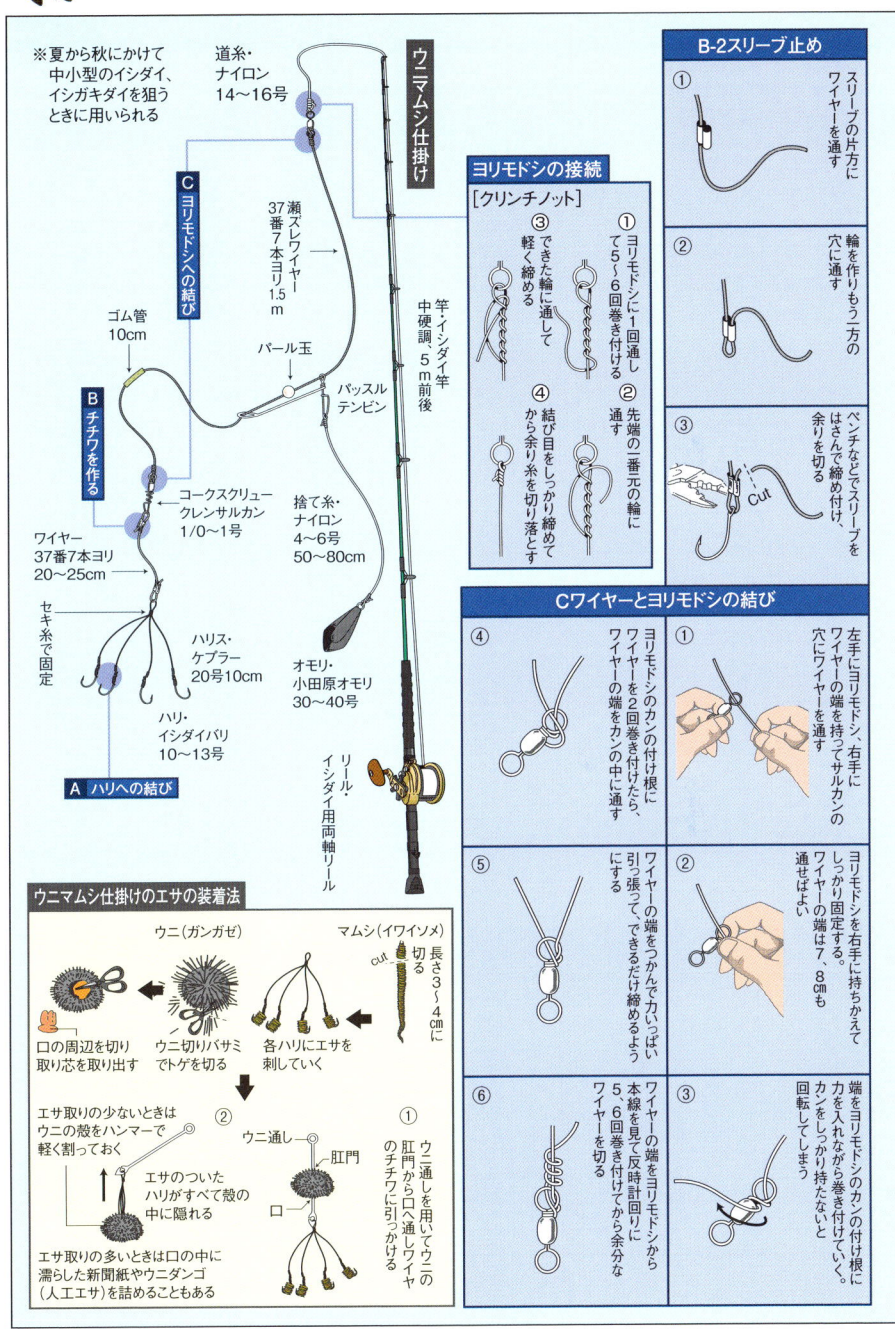

※夏から秋にかけて中小型のイシダイ、イシガキダイを狙うときに用いられる

ウニマムシ仕掛け

- 道糸・ナイロン 14〜16号
- 瀬ズレワイヤー 37番7本ヨリ 1.5m
- 竿・イシダイ竿 中硬調・5m前後
- ゴム管 10cm
- パール玉
- バッスルテンビン
- Cヨリモドシへの結び
- Bチチワを作る
- コークスクリュークレンサルカン 1/0〜1号
- 捨て糸・ナイロン 4〜6号 50〜80cm
- ワイヤー 37番7本ヨリ 20〜25cm
- オモリ・小田原オモリ 30〜40号
- セキ糸で固定
- ハリス・ケプラー 20号10cm
- ハリ・イシダイバリ 10〜13号
- Aハリへの結び
- リール・イシダイ用両軸リール

B-2 スリーブ止め

① スリーブの片方にワイヤーを通す
② 輪を作りもう一方の穴に通す
③ ペンチなどでスリーブをはさんで締め付け、余りを切る Cut

ヨリモドシの接続
[クリンチノット]

① ヨリモドシに1回通して5〜6回巻き付ける
② 先端の一番元の輪に通す
③ できた輪に通して軽く締める
④ 結び目をしっかり締めてから余り糸を切り落とす

Cワイヤーとヨリモドシの結び

① 左手にヨリモドシ、右手にワイヤーの端を持ってサルカンの穴にワイヤーを通す
② ヨリモドシを右手に持ちかえてしっかり固定する。ワイヤーの端は7、8cmも通せばよい
③ 端をヨリモドシのカンの付け根に力を入れながら巻き付けていく。カンをしっかり持たないと回転してしまう
④ ヨリモドシのカンの付け根にワイヤーを2回巻き付けたら、ワイヤーの端をカンの中に通す
⑤ ワイヤーの端をつかんでいっぱい引っ張って、できるだけ締めるようにする
⑥ ワイヤーの端をヨリモドシから本線を見て反時計回りに5、6回巻き付けてから余分なワイヤーを切る

ウニマムシ仕掛けのエサの装着法

ウニ(ガンガゼ)
- 口の周辺を切り取り芯を取り出す
- ウニ切りバサミでトゲを切る
- エサ取りの少ないときはウニの殻をハンマーで軽く割っておく
- ①ウニ通しを用いてウニの肛門から口へ通してワイヤのチチワに引っかける
- ②エサのついたハリがすべて殻の中に隠れる
- エサ取りの多いときは口の中に濡らした新聞紙やウニダンゴ(人工エサ)を詰めることもある
- ウニ通し: 肛門、口

マムシ(イワイソメ)
- 長さ3〜4cmに切る
- 各ハリにエサを刺していく
- cut

073

イシモチ(ニベ・シログチ)

梅雨時と秋口が好シーズンで、ニベがよく釣れる。ボート釣りでは、冬、水深のある釣り場でシログチがよく釣れることがある

【スズキ目ニベ科】

分布／仙台湾～宮崎県、東シナ海（ニベ）、仙台湾、紀伊水道、瀬戸内海、土佐湾、豊後水道、東シナ海、黄海、渤海、インド・太平洋域（シログチ）
全長／70センチ（ニベ）、40センチ（シログチ）

標準和名イシモチという魚は存在しない。ニベ科の魚の総称として、とくに関東を中心にイシモチと呼ばれている。関東で釣れるニベ科の魚は「ニベ」と「シログチ」の2種類。ニベのほうが浅い海域を好み、投げ釣りでよく釣れるのがニベ、水深20～50メートルほどのボート釣りで釣れるのはシログチが多い。漢字では石持

投げ釣り仕掛け

湘南・外房方面で用いる仕掛け

- 道糸：PE 0.8～1号またはナイロン1.5～2号
- 力糸・PEテーパー力糸（1→6号15m）またはナイロンテーパーライン力糸（2→14号15m）
- 竿・オモリ負荷27～33号、長さ4m前後の投げ竿
- リール・投げ釣り専用大型スピニングリール
- ハリ・キス競技用6～7号、流線または投げ釣り専用キス7～8号
- オモリ・固定式L型テンビン25～30号
- スナップ付きヨリモドシ16号
- モトス・ナイロン1.5～2号
- 枝ハリス・フロロカーボン0.8～1号3cm
- 先ハリス・フロロカーボン0.8～1号20cm
- 100～120cm
- 30～40cm
- 20cm

道糸と力糸を結ぶ
[電車結び]

ヨリモドシの接続
[クリンチノット]
① ヨリモドシに1回通して5～6回巻き付ける
② 先端の一番元の輪に通す
③ できた輪に通して軽く締める
④ 結び目をしっかり締めてから余り糸を切り落とす

ハリスとの接続
[枝ハリス専用結び]

先ハリスの結合
[ブラットノット]

ハリの接続
[外掛け結び]

投げ釣り

「イシモチ」というのは通称で、関東の投げ釣りで釣れるのはおもに標準和名シログチかニベのどちらか。シログチは体表が銀白色でエラぶたに大きな黒色斑が1つあり、大きくても40センチまでが多い。一方ニベは灰青色だが大型になると黄色みを帯びる。またウロコに沿って黒色の点線が走るのも特徴。ニベはシログチよりも大型化し、瀬戸内海地方では50～60センチ級の大型も狙える。両魚種ともに釣期は5～11月ごろで、梅雨時と秋口がとくに狙い目だ。

イシモチ釣りは常磐地方や関東～東海地方、瀬戸内海地方などでとくに盛んに

ターゲット別仕掛けマニュアル

イシモチ（ニベ、シログチ）nibe croaker, white croaker

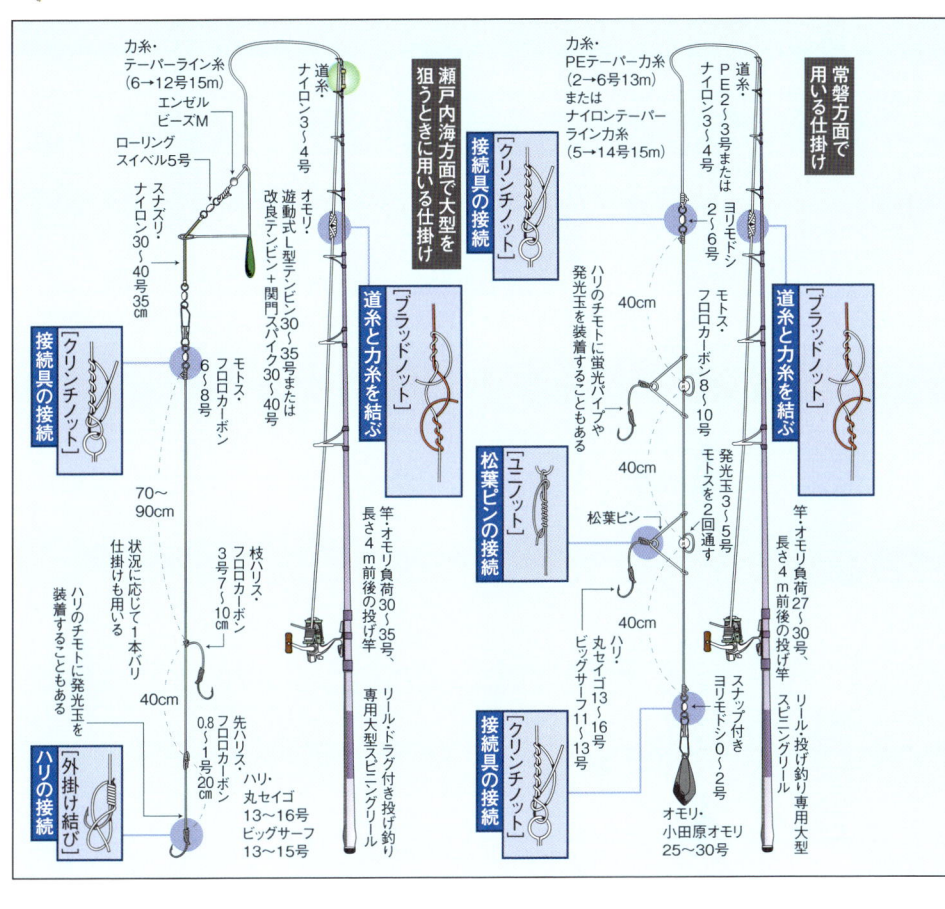

[瀬戸内海方面で大型を狙うときに用いる仕掛け]

- 力糸・テーパーライン糸（6→12号15m）
- エンゼルビーズM
- ローリングスイベル5号
- スナズリ・ナイロン30～40号35cm
- 道糸・ナイロン3～4号
- オモリ・遊動式L型テンビン30～35号または改良テンビン+関門スパイク30～40号
- モトス・フロロカーボン6～8号
- 枝ハリス・フロロカーボン3号7～10cm
- 先ハリス・フロロカーボン0.8～1号20cm
- ハリ・丸セイゴ13～16号 ビッグサーフ13～15号
- 竿・オモリ負荷30～35号、長さ4m前後の投げ竿 専用大型スピニングリール
- 70～90cm
- 40cm
- 状況に応じて1本バリ仕掛けも用いる
- ハリのチモトに発光玉を装着することもある

接続具の接続［クリンチノット］
道糸と力糸を結ぶ［ブラッドノット］
接続具の接続［クリンチノット］
ハリの接続［外掛け結び］

[常磐方面で用いる仕掛け]

- 力糸・PEテーパー力糸（2→6号13m）またはナイロンテーパーライン力糸（5→14号15m）
- 道糸・ナイロン3～4号
- ヨリモドシ2～6号
- モトス・フロロカーボン8～10号
- 松葉ビン
- ハリ・丸セイゴ13～16号 ビッグサーフ11～13号
- スナップ付きヨリモドシ0～2号
- オモリ・小田原オモリ25～30号
- 発光玉3～5号 モトスを2回通す
- 竿・オモリ負荷27～30号、長さ4m前後の投げ竿 リール・投げ釣り専用大型スピニングリール
- 40cm
- 40cm
- ハリのチモトに蛍光パイプや発光玉を装着することもある

接続具の接続［クリンチノット］
道糸と力糸を結ぶ［ブラッドノット］
松葉ビンの接続［ユニット］
接続具の接続［クリンチノット］

行われる。どの地域でも最もポピュラーな釣り方は投げ釣りだが、仕掛けは地域によって大きく異なる。

まず常磐地方や関東～東海地方で釣れるイシモチは、大きくても40センチ止まりで、かつ釣り場の多くは砂浜海岸であることから基本的にはシロギス釣りの延長と考える。そのため竿やリール、道糸などはシロギス用のものを用いる。仕掛けは波の状況などに応じて、常磐地方では胴つき仕掛け、関東～東海地方ではL型テンビンを使ったシロギス仕掛けのスタイルが多い。

これに対して瀬戸内海地方では、50センチオーバーの大物が狙えることや、潮流の速い堤防や磯が主たる釣り場となるため、激流に対応した1本バリ仕掛けが基本だ。オモリは潮流に流されにくい形状のものを用いる人が多い。

エサは、小型から大型まで狙える万能エサとしてイワイソメがおすすめ。20センチ前後の小型中心ならアオイソメでも十分だ。瀬戸内海地方での大物狙いには、コウジやユムシを用いる人も多い。

イシモチ（ニベ、シログチ）

nibe croaker, white croaker

シログチとニベ

イシモチという魚はいない。標準和名シログチとニベを合わせた通称だ。釣り人だけでなく、魚屋さんでも「イシモチ（石持）」として売られているので、こちらのほうがなじみ深いだろう。

両魚はいずれも透明度の低い内湾に棲息しており、夜行性が強い。したがって潮の澄んだ日中はあまり釣れない。

見分け方は、シログチのほうが全体に銀白色なのに対し、ニベは黒っぽく、ウロコに小さな黒点がある。この黒点は背から腹の前方へ連なって線状の模様に見える。

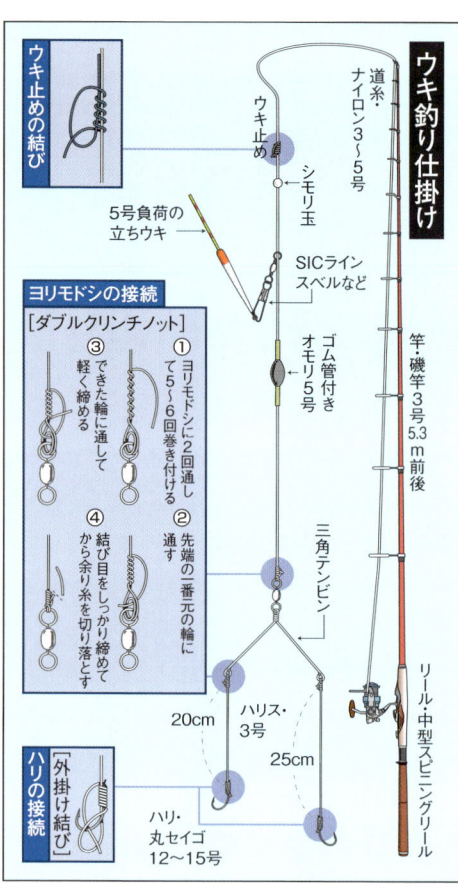

[シログチ]

[ニベ]

ウキ釣り仕掛け

- 道糸：ナイロン3～5号
- ウキ止め
- ウキ止めの結び
- シモリ玉
- 5号負荷の立ちウキ
- SICラインスベルなど
- ゴム管付きオモリ5号
- 三角テンビン
- ヨリモドシの接続 [ダブルクリンチノット]
  - ①ヨリモドシに2回通して5～6回巻き付ける
  - ②先端の一番元の輪に通す
  - ③できた輪に通して軽く締める
  - ④結び目をしっかり締めてから余り糸を切り落とす
- ハリス・3号
- 20cm
- 25cm
- ハリの接続 [外掛け結び]
- ハリ・丸セイゴ12～15号
- 竿・磯竿3号5.3m前後
- リール・中型スピニングリール

ウキ釣り

常磐方面では、7～8月にかけてウキ釣りでイシモチを狙う人がいる。漁港堤防や、砂の流失防止のために造られたヘッドランドのテトラ帯周辺を立ちウキ仕掛けで攻める。

5号負荷前後の立ちウキに中通しオモリ、三角テンビン（松葉テンビン）を付けた段差バリ仕掛けというのがイシモチを専門に狙う仕掛けだが、そのころはクロダイがよく釣れる時期でもあり、クロダイ仕掛けに食ってくることも多い。段差は5～10センチで、長いほうのハリを底スレスレに合わせる。

エサはアオイソメでコマセは不要。

ボート釣り

イシモチが標準和名シログチとニベを総称したものであることは先述したとおりだが、ニベがおもに夏～秋にかけて砂浜や堤防からの夜釣りでよく釣れるのに対し、シログチは砂泥地の水深15～30メートルに棲息しており、水深のあるボー

ターゲット別仕掛けマニュアル

イシモチ（ニベ、シログチ）nibe croaker, white croaker

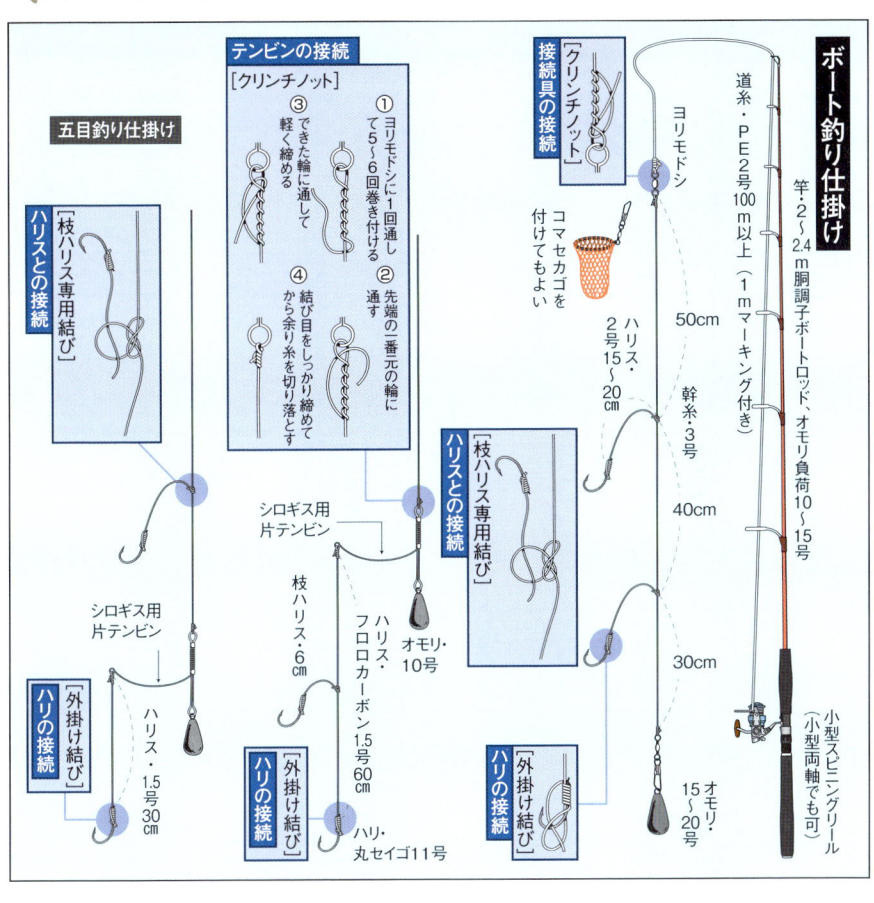

ボート釣り仕掛け

竿・2～2.4ｍ胴調子ボートロッド、オモリ負荷10～15号
道糸・PE2号100ｍ以上（1ｍマーキング付き）
ヨリモドシ
[接続具の接続 クリンチノット]
コマセカゴを付けてもよい
ハリス・2号15～20cm
幹糸・3号
50cm
40cm
30cm
オモリ・15～20号
小型スピニングリール（小型両軸でも可）

五目釣り仕掛け

[テンビンの接続 クリンチノット]
① ヨリモドシに1回通して5～6回巻き付ける
② できた輪に通す
③ 先端の二重元の輪に通す
④ 結び目をしっかり締めてから余り糸を切り落とす

[枝ハリスとの接続 枝ハリス専用結び]
[ハリの接続 外掛け結び]

シロギス用片テンビン
ハリス・1.5号30cm

枝ハリス・6cm
オモリ・10号
ハリス・フロロカーボン1.5号60cm
ハリ・丸セイゴ11号

ト釣り場では冬が盛期となる。釣り物が少なくなる冬季の貴重なターゲットといえる。

両魚種とも夜行性の傾向が強く、潮の澄んだ日にはあまり釣れない。大雨のあとなど、強い濁りが入っているときに大釣りすることがある。

仕掛けは胴つき2本バリが標準。泳層はシロギスよりも若干上のようなので、タナは底スレスレから50センチほど上あたりがいい。イシモチは意外にもハリ掛かりしにくい魚。小さなアタリで合わせようとするとスッポ抜けることが多い。無理に合わせようとするより、軟らかい胴調子の置き竿釣法のほうがおすすめだ。ボートの両舷に2～3本竿を出し、のんびりと釣るといい。

エサはアオイソメがよく使われ、大きめのものを1匹チョン掛けにするが、食いの悪いときは2～3匹の房掛けがよい。アタリが活発なときは、エサを半分ぐらいにしてタラシを少なくするとハリ掛かりしやすくなる。サンマやサバの切り身によく食ってくるケースもある。

イワシ・サッパ

japanese pilchard

色いろな種類のいるイワシ。いずれも大きな群れで回遊しており、手軽なサビキ仕掛けで数釣ることも可能だ。サッパもサビキ釣りの好ターゲット！

【ニシン目ニシン科】

分布／サハリン以南～九州の日本周辺、朝鮮半島東岸、台湾、南シナ海北部（マイワシ）
全長／20センチ

日本でイワシといえば、ニシン科のマイワシとウルメイワシ、カタクチイワシ科のカタクチイワシの計3種を指す。日本全国に分布し、大きな群れで回遊する。サッパは東北中部以南に分布。近似種にコノシロがいる。マイワシは体側に7個の黒色斑が並ぶのが特徴。そのため7つ星などとも呼ばれる。春から夏にかけて沿岸を北上し、秋から冬にかけては南下する季節回遊を行う。漢字では真鰯

足下狙いのサビキ釣り仕掛け

上カゴ式
竿・4.5～5.4mの万能ノベ竿
竿・堤防サビキ3.6m～磯竿1～1.5号 4.5m
ヨリモドシ
コマセカゴ
市販のサビキ仕掛け
ナス型オモリ3～5号
小型スピニングリールまたは小型両軸リール

下カゴ式
オモリ付きコマセカゴ

トリック仕掛け
枝ハリスは短い
※ハリの軸を平らにして水中でヒラヒラさせたり、エサが刺さりやすいように2本バリを使った仕掛けもある
ハリ数は多め（平均8～10本）
魚皮やスキンはなくハリだけ

エサの付け方
トリック仕掛け専用のスピードエサ付け器
容器に入ったアミをこするように仕掛けを前後に動かせばOK

堤防などで手軽に釣れるイワシだが、実は数種類に分類されるのだ。最も一般的な釣りのターゲットはマイワシ。これにウルメイワシやカタクチイワシが交じる。大きな群れを作って回遊する魚で、大きさは10～15センチくらいが主体だが、マイワシは25センチを超える良型がヒットすることもある。

同じように大きな群れを作り、堤防の際などへも回遊してくる魚にサッパがいる。イワシと同じニシン科の魚だがコノシロに近く、沿岸や汽水域に多い。大きさは15センチ以下が主体だ。

釣期はともに春から初冬までで、夏がベスト。海水温の高い年は真冬でも釣れ続くことがある。前述したように、どち

ターゲット別仕掛けマニュアル
イワシ・サッパ japanese pilchard

上／魚皮やスキンなどをハリに付けたサビキ仕掛け　下／ハリにアミエビをこすり付けるトリック式仕掛けもある

アミエビなどを入れるコマセカゴ。下にオモリの付いたタイプもある

アミエビを入れる容器や竿を掛けられるバケツなども市販されている

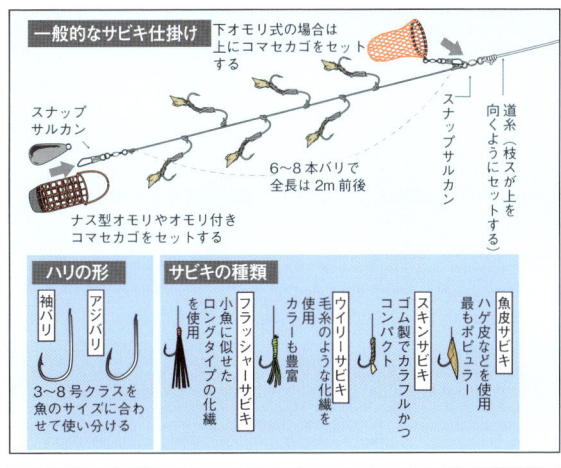

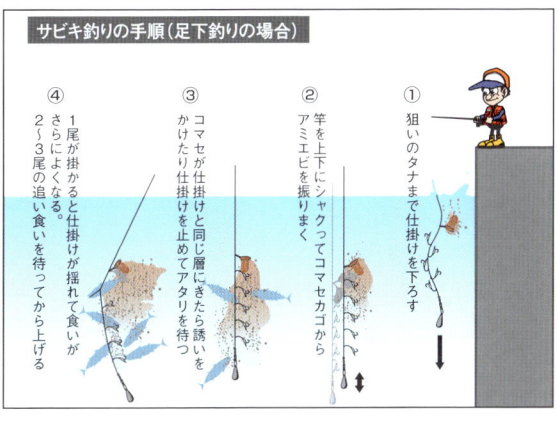

一般的なサビキ仕掛け

下オモリ式の場合は上にコマセカゴをセットする

スナップサルカン

ナス型オモリやオモリ付きコマセカゴをセットする

6〜8本バリで全長は2m前後

スナップサルカン（枝スが上を向くようにセットする）

道糸

ハリの形

袖バリ／アジバリ
3〜8号クラスを魚のサイズに合わせて使い分ける

サビキの種類

魚皮サビキ　ハゲ皮などを使用　最もポピュラー

スキンサビキ　ゴム製でカラフルかつコンパクト

ウイリーサビキ　毛糸のような化繊を使用　カラーも豊富

フラッシャーサビキ　小魚に似せたロングタイプの化繊

サビキ釣りの手順（足下釣りの場合）

① 狙いのタナまで仕掛けを下ろす
② 竿を上下にシャクってコマセカゴからアミエビを振りまく
③ コマセが仕掛けと同じ層にきたら誘いをかけたり仕掛けを止めてアタリを待つ
④ 1尾が掛かると仕掛けが揺れて食いがさらによくなる。2〜3尾の追い食いを待ってから上げる

らの魚種ともに大きな群れで回遊しているため、手軽に数釣れる足下狙いのサビキ釣りがおすすめだ。

タックルは竿が磯竿1.5号前後で長さは4.5〜5.3メートルを基準に考える。リールは中小型のスピニングリールで、2〜3号の道糸が100メートルも巻いてあれば十分。

仕掛けは、アミエビ用の小さなコマセカゴとサビキ仕掛けをセットするだけと簡単。コマセカゴは、仕掛けの上にセットするタイプと、底オモリと合体している底カゴオモリというのもある。どちらを使用しても釣果は変わらない。

サビキは魚皮や化学繊維、スキンゴムなどを巻いた擬餌バリ仕掛けで、5〜8本ほどの擬餌バリが枝ハリスとなっている。これを上下にシャクることで、小さな甲殻類やプランクトン、小魚などをイメージさせて魚に食わせるのだ。

サビキ仕掛けは市販品でよく、空バリにアミエビを付けて狙うトリック仕掛けもある。イワシやサッパ狙いなら4〜5号で十分だ。

ウミタナゴ

surf perch

メバルとともに「春告魚」と呼ばれる。コマセで魚を寄せて繊細な仕掛けで釣るため、ウキフカセ釣りの入門に最適な釣魚とされる

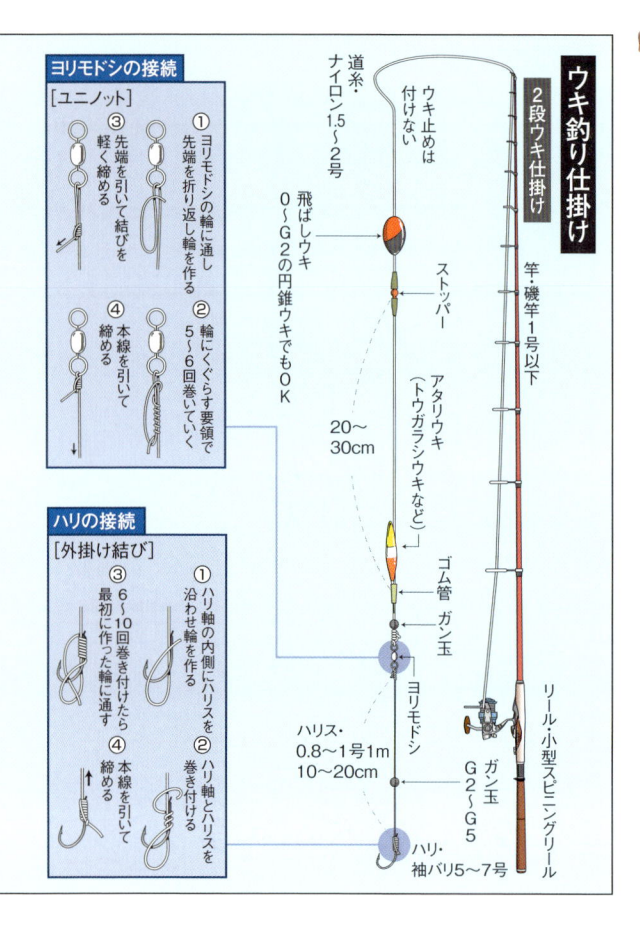

【スズキ目ウミタナゴ科】

分布／北海道中部以南の日本各地沿岸、朝鮮半島南部、黄海沿岸域
全長／30センチ

従来、1種とされていたウミタナゴは、2007年、青みがかっている型をマタナゴとして亜種に、赤みがかっている型は別種としてアカタナゴに分類された。子魚を産む卵胎生の魚としても知られる。地方によっては安産の魚として妊婦に食べさせたりするが、逆に逆子を産むとして妊婦には食べさせない所もある。漢字では海鯛

2段ウキ仕掛け

- 竿：磯竿1号以下
- 道糸：ナイロン1.5～2号
- ウキ止めは付けない
- 飛ばしウキ 0～G2の円錐ウキでもOK
- ストッパー
- アタリウキ（トウガラシウキなど）
- 20～30cm
- ゴム管・ガン玉
- ヨリモドシ
- ハリス：0.8～1号1m 10～20cm
- ハリ：袖バリ5～7号
- リール：小型スピニングリール
- ガン玉 G2～G5

ヨリモドシの接続 ［ユニノット］

① ヨリモドシの輪に通し先端を折り返し輪を作る
② 輪にくぐらす要領で5～6回巻いていく
③ 先端を引いて結びを軽く締める
④ 本線を引いて締める

ハリの接続 ［外掛け結び］

① ハリ軸の内側にハリスを沿わせ輪を作る
② ハリ軸とハリスを巻き付ける
③ 6～10回巻き付けたら最初に作った輪に通す
④ 本線を引いて締める

ウキ釣り

ウキは小型の玉ウキかトウガラシウキを使うが、シモリウキを4～5個固定したシモリ仕掛けも効果的だ。シモリ仕掛けは、下のウキ2～3個が海中に沈むようにガン玉などで調整して使う。沈めたシモリウキの動きにより、引き込みアタリや食い上げのアタリも取れる。

ポイントが遠い場合はチヌ竿（磯竿）と小型スピニングリールを使うが、ウキには繊細さが求められる。シモリ仕掛けの上に飛ばしウキをセットしたり、短い立ちウキをセットするとよいだろう。飛ばしウキに小さなアタリウキを組み合わせた2段ウキ仕掛けはあつかいやすく、

ターゲット別仕掛けマニュアル
ウミタナゴ surf perch

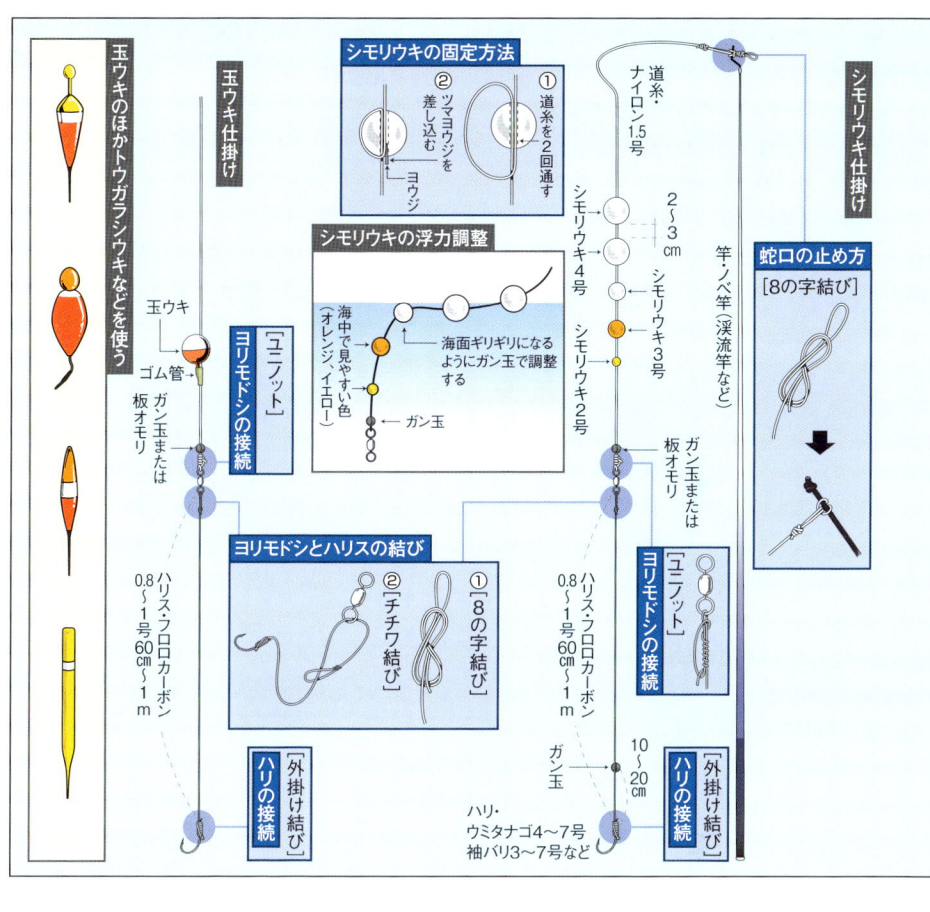

玉ウキ仕掛け

玉ウキのほかトウガラシウキなどを使う

玉ウキ
ゴム管
[ユニット]
ヨリモドシの接続
ガン玉または板オモリ
ハリス・フロロカーボン 0.8〜1号 60cm〜1m
[外掛け結び]
ハリの接続

シモリウキ仕掛け

道糸・ナイロン1.5号
竿・ノベ竿(渓流竿など)
シモリウキ4号
シモリウキ3号
シモリウキ2号
2〜3cm
ガン玉または板オモリ
[ユニット]
ヨリモドシの接続
ハリス・フロロカーボン 0.8〜1号 60cm〜1m
ガン玉
10〜20cm
[外掛け結び]
ハリの接続
ハリ・ウミタナゴ4〜7号 袖バリ3〜7号など

シモリウキの固定方法
①道糸を2回通す
②ツマヨウジを差し込む
ヨウジ

シモリウキの浮力調整
海中で見やすい色(オレンジ・イエロー)
海面ギリギリになるようにガン玉で調整する
ガン玉

ヨリモドシとハリスの結び
①[8の字結び]
②[チチワ結び]

蛇口の止め方
[8の字結び]

アタリも出やすいのでおすすめだ。飛ばしウキは専用のものでもいいが、浮力0〜G2程度の中通し円錐ウキでもOK。アタリウキは感度に優れた小型棒ウキが使われる。飛ばしウキとアタリウキを色違いにすると仕掛けの状態が分かりやすく、小さな変化も見やすくなる。

エサと釣り方

付けエサにはオキアミや大粒アミのほか、モエビやイソメ類なども使われる。コマセはアミにメジナ用配合エサを少量混ぜるといい。

釣り方はパラパラとコマセをまき、その中に仕掛けを振り込む。コマセと付けエサをしっかり合わせることが大切だ。合わせは魚を驚かさないようソフトに。ウキが沈んだら軽く竿を立てる。これでOK。食い上げアタリに対しては竿を真上に立てるより、横方向へ引くよう魚を取り込んだあと、ハリを外す前にポイントにコマセを入れておくと群れが散らず食いが長続きする。

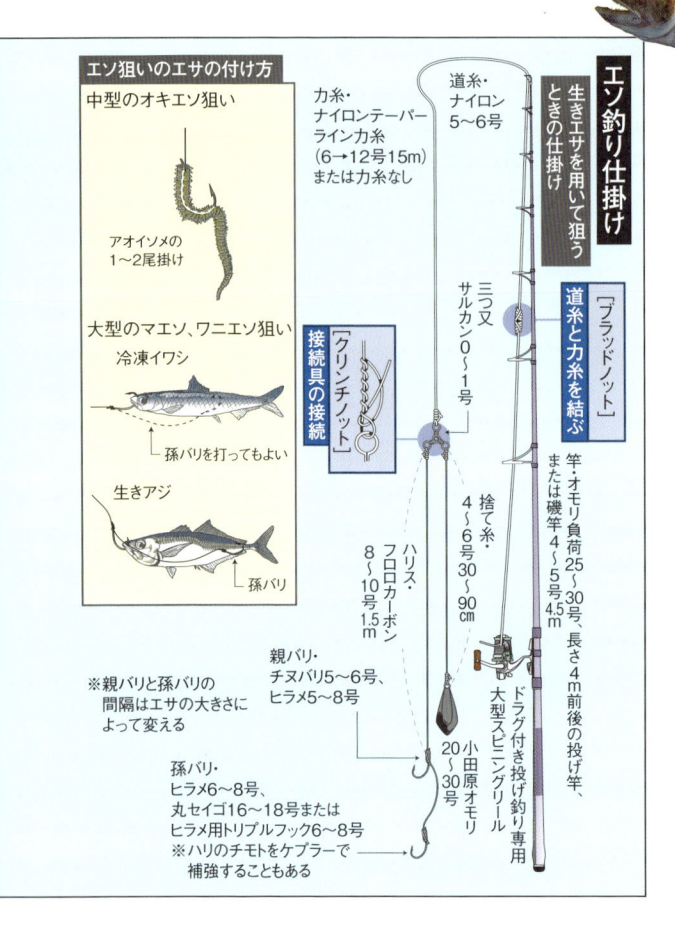

エソ（ワニエソ）・ホウボウ

一部の大物狙いの投げ釣り師に人気。
歯が鋭いので太めのハリスを使うか、
ハリのチモト部分を補強すること

lizardfish

【ヒメ目エソ科】

分布／南日本、インド、西太平洋（ワニエソ）
全長／80センチ（ワニエソ）

エソの仲間は大きな口に鋭い歯が並び、まるで爬虫類のような顔。あまり専門に狙う人はいないが、一部、大型を専門に狙う投げ釣り師もいるようだ。ワニエソは日本沿岸で獲れるエソ科の魚では最大種。浅海からやや深い海の砂泥底に棲息し、甲殻類や多毛類、小型魚類などを捕食する。鮮魚としてはあまり食べないが、練り製品の材料として重要。ほかにマエソ（45センチ）、オキエソ（45センチ）もよく見られる。漢字では鰐狗母魚（鰐＝ワニ、狗母魚＝エソ）

エソ釣り仕掛け

生きエサを用いて狙うときの仕掛け

- 道糸・ナイロン5〜6号
- 力糸・ナイロンテーパーライン力糸（6→12号15m）または力糸なし
- 三又サルカン0〜1号
- ハリス・フロロカーボン8〜10号 1.5m
- 親バリ・チヌバリ5〜6号、ヒラメ5〜8号
- 孫バリ・ヒラメ6〜8号、丸セイゴ16〜18号またはヒラメ用トリプルフック6〜8号
  ※ハリのチモトをケブラーで補強することもある
- 捨て糸：4〜6号 30〜90cm
- 小田原オモリ 20〜30号
- 竿・オモリ負荷25〜30号、長さ4m前後の投げ竿、または磯竿4〜5号4.5m
- ドラグ付き投げ釣り専用大型スピニングリール

道糸と力糸を結ぶ[ブラッドノット]

接続具の接続[クリンチノット]

エソ狙いのエサの付け方

中型のオキエソ狙い
- アオイソメの1〜2尾掛け

大型のマエソ、ワニエソ狙い
- 冷凍イワシ
- 孫バリを打ってもよい
- 生きアジ
- 孫バリ

※親バリと孫バリの間隔はエサの大きさによって変える

わが国に棲息しているエソ科の魚には多くの種があるが、投げ釣りで釣れるのはオキエソやマエソ、ワニエソなど。エソの仲間は本州中部以南に広く分布しているが、西日本に行くほど大型個体が多い傾向が見られる。普通、投げ釣りで釣れるエソは30センチ前後が多いが、四国、九州方面では60センチオーバーも数多く仕留められている。とくにマエソやワニエソは全長70センチ以上にまで成長する。専門に狙う人は少ないが、一部の大物狙い専門のコアな投げ釣りファンには人気がある。釣りやすいのは4月下旬〜12月ごろまでで、とくに梅雨時や秋〜初冬のころは大型が狙えるチャンスだ。エソを専門に狙うタックルというのは

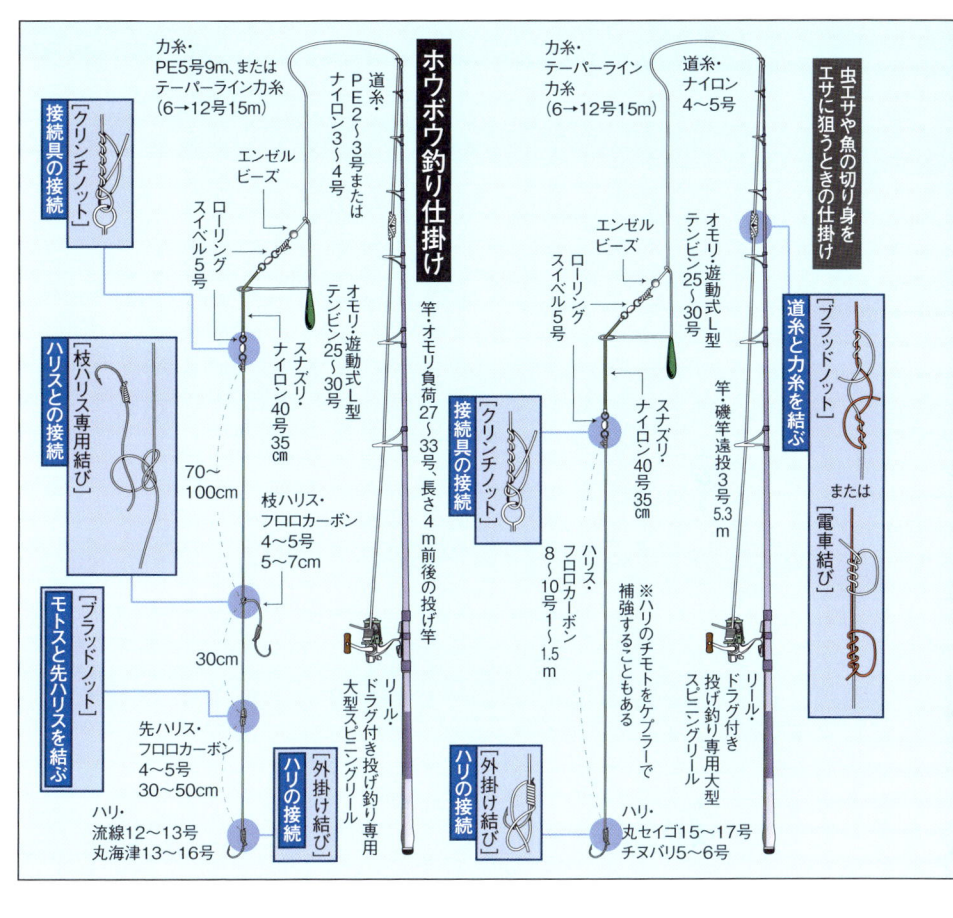

ターゲット別仕掛けマニュアル

エソ lizardfish

虫エサや魚の切り身をエサに狙うときの仕掛け

- 道糸・ナイロン 4〜5号
- 力糸・テーパーライン力糸（6→12号15m）
- オモリ・遊動式L型 テンビン25〜30号
- エンゼルビーズ
- ローリングスイベル5号
- ハリス・フロロカーボン 8〜10号1〜1.5m
  ※ハリのチモトをケブラーで補強することもある
- ハリ・丸セイゴ15〜17号 チヌバリ5〜6号
- 竿・磯竿遠投3号5.3m
- リール・ドラグ付き投げ釣り専用大型スピニングリール

[道糸と力糸を結ぶ]
[ブラッドノット] または [電車結び]

[接続具の接続]
[クリンチノット]

[外掛け結び]
[ハリの接続]

ホウボウ釣り仕掛け

- 道糸・PE2〜3号またはナイロン3〜4号
- 力糸・PE5号9m、またはテーパーライン力糸（6→12号15m）
- エンゼルビーズ
- ローリングスイベル5号
- オモリ・遊動式L型 テンビン25〜30号
- スナズリ・ナイロン40号 35㎝
- 枝ハリス・フロロカーボン 4〜5号 5〜7cm
- 先ハリス・フロロカーボン 4〜5号 30〜50cm
- ハリ・流線12〜13号 丸海津13〜16号
- 70〜100cm
- 30cm
- 竿・オモリ負荷27〜33号、長さ4m前後の投げ竿
- リール・ドラグ付き投げ釣り専用大型スピニングリール

[接続具の接続]
[クリンチノット]

[ハリスとの接続]
[枝ハリス専用結び]

[モトスと先ハリスを結ぶ]
[ブラッドノット]

[ハリの接続]
[外掛け結び]

ないが、30〜40センチ級のオキエソをメインに狙う場合はサンマの切り身やアオイソメをエサに用いるので、遊動式L型テンビンを用いた1本バリ仕掛けを使う。エソの歯は鋭くハリスが傷つきやすいので、ハリスは6〜8号を標準にハリのチモトをケブラーで補強したり、ワイヤーハリスを用いることもある。

マエソやワニエソの大物を狙う場合は、生きエサや冷凍のイワシやアジなどを使うので、ヒラメ狙いの仕掛けと同じ捨てオモリ式仕掛けがいい。生きエサを使う場合は孫バリを結んでやるが、前述のようにハリが傷つきやすいので、ハリのチモトをケブラーで補強することもある。

ホウボウは美味な魚だが、やはり投げ釣りではなかなか狙っては釣れない。陸っぱりから狙うにはやや深い所に棲息することもあって、釣り場そのものが少ないといえる。五目狙いの投げ釣りのときにときおり掛かってくる程度だが、場所によって魚影の濃い所もある。狙うなら上図のような仕掛けがいいだろう。

回遊魚 (ワカシ・イナダ、ソウダガツオ、カンパチなど)

migratory fish

初夏から秋にかけて、沿岸近くを回遊してくる青物。陸っぱりやボートから比較的簡単に釣れることもあって、人気抜群のターゲットだ

ワカシ・イナダ (ブリ)
【スズキ目アジ科】
分布／琉球列島を除く日本各地、朝鮮半島
全長／100センチ (ブリ。ワカシ、イナダはブリの幼魚)

ソウダガツオ (マルソウダ)
【スズキ目サバ科】
分布／南日本、琉球列島、小笠原諸島。世界中の温帯から熱帯海域
全長／40センチ

カンパチ
【スズキ目アジ科】
分布／南日本、琉球列島、東太平洋を除く世界の温帯～熱帯海域
全長／150センチ以上

カゴサビキ釣り仕掛け

竿：磯竿 (遠投用) 3～4号
道糸：ナイロン6～8、PE3号
リール：投げ専用スピニングリール
接続具の結び：[クリンチノット] または [ユニノット]

吹き流し式仕掛け
- カゴウキ (羽根ウキなど)
- シモリ玉
- ストッパー
- 中通しオモリ 6～10号
- クッション
- スナップ付きヨリモドシ
- テンビン付きアミコマセカゴ6～10号
- ゴムクッション付きアミ用コマセカゴ6～10号
- スナップ付きヨリモドシ
- サビキ仕掛け (全長約1m)
- オキアミを付けることもある

ブリッジ仕掛け
- シモリ玉
- 木玉ウキ (大)
- ロケットカゴ
- スナップ付きヨリモドシ
- サビキ仕掛け (全長約1.5m)
- 木玉ウキ (小)
- シモリ玉
- スナップ付きヨリモドシ
- 50～80cm

胴つき仕掛け
- シモリ玉
- 中通し発泡ウキ
- シモリ玉
- スナップ付きヨリモドシ16号
- ゴムクッション付きアミ用コマセカゴ6～10号またはロケットカゴ
- スナップ付きヨリモドシ
- サビキ仕掛け (全長約1.5m)
- ヨリモドシ
- ナス型オモリ 6～10号

カゴサビキ釣り

大型回遊魚はおもに沖の本流に乗って移動しているが、ワカシ・イナダやソウダガツオなどの中型回遊魚は小魚を追って陸寄りの海域にも入り込んでくる。ただし潮通しのよい外洋に面した場所といううことが条件だ。湾内の堤防や小磯にまで回遊するケースもないではないが、釣れる時期は短い。

シラスなどの小魚を追いかける中型回遊魚に対しては、小魚に似せた擬餌バリ仕掛けが効果的だ。もちろん竿下狙いのサビキ仕掛けでは回遊コースには届かないため、ウキを付けた「カゴサビキ仕掛け」を使う。コマセと仕掛けを遠投し、

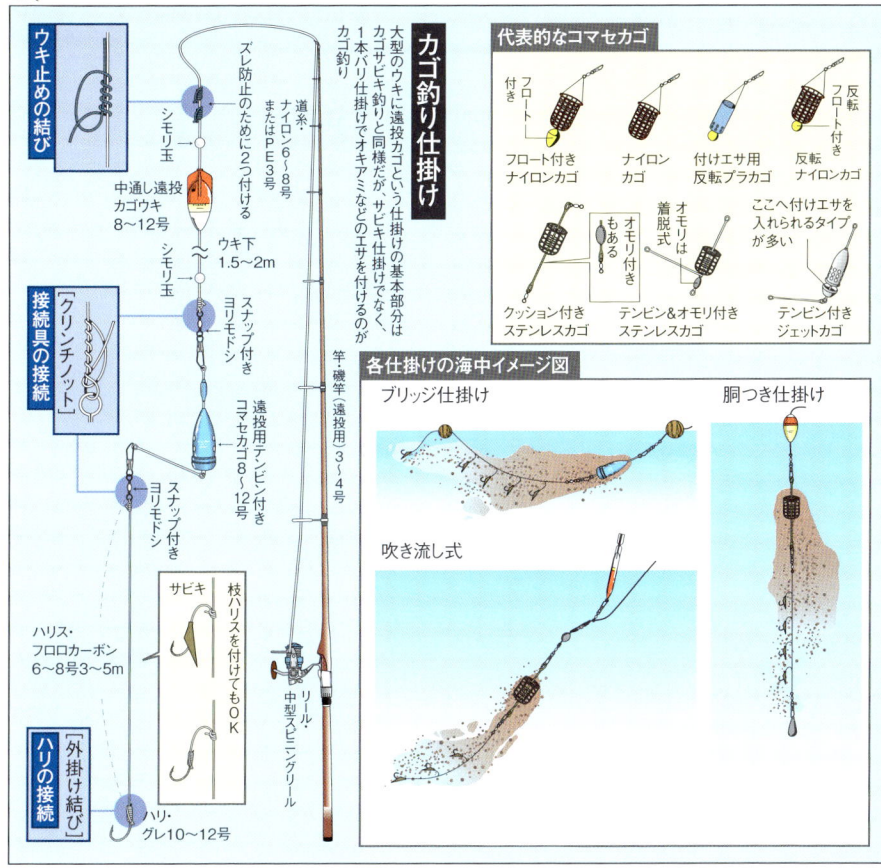

ターゲット別仕掛けマニュアル
回遊魚 migratory fish

カゴ釣り仕掛け

大型のウキに遠投カゴという仕掛けの基本部分はカゴサビキ釣りと同様だが、サビキ仕掛けでなく、1本バリ仕掛けでオキアミなどのエサを付けるのがカゴ釣り

ウキ止めの結び

ズレ防止のために2つ付ける
道糸：ナイロン6〜8号またはPE3号
中通し遠投カゴウキ8〜12号
シモリ玉
ウキ下1.5〜2m
シモリ玉

[クリンチノット] 接続具の接続

スナップ付きヨリモドシ
遠投用テンビン付きコマセカゴ8〜12号
スナップ付きヨリモドシ

竿：磯竿（遠投用）3〜4号
リール：中型スピニングリール

[外掛け結び] ハリの接続

ハリス・フロロカーボン6〜8号3〜5m
サビキ　枝ハリスを付けてもOK
ハリ・グレ10〜12号

代表的なコマセカゴ

- フロート付きナイロンカゴ
- ナイロンカゴ
- 付けエサ用反転プラカゴ（フロート付き）
- 反転ナイロンカゴ（フロート付き）
- クッション付きステンレスカゴ（オモリは着脱式もある）
- テンビン＆オモリ付きステンレスカゴ（オモリ付き）
- テンビン付きジェットカゴ（ここへ付けエサを入れられるタイプが多い）

各仕掛けの海中イメージ図

ブリッジ仕掛け

胴つき仕掛け

吹き流し式

回遊コースからちょっとだけ寄り道してもらうわけだ。

カゴサビキ仕掛けにはサビキの下にオモリを付けない「吹き流し式」、サビキの下にウキを付けて仕掛けを浮かせる「ブリッジ式」、サビキの下にオモリを付ける「胴つき式」の3通りのスタイルがあり、ターゲットや釣り場条件によって使い分ける。

吹き流し式は遠投しやすいのが特徴だが、仕掛けが絡みやすいのでテンビンを使うことが多い。ターゲットはやや大型の回遊魚が中心で、足場の高い堤防や磯からの釣りに適している。

ブリッジ式は海岸からの釣りで威力を発揮する。2個のウキでサビキを浮かすわけだから、ターゲットは海岸近くの表層を泳ぐやや小型の回遊魚が多い。

胴つき式もあまり遠投はできないため、岸寄りを回遊する中小型魚がターゲットになる。深めのタナを狙えるのがメリットといえるだろう。

中小型といえども相手はパワフルな回遊魚。タックルも仕掛けも相手は大めで臨もう。

弓ヅノ釣り仕掛け

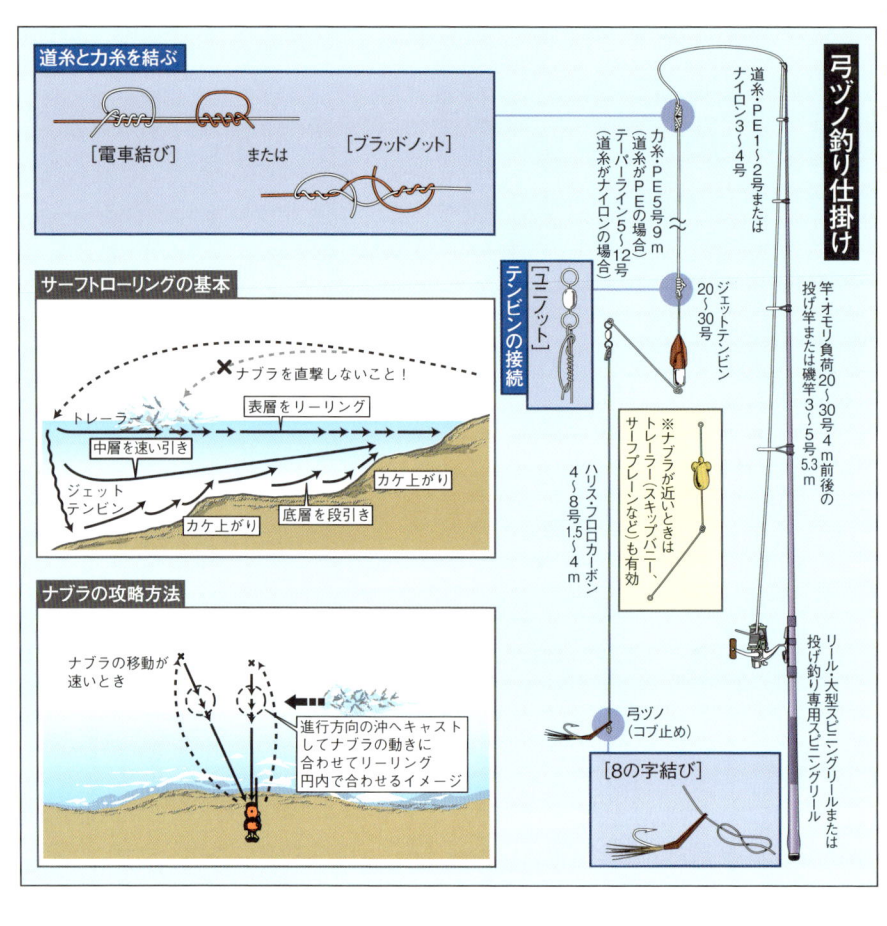

道糸と力糸を結ぶ
[電車結び] または [ブラッドノット]

サーフトローリングの基本
- ナブラを直撃しないこと！
- 表層をリーリング
- 中層を速い引き
- ジェットテンビン
- 底層を段引き
- カケ上がり
- トレーラー

ナブラの攻略方法
ナブラの移動が速いとき
進行方向の沖へキャストしてナブラの動きに合わせてリーリング
円内で合わせるイメージ

道糸：PE1〜2号またはナイロン3〜4号
力糸：PE5号9m（道糸がPEの場合）テーパーライン5〜12号（道糸がナイロンの場合）
ジェットテンビン 20〜30号
[ユニット] テンビンの接続
ハリス・フロロカーボン 4〜8号 1.5〜4m
※ナブラが近いときはトレーラー（スキップバニー、サーフプレーンなど）も有効
弓ヅノ（コブ止め）
[8の字結び]
竿・オモリ負荷20〜30号 4m前後の投げ竿または磯竿3〜5号 5.3m
リール・大型スピニングリールまたは投げ釣り専用スピニングリール

弓ヅノ、ルアー

急深な地形で外洋の影響を受けやすいエリアでは、毎年夏になるとサーフトローリングによる青物狙いで賑わう。ターゲットはワカシ・イナダ、ソウダガツオ、サバ、カンパチ、シイラなど。

投げ竿にジェットテンビン、ハリスの先には弓ヅノと呼ばれる和製ルアーをセットした仕掛けがポピュラーだ。いくら接岸するとはいっても、日によってはポイントが遠いこともある。遠投性能に優れた投げ釣りタックルならどんな状況にも対応できるというわけだ。

ただし、竿先が硬めなのでどうしてもアタリを弾きやすいのが泣き所。アタリはあるのになかなかハリ掛かりしない、せっかく掛かってもすぐにバレるというときは、3〜5号の磯竿やシーバスロッドがいい。

近くにナブラがあれば迷わず狙ってみる。とはいってもナブラのど真ん中に仕掛けをドボンと投げ込むと、着水音に驚いて群れが沈んでしまうこともあるの

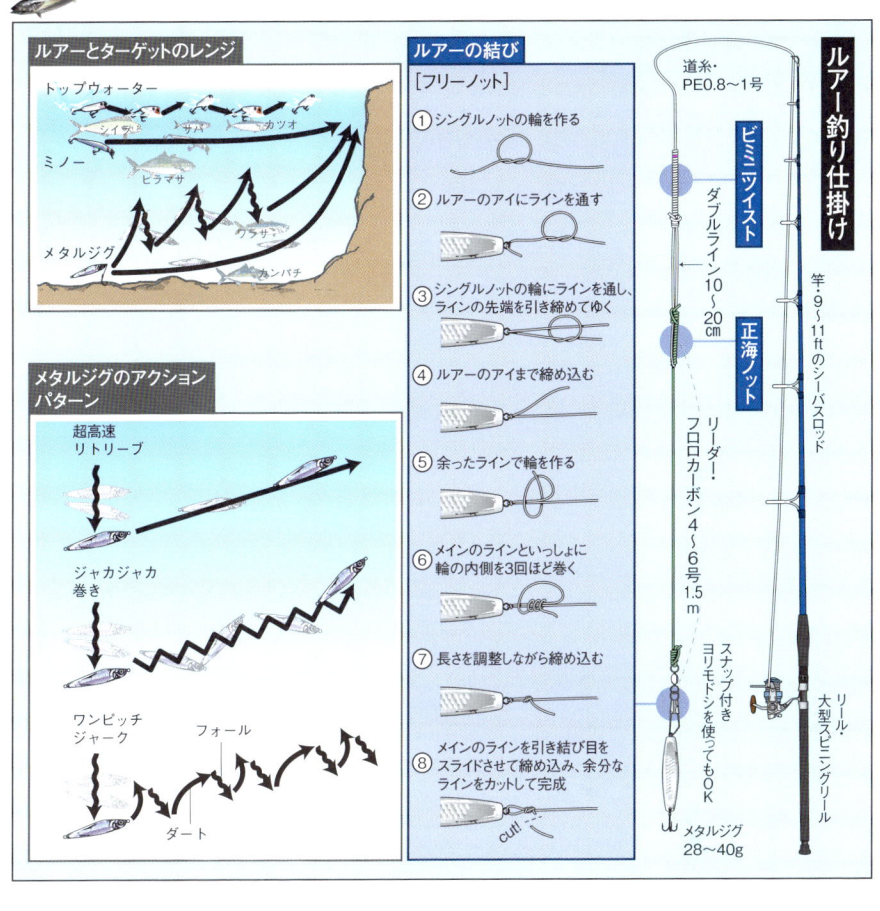

ターゲット別仕掛けマニュアル
回遊魚 migratory fish

ルアーとターゲットのレンジ
- トップウォーター
- ミノー
- メタルジグ
- シイラ / サバ / カツオ / ヒラマサ / クロサギ / カンパチ

メタルジグのアクションパターン
- 超高速リトリーブ
- ジャカジャカ巻き
- ワンピッチジャーク（フォール／ダート）

ルアーの結び
[フリーノット]
1. シングルノットの輪を作る
2. ルアーのアイにラインを通す
3. シングルノットの輪にラインを通し、ラインの先端を引き締めてゆく
4. ルアーのアイまで締め込む
5. 余ったラインで輪を作る
6. メインのラインといっしょに輪の内側を3回ほど巻く
7. 長さを調整しながら締め込む
8. メインのラインを引き結び目をスライドさせて締め込み、余分なラインをカットして完成

ルアー釣り仕掛け
- 道糸・PE0.8〜1号
- ビミニツイスト
- ダブルライン10〜20cm
- 正海ノット
- リーダー・フロロカーボン4〜6号 1.5m
- スナップ付きヨリモドシを使ってもOK
- メタルジグ28〜40g
- 竿・9〜11ftのシーバスロッド
- リール・大型スピニングリール

　で、なるべくナブラの向こう側に仕掛けを落とし、ナブラの中を通過させるようにしたい。もしくは、ナブラの進行方向とスピードを読んでキャストし、群れの先端部分をかすめるように引いてくるのも効果的。同じ群れの中でも大型の魚ほど端のほうにいることが多いから、良型が釣れる確率も上がる。

　リーリングは速く！　相手はスピード自慢の青物だから、リーリングが速すぎて魚が追いつけないなんてことはありえない。ナブラがなくても、時期とポイントさえ間違えなければ中層を泳ぎ回っているケースが多い。キャストしたら底まで沈め、一気に巻き上げるのがセオリー。

　ルアーで狙う場合も基本的には弓ヅノと同じ。リールを巻くと水の抵抗で回転する弓ヅノと違って、メタルジグはただ巻いただけでは動きに乏しい。そこで竿を大きくシャクってはリールを巻くジャーク＆ジャーク、竿を小刻みに振りながら一定のスピードでリールのハンドルを回すジャカジャカ巻きなどのテクニックを使ってアピールさせるのがコツだ。

回遊魚 *migratory fish*

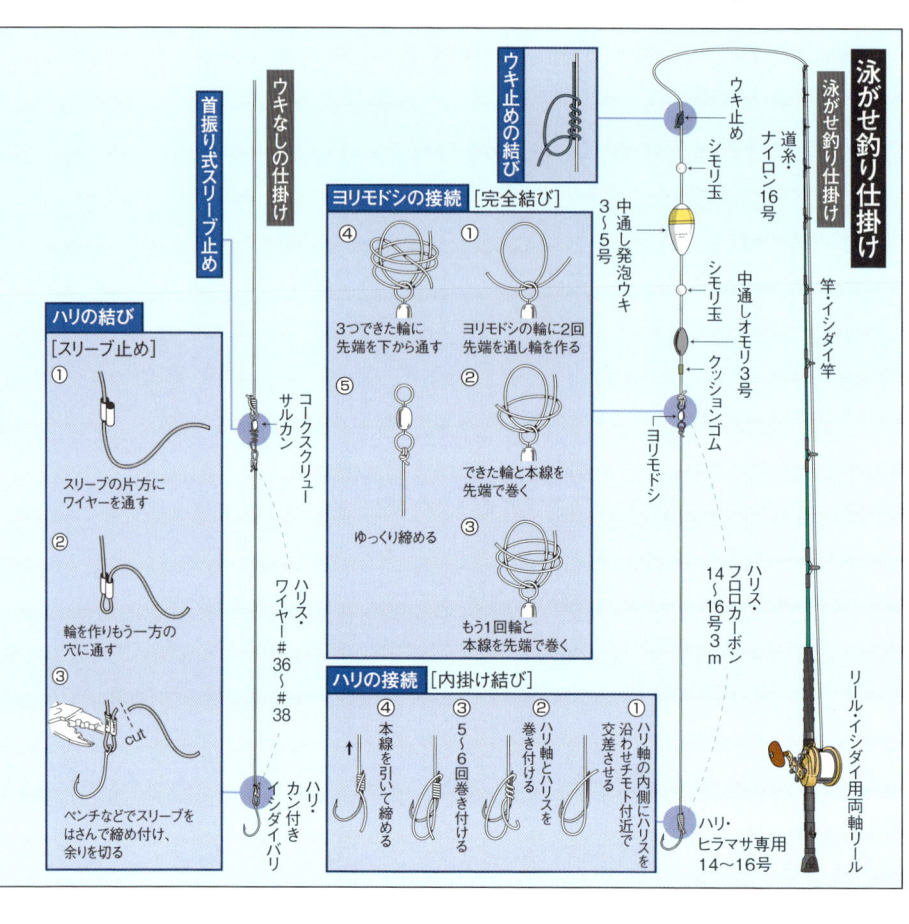

泳がせ釣り仕掛け

- 竿・イシダイ竿
- 道糸・ナイロン16号
- ウキ止め
- シモリ玉
- 中通し発泡ウキ 3〜5号
- シモリ玉
- 中通しオモリ3号
- クッションゴム
- ヨリモドシ
- ハリス・フロロカーボン 14〜16号 3m
- ハリ・ヒラマサ専用 14〜16号
- リール・イシダイ用両軸リール

ウキ止めの結び

ヨリモドシの接続 [完全結び]
① ヨリモドシの輪に2回先端を通し輪を作る
② できた輪と本線を先端で巻く
③ もう1回輪と本線を先端で巻く
④ 3つできた輪に先端を下から通す
⑤ ゆっくり締める

首振り式スリーブ止め
- コークスクリューサルカン
- ハリス・ワイヤー#36〜#38

ウキなしの仕掛け

ハリの接続 [内掛け結び]
① ハリ軸の内側にハリスを沿わせチモト付近で交差させる
② ハリ軸とハリスを巻き付ける
③ 5〜6回巻き付ける
④ 本線を引いて締める

ハリの結び [スリーブ止め]
① スリーブの片方にワイヤーを通す
② 輪を作りもう一方の穴に通す
③ ペンチなどでスリーブをはさんで締め付け、余りを切る

- ハリ・カン付きイシダイバリ

泳がせ釣り

大型回遊魚のほとんどは典型的なフィッシュイーターであり、小魚の群れを追って回遊する。オキアミエサのカゴ釣りで釣れる魚種もいるが、オキアミに飛びつくのは中型クラスまでが多い。大型を狙うなら、エサとなる小魚をハリに掛けて泳がせる「泳がせ釣り」が有効だ。

ターゲットは小さくても5キロを超す回遊魚。なかには10キロ、20キロといった超大型もいる。タックルもそれなりのもので挑む必要がある。竿は磯竿なら5号以上、超大型相手にはイシダイ竿を使うことが多い。組み合わせるリールはドラグ調整がしやすく、巻き上げパワーに優れた両軸タイプがベストだ。泳がせ釣りにはレベルワインダー付きが便利。磯竿の場合はスピニングリールでもかまわないが、道糸にヨレが入りやすく、巻き上げパワーという点でも若干不安が残る。選ぶならジギング用に開発された頑強なものがおすすめである。

泳がせ釣りをするためには、まずエサ

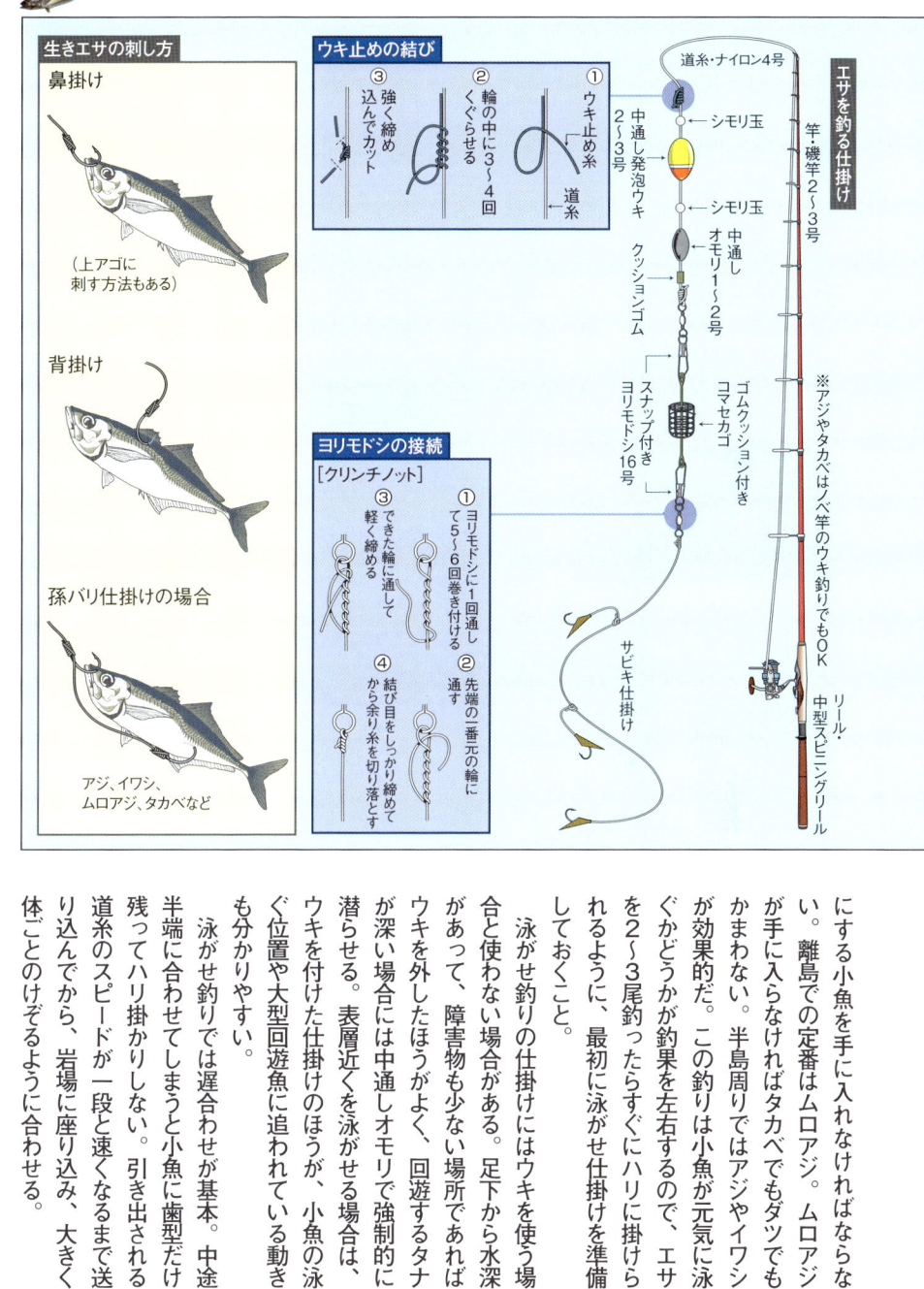

ターゲット別仕掛けマニュアル
回遊魚 migratory fish

生きエサの刺し方
- 鼻掛け（上アゴに刺す方法もある）
- 背掛け
- 孫バリ仕掛けの場合

アジ、イワシ、ムロアジ、タカベなど

ウキ止めの結び
① ウキ止め糸／道糸
② 輪の中に3〜4回くぐらせる
③ 強く締め込んでカット

ヨリモドシの接続
[クリンチノット]
① ヨリモドシに1回通して5〜6回巻き付ける
② 先端の一番元の輪に通す
③ できた輪に通して軽く締める
④ 結び目をしっかり締めてから余り糸を切り落とす

エサを釣る仕掛け
- 道糸・ナイロン4号
- シモリ玉
- 中通し発泡ウキ2〜3号
- シモリ玉
- 中通しオモリ1〜2号
- クッションゴム
- ゴムクッション付きコマセカゴ
- スナップ付きヨリモドシ16号
- サビキ仕掛け
- 竿・磯竿2〜3号
- リール・中型スピニングリール

※アジやタカベはノベ竿のウキ釣りでもOK

にする小魚を手に入れなければならない。離島での定番はムロアジ。ムロアジが手に入らなければタカベでもダツでもかまわない。半島周りではアジやイワシが効果的だ。この釣りは小魚が元気に泳ぐかどうかが釣果を左右するので、エサを2〜3尾釣ったらすぐにハリに掛けられるように、最初に泳がせ仕掛けを準備しておくこと。

泳がせ釣りの仕掛けにはウキを使う場合と使わない場合がある。足下から水深があって、障害物も少ない場所であればウキを外したほうがよく、回遊するタナが深い場合には中通しオモリで強制的に潜らせる。表層近くを泳がせる場合は、ウキを付けた仕掛けのほうが、小魚の泳ぐ位置や大型回遊魚に追われている動きも分かりやすい。

泳がせ釣りでは遅合わせが基本。中途半端に合わせてしまうと小魚に歯型だけ残ってハリ掛かりしない。引き出される道糸のスピードが一段と速くなるまで送り込んでから、岩場に座り込み、大きく体ごとのけぞるように合わせる。

回遊魚 *migratory fish*

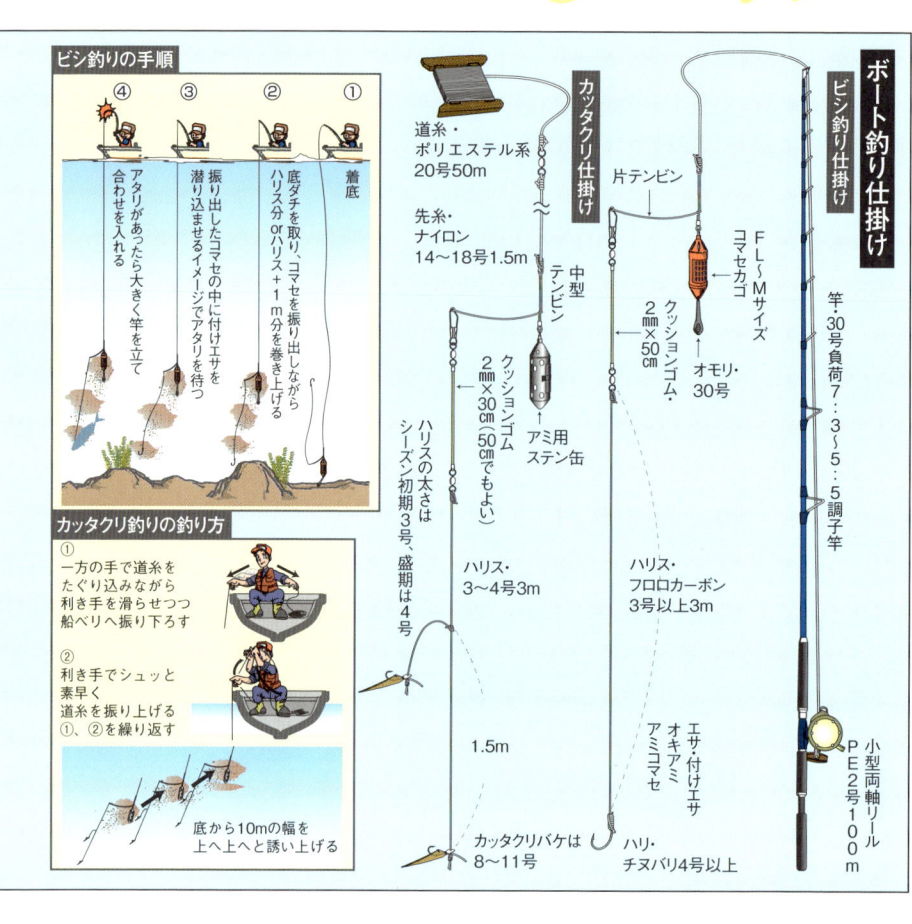

ビシ釣り仕掛け

- 竿 30号負荷7：3～5：5調子竿
- 小型両軸リール PE2号100m
- FL～Mサイズ コマセカゴ
- オモリ・30号
- クッションゴム・2㎜×50㎝
- 片テンビン
- ハリス・フロロカーボン 3号以上3m
- エサ・付けエサ オキアミ アミコマセ
- ハリ・チヌバリ4号以上

カッタクリ仕掛け

- 道糸・ポリエステル系 20号50m
- 先糸・ナイロン 14～18号1.5m
- 中型テンビン
- クッションゴム 2㎜×30㎝（50㎝でもよい）
- アミ用ステン缶
- ハリス・3～4号3m
- ハリスの太さはシーズン初期3号、盛期は4号
- 1.5m
- カッタクリバケは 8～11号

ビシ釣りの手順

① 着底
② 底ダチを取り、コマセを振り出しながらハリス分＋1m分を巻き上げる
③ 振り出したコマセの中に付けエサを潜り込ませるイメージでアタリを待つ
④ アタリがあったら大きく竿を立て合わせを入れる

カッタクリ釣りの釣り方

① 一方の手で道糸をたぐり込みながら利き手を滑らせつつ船ベリへ振り下ろす
② 利き手でシュッと素早く道糸を振り上げる
①、②を繰り返す

底から10mの幅を上へ上へと誘い上げる

■ボート釣り

6月末ごろ、15センチにも満たないモジャコクラスだった魚は、8月になると25センチほどのワカシに成長する。この魚の成長は非常に早く、ひと潮（約15日）ごとに数センチ大きくなるといわれる。8月末ごろはそろそろイナダクラス、9月末〜10月になると40センチ級に育ち、やがて脂の乗ったおいしいイナダになる。

ワカシやイナダでもまだ小型のうちは、サビキ釣りが釣りやすい。小型とはいえ引きは強烈なので、ハリスは2号以上が必要だ。

陸っぱりではできない釣り方が、バケ（擬餌バリ）を使ったカッタクリ釣り。竿を使わない伝統的な手釣りで、魚の引きが指先にダイレクトに伝わってくるめ独特の釣趣が味わえる。サビキ釣りよりも良型が釣れることが多い。

バケには色いろな種類があり、天候や潮色でその日の当たりバケを早く見つけることが重要だ。

ターゲット別仕掛けマニュアル

回遊魚 migratory fish

生きエサに使う小魚

中小型の回遊魚はサビキ釣りやオキアミエサなどでも釣れるが、大きく育ったワラサなどを狙う場合は生きた小魚をエサにする泳がせ釣りが有効。エサの小魚はそこで釣れるものならなんでもいい。小魚が釣れないこともあるので、エサ店で生きた小アジを購入しておくのも手だ。

アジは最も一般的な生きエサ。エサ店で購入することもできる

夏にはタカベが入れ食いになることもある。これもエサになる

イワシも定番エサの一つだ

小サバも生きエサに使ってみたい

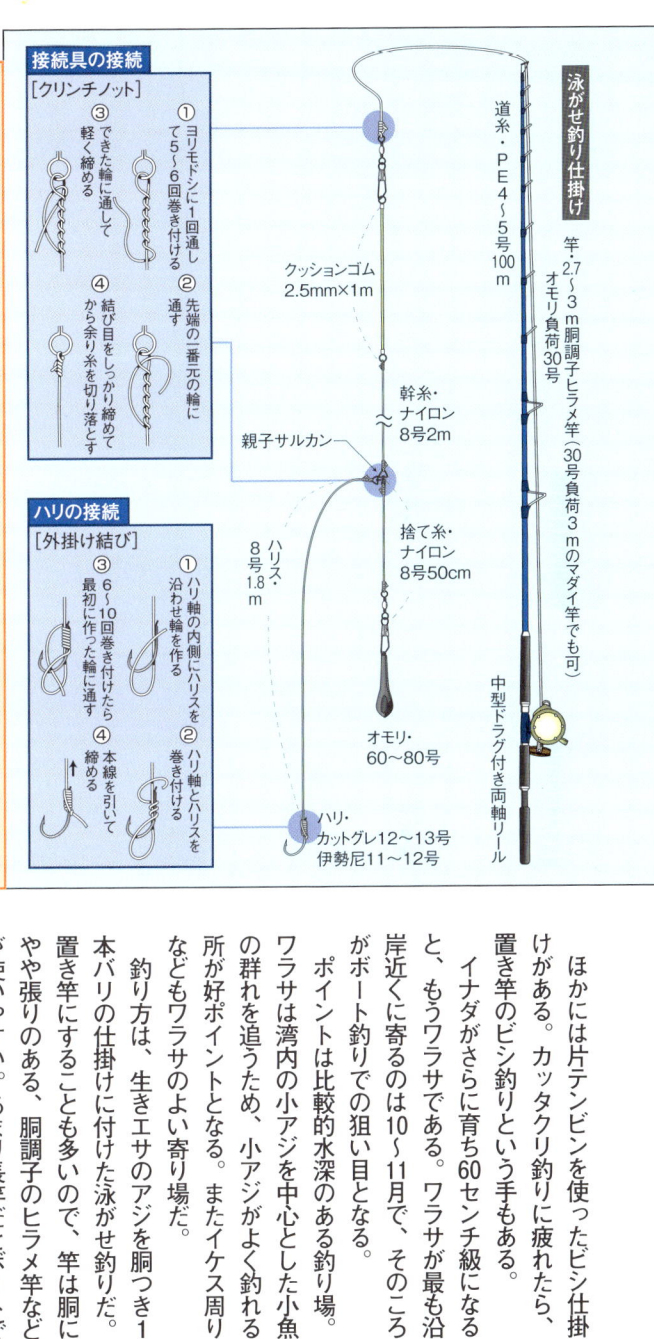

接続具の接続
[クリンチノット]
① ヨリモドシに1回通して5〜6回巻き付ける
② できた輪に通して軽く締める
③ 先端の二番元の輪に通す
④ 結び目をしっかり締めてから余り糸を切り落とす

ハリの接続
[外掛け結び]
① ハリ軸の内側にハリスを沿わせ輪を作る
② ハリ軸とハリスを巻き付ける
③ 6〜10回巻き付けたら最初に作った輪に通す
④ 本線を引いて締める

泳がせ釣り仕掛け

竿 2.7〜3m胴調子ヒラメ竿（30号負荷3mのマダイ竿でも可）
オモリ負荷30号

道糸・PE4〜5号 100m

クッションゴム 2.5mm×1m

幹糸・ナイロン 8号2m

親子サルカン

捨て糸・ナイロン 8号50cm

ハリス・8号 1.8m

オモリ・60〜80号

ハリ・カットグレ12〜13号 伊勢尼11〜12号

中型ドラグ付き両軸リール

ほかには片テンビンを使ったビシ仕掛けがある。カッタクリ釣りに疲れたら、置き竿のビシ釣りという手もある。

イナダがさらに育ち60センチ級になると、もうワラサである。ワラサが最も沿岸近くに寄るのは10〜11月で、そのころがボート釣りでの狙い目となる。

ポイントは比較的水深のある釣り場。ワラサは湾内の小アジを中心とした小魚の群れを追うため、小アジがよく釣れる所が好ポイントとなる。またイケス周りなどもワラサのよい寄り場だ。

釣り方は、生きエサのアジを胴つき1本バリの仕掛けに付けた泳がせ釣りだ。置き竿にすることも多いので、竿は胴にやや張りのある、胴調子のヒラメ竿などが使いやすい。あまり長竿だとボートではあつかいにくいので注意。ハリスは8〜10号は欲しい。この太さなら一気に切られることはあまりないはずだ。

アタリは置き竿にして待つが、このときドラグをゆるめにしてクリックのスイッチを入れておくこと。尻手ロープを付けることも忘れないように。

カサゴ・ソイ scorpion fish

陸っぱりで狙う根魚の代表的魚種。
磯や堤防のテトラからもよく釣れる。
根掛かりを恐れず、積極的に障害物周りを探ろう

【カサゴ目フサカサゴ科】

分布／北海道南部以南～東シナ海
全長／35センチ

ごく浅場から水深50メートルほどの岩礁帯、砂礫底、岩礁交じりの砂地などに好んで棲む。典型的な根魚で、それだけに一度釣られてしまうと次の魚が入って大きく成長するまで時間がかかる。したがって釣り荒れた釣り場では小型が非常に多くなる。体色は棲む環境に左右されることが多いようだ。また近縁種にクロソイ、ムラソイなどがいる。ソイの仲間は胸ビレを広げると丸いウチワのようになるのが特徴。カサゴもソイも美味。漢字では笠子

穴釣り仕掛け

道糸：ナイロン2号
竿 1.6～2.1mルアーロッドやや強めのバスロッドなど
ヨリモドシ付きナツメオモリ 2～3号
ハリス・フロロカーボン 1.5号 10～20cm
ハリ・メバル8号 丸セイゴ10号 流線10号など
小型スピニングリール

ヨリモドシの接続 [ユニノット]
① ヨリモドシの輪に通し先端を折り返し輪を作る
② 先端をくぐらす要領で5～6回巻いていく
③ 輪にくぐらす結びを軽く締める
④ 本線を引いて締める

ヨリモドシとハリスの結び [チチワ結び・8の字結び]
①②

ハリの接続 [外掛け結び]
① ハリ軸の内側にハリスを沿わせ輪を作る
② ハリ軸とハリスを巻き付ける
③ 6～10回巻き付けたら最初に作った輪に通す
④ 本線を引いて締める

穴釣り

基本的に釣りづらいポイントほど多くの魚が残っており、ブロックの穴（隙間）などは格好のポイント。とくに産卵のために浅場に接岸してくる12月以降は期待大で、3月くらいまでカサゴの棲み家となっている。この穴を直撃するのが穴釣りで、2～3号のオモリに短めのハリス

日中、カサゴやソイは障害物の陰などに身を潜めている。障害物とは、沈み根や堤防の壁際、捨て石やブロックの隙間などで、ここをうまく攻略できれば釣るのはさほど難しくはない。もともと貪欲な魚なので目の前にエサを届けられば、まず食い付いてくるのだ。

092

ターゲット別仕掛けマニュアル
カサゴ scorpion fish

こんな穴釣り仕掛けもある

- タコ糸で作る
- ハリス・5号以上30cm
- ハリ・セイゴ13～15号 ムツ10号
- ネムリバリは根掛かり防止
- 竿先ごと穴につっこんで探る
- 竹を切ったもの3m前後
- 元が親指ぐらいの太さの竹

エサの付け方

- 虫エサ：小ぶりの青イソメやイシゴカイ（ジャリメ）を1匹通し刺しにする
- 生きエビ：シラサエビ（モエビ）を尾羽根の付け根から腹側にハリを通す。尾羽根は取らない
- 身エサ：サンマやサバなどヒカリモノの切り身を使用。皮側に2回ハリを通すと抜けにくい

釣り方

- 上から見たところ
- 隙間という隙間すべてに仕掛けを入れてみよう
- ブロックの最下段や基礎の敷石の隙間に潜む、カサゴ・ソイを狙う
- ソイは底ベッタリではなく、やや上のブロックの陰に着くこともある

ハリの接続

[外掛け結び]
① ハリ軸の内側にハリスを沿わせ輪を作る
② ハリ軸とハリスを巻き付ける
③ 6～10回巻き付けたら最初に作った輪に通す
④ 本線を引いて締める

ミャク釣り

を付けた仕掛けをスルスルと落としていく方法と、切った竹の先端に30センチほどのハリスを付け、竹の先端ごと仕掛けを岩礁の穴（隙間）に突っ込んで狙う方法がある。前者のほうが一般的な釣り方で、とくにテトラの穴を狙いやすい。一方後者は、伊豆半島などで古くから行われている地元釣法だ。自分で竹を切ってきて、仕掛け全体を自作する。

またブロックがなくても堤防には多くのカサゴ・ソイが着いている。堤防が作り出す陰や基礎の敷石の隙間がおもなポイントで、こういう所では胴つき仕掛けのミャク釣りがおすすめだ。

壁際ギリギリを釣ることによって下バリは海底を、上バリ2本は壁際に着く魚を狙うことができる。

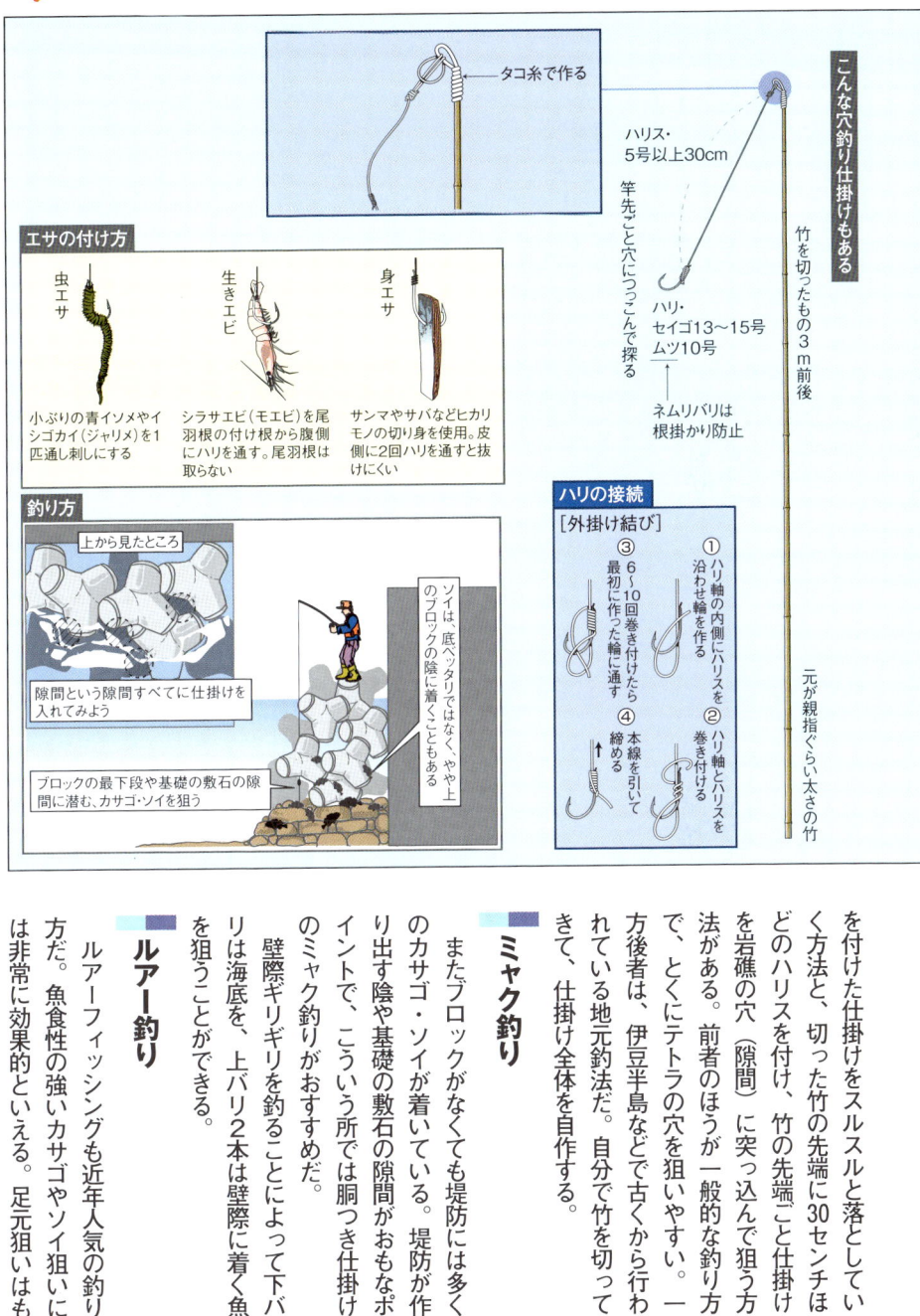

ルアー釣り

ルアーフィッシングも近年人気の釣り方だ。魚食性の強いカサゴやソイ狙いには非常に効果的といえる。足元狙いもも

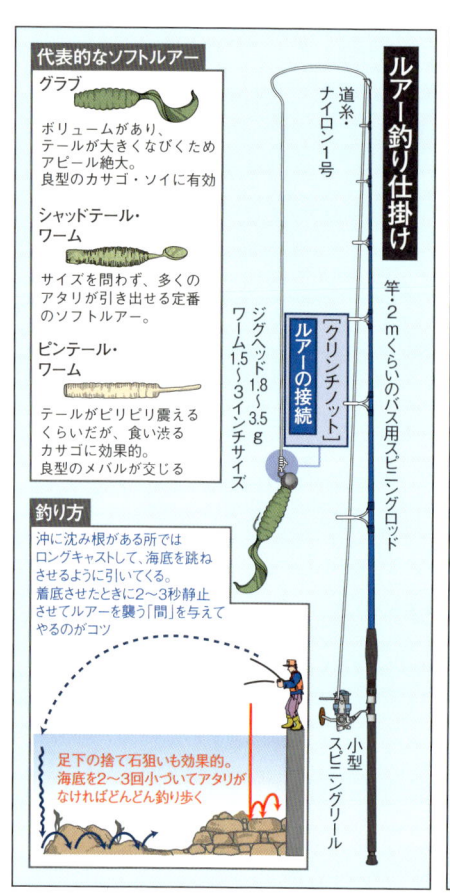

カサゴ

ミャク釣り仕掛け

竿：3～3.6m堤防釣り用万能竿（負荷オモリ3～5号クラス）
道糸：ナイロン1.5号

[ユニノット] ヨリモドシの接続

[外掛け結び] ハリの接続

モトス：フロロカーボン2号
ハリス：1号 8cm
ハリ：メバル8号
オモリ：カン付きナス型3号
小型スピニングリール

ハリスをモトスに結ぶ
[3重のトメ結び]

① ハリスをモトスの出したい位置に沿わせる
② ハリスとモトスで輪を作る
③ ハリスとモトスに3回巻き付けていく
④ ゆっくりと締め付ける。このときハリスは上を向くようにする

スナップ付きヨリモドシでオモリを接続

ルアー釣り仕掛け

竿：2mくらいのバス用スピニングロッド
道糸：ナイロン1号

[クリンチノット] ルアーの接続

ジグヘッド 1.8～3.5g
ワーム 1.5～3インチサイズ

小型スピニングリール

代表的なソフトルアー

グラブ
ボリュームがあり、テールが大きくなびくためアピール絶大。良型のカサゴ・ソイに有効

シャッドテール・ワーム
サイズを問わず、多くのアタリが引き出せる定番のソフトルアー。

ピンテール・ワーム
テールがピリピリ震えるくらいだが、食い渋るカサゴに効果的。良型のメバルが交じる

釣り方

沖に沈み根がある所ではロングキャストして、海底を跳ねさせるように引いてくる。着底させたときに2～3秒静止させてルアーを襲う「間」を与えてやるのがコツ

足下の捨て石狙いも効果的。海底を2～3回小づいてアタリがなければどんどん釣り歩く

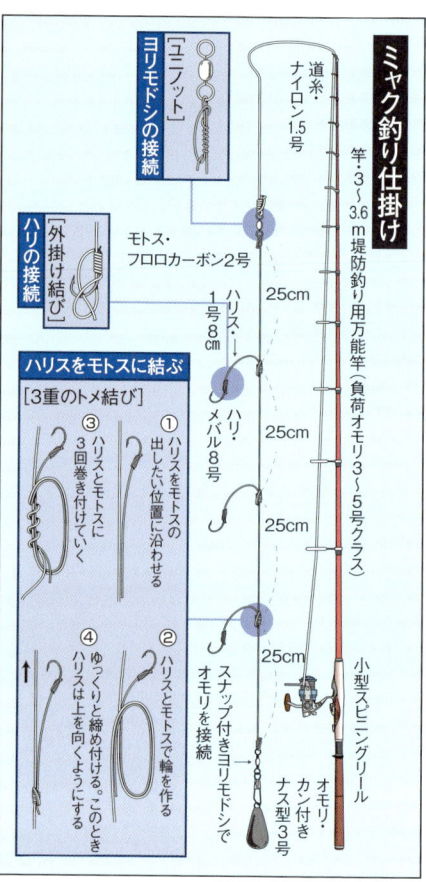

ちろん、ロングキャストすれば沖の沈み根周りも狙えるとあって、釣り場の形態にはこだわらない。ゴロタ浜でも十分釣りになる。

使うルアーは、1.8～3.5グラムのジグヘッドに1.5～3インチのワームを装着したジグヘッドリグ。ワームはグラブやシャッドテールワーム、ピンテールワームなどがいいだろう。

ただ日中は棲み家の奥深くに潜むため、なかなか釣果に結びつけにくいのが正直なところ。夜間のほうが好釣果が期待できるが、暗い釣り場は危険も多い。明るいうちに釣り場に入るなど、十分注意して楽しまれたい。

ボート釣り

仕掛けは片テンビンの2本バリ仕掛け、または胴つき2本バリ仕掛けを使う。胴つき仕掛けの場合、オモリのすぐ上に下バリを付けるようにする。ハリスの太さはあまり気にしない魚だが、太すぎると根掛かりしたときに切りにくいので3号程度がおすすめだ。

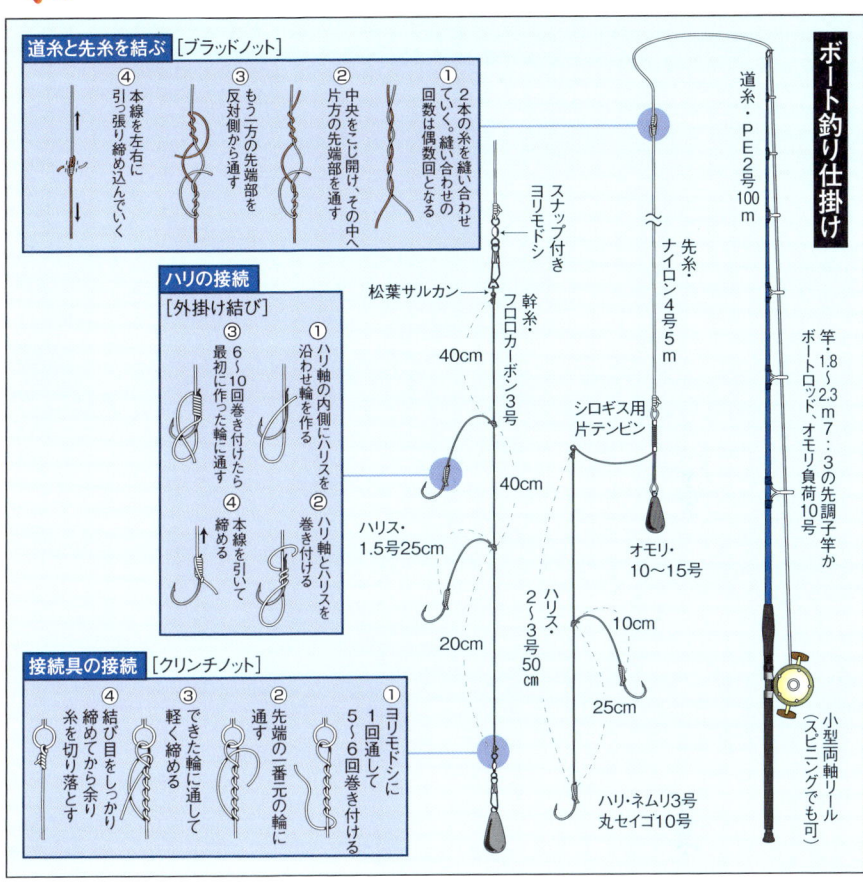

ターゲット別仕掛けマニュアル

カサゴ scorpion fish

道糸と先糸を結ぶ ［ブラッドノット］
① 2本の糸を縫い合わせていく。縫い合わせの回数は偶数回となる
② 中央をこじ開け、その中へ片方の先端部を通す
③ もう一方の先端部を反対側から通す
④ 本線を左右に引っ張り締め込んでいく

ハリの接続 ［外掛け結び］
① ハリ軸の内側にハリスを沿わせ輪を作る
② ハリ軸とハリスを巻き付ける
③ 6〜10回巻き付けたら最初に作った輪に通す
④ 本線を引いて締める

接続具の接続 ［クリンチノット］
① ヨリモドシに1回通して5〜6回巻き付ける
② 先端を一番元の輪に通す
③ できた輪に通して軽く締める
④ 結び目をしっかり締めてから余り糸を切り落とす

ボート釣り仕掛け

- 道糸・PE2号 100m
- 先糸・ナイロン4号 5m
- スナップ付きヨリモドシ
- 松葉サルカン
- 幹糸・フロロカーボン3号
- 40cm
- 40cm
- ハリス・1.5号25cm
- 20cm
- シロギス用片テンビン
- オモリ・10〜15号
- ハリス・2〜3号50cm
- 10cm
- 25cm
- ハリ・ネムリ3号 丸セイゴ10号
- 竿1.8〜2.3m 7：3の先調子竿かボートロッド、オモリ負荷10号
- 小型両軸リール（スピニングでも可）

　竿は先調子のほうがアタリは取りやすいが、胴調子竿でもあおり方をやや大きめにすれば同じように使える。

　カサゴは向こう合わせでハリ掛かりするので、根掛かりは多いが釣りやすい魚だ。いかにうまく誘い、根掛かりを少なくするかで釣果が変わる。

　大型のカサゴだと、底を切るまでかなり強い引きを見せる。それでも3号程度のハリスなら切られることはないはずだ。なるべく早く底から魚を離し、あとはゆっくりとリールを巻けばよい。あまり大きく移動しない魚なので、同じポイントで3〜4尾釣ると釣れなくなることがある。このようなときは、少し場所を移動してポイントを探りたい。

　エサはイソメ類、イカやサバの切り身、魚皮の擬似餌でも食ってくる食欲な魚だ。持参のエサがなくなったら、釣れた小魚の切り身を使っても釣れる。

　すぐに根の中に潜る習性があるため、底から50センチほど仕掛けを上下させるように釣るといい。これがよい誘いにもなる。

カジカ

great sculpin

東北から北では人気の投げ釣りターゲット。
浅場に寄る産卵期(冬)が狙い目だ。
とにかく美味な魚で汁物、鍋物が最高!

【カサゴ目カジカ科】
(トゲカジカ)

分布/新潟県、岩手県以北、日本海北部、アラスカ湾
全長/70センチ

カジカの仲間はみな非常に美味で、北国では人気のターゲットだ。とくに大型(全長70センチ)になるトゲカジカ(カジカ科)は一名「鍋壊し」とも呼ばれるが、これはうまさのあまり鍋が壊れるほど箸でつついてしまうという意味だ。ケムシカジカも投げ釣りで釣れるカジカで、頭部に多数の皮弁(コブのような盛り上がり)がある。いずれもふだんは水深50〜300メートルほどに棲むが、産卵期は浅海の入るため投げ釣りで釣れるようになる。ほかに陸っぱりで釣れるカジカにはギスカジカ、シモフリカジカ、オニカジカなどがある。漢字では棘鰍、棘杜父魚

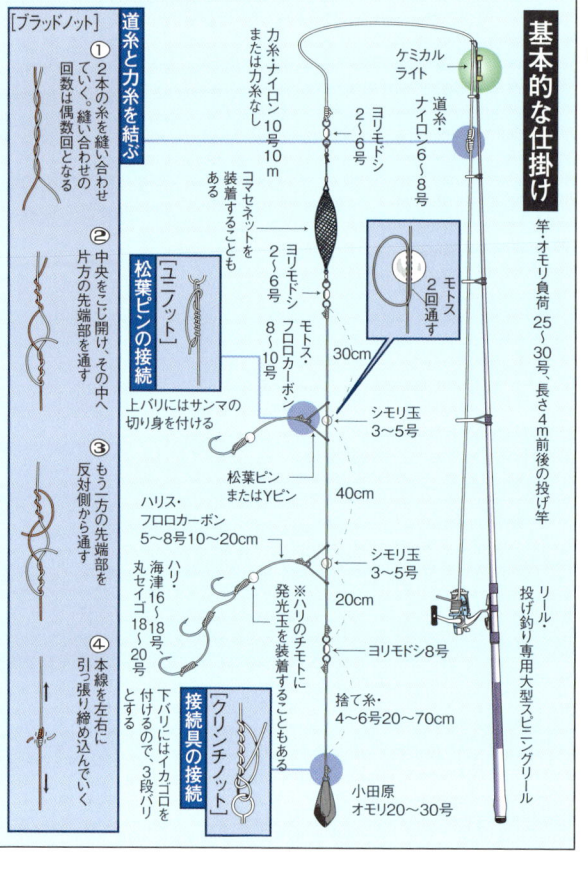

基本的な仕掛け

竿・オモリ負荷25〜30号、長さ4m前後の投げ竿
リール・投げ釣り専用大型スピニングリール

- 道糸:ナイロン6〜8号
- 力糸・ナイロン10号10m または力糸なし
- ケミカルライト
- ヨリモドシ2〜6号
- コマセネットを装着することもある
- ヨリモドシ2〜6号
- モトス2回通す
- モトス・フロロカーボン8〜10号 30cm
- シモリ玉3〜5号
- 松葉ピンまたはYピン(上バリにはサンマの切り身を付ける)
- ハリス・フロロカーボン5〜8号10〜20cm 40cm
- シモリ玉3〜5号
- ハリ・海津16〜18号、丸セイゴ18〜20号(ハリのチモトに発光玉を装着することもある) 20cm
- ヨリモドシ8号
- 捨て糸・4〜6号20〜70cm
- 小田原オモリ20〜30号

下バリにはイカゴロを付けるので3段バリとする

道糸と力糸を結ぶ
[ブラッドノット]
① 2本の糸を縫い合わせていく。縫い合わせの回数は偶数回となる
② 中央をこじ開け、その中へ片方の先端部を通す
③ もう一方の先端部を反対側から通す
④ 本線を左右に引っ張り締め込んでいく

松葉ピンの接続
[ユニノット]

接続具の接続
[クリンチノット]

ターゲット別仕掛けマニュアル

カジカ great sculpin

カジカの市販仕掛け

カジカは岩礁帯や海藻帯に棲息するため、胴つき仕掛けがメイン。またコマセの効果が大きいことも知られており、コマセネットを付けた仕掛けやイカゴロが外れにくい2～3段バリ仕掛けの人気が高い。

[北海道プロカジカ ネット遠投仕様]

[北海道プロカジカ 2本バリネット遠投仕様]

[カジカ王ゴロ仕掛]

【製品問い合わせ】がまかつ☎0800-222-5895

カジカ仕掛けのエサの付け方

- コマセネットを付けることもあるが、カジカポイントは根掛かりが多いので状況を見て判断する
- 上バリ（1本バリ）
- サンマの切り身（半身を3～4等分に分ける）
- 下バリ（3段バリ）
- イカゴロ

3段バリを刺す
- 1番上のハリは頭部の硬い所に刺す
- 2～3番目のハリは内臓の中に埋め込むように刺す

イカゴロ
- 頭部
- 内臓
- 頭部を少し残して切る

しているが、産卵期の秋～冬にかけて一気に岸寄りに接岸する。そのため陸っぱりからのカジカ釣りは、産卵前の乗っ込みに当たる秋～初冬がベストシーズンとなる。この時期には、まさかと思われるような浅場がカジカの好ポイントとなる。ときには水深1メートル以内の場所で、50センチオーバーの大型がヒットすることもある。ただし、水深の浅い場所にいる魚は日中警戒心が強いので、必然的に夜釣りで狙うことになる。

カジカは根魚なので、ポイントの多くは岩礁帯や海藻帯だ。そのためカジカ狙いの仕掛けは、根掛かり対策を優先した胴つきスタイルの上下2本バリ仕掛けが一般的。この場合、上バリにはサンマの切り身を付け、下バリにはイカゴロ（イカの内臓）を付ける人が多い。ただし、イカゴロは仕掛けを投げたときにハリから外れやすいので、イカゴロを付ける下バリは、孫バリを2本結んだスタイルの「3段バリ」がいい。ハリはカイズバリの人気が高く、大きさは18号前後がよく用いられる。

カニ（ヒラツメガニ・ガザミなど）

専用のカニ網を使い、脚を絡めて捕る。投げて、待って、上げるだけなので、2～3本竿を使って効率よく釣りたい

【十脚目ガザミ科】

分布／北海道南部以南、九州、沖縄、八重山諸島。朝鮮海峡、黄海、中国（ヒラツメガニ）

全長／甲幅15センチ（ヒラツメガニ）

一般にワタリガニと呼ばれるのは横に長い菱形の甲が特徴的なガザミだが、おもに外房～九十九里の砂浜でカニ網で捕獲されるのはヒラツメガニが多い。第5脚がボートをこぐオールのように平たく変形した遊泳脚になったものを総称してワタリガニという。甲に「H」型の溝があるのが特徴で、Hガニとかホンダなどとも呼ばれる。ガザミよりも小型のカニなので二つ割りにして味噌汁に入れる人が多いが、ゆでてもうまい。漢字では平爪蟹。ほかにガザミやタイワンガザミも釣れる

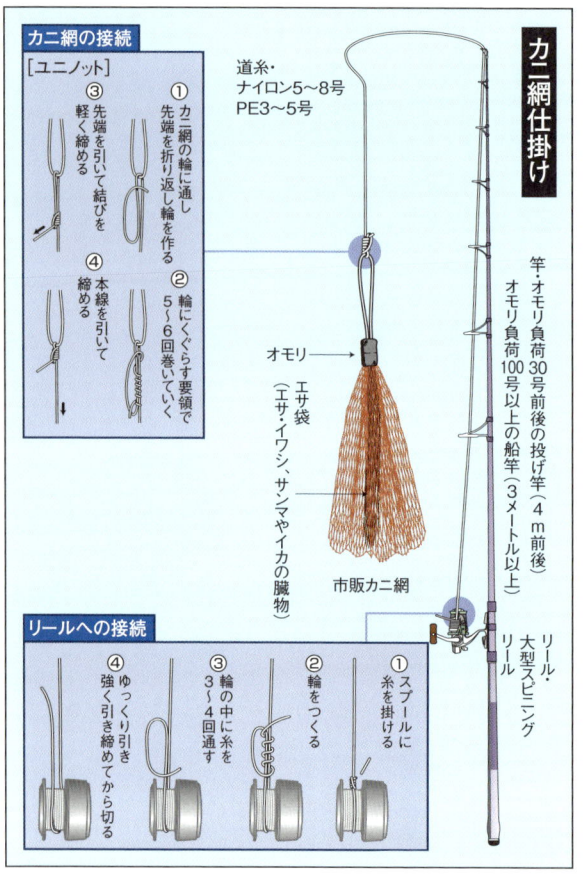

カニ網仕掛け

道糸・ナイロン5～8号 PE3～5号

竿・オモリ負荷30号前後の投げ竿（4m前後）オモリ負荷100号以上の船竿（3メートル以上）

オモリ

エサ袋（エサ・イワシ、サンマやイカの臓物）

市販カニ網

リール・大型スピニングリール

カニ網の接続
[ユニノット]
① カニ網の輪に通し先端を折り返し輪を作る
② 輪にくぐらせる要領で5～6回巻いていく
③ 先端を引いて結びを軽く締める
④ 本線を引いて締める

リールへの接続
① スプールに糸を掛ける
② 輪をつくる
③ 輪の中に糸を3～4回通す
④ ゆっくり引き強く引き締めてから切る

専用のカニ網を使い、脚を絡ませて捕獲する。したがって、釣りというイメージからは遠い。釣り方は、オモリの付いた扇型のカニ網にエサ（魚のワタなど）を取り付けて海中に放り込んでおき、ころあいを見て引き上げるだけ。対象となるカニはヒラツメガニ（Hガニ、キンチャクガニ）、イシガニ、ワタリガニ（ガザミ）がおもである。

カニ網はかなり重量があるので、これを投げるためには投げ竿や船竿などの硬い竿が必要だ。リールは大型のスピニングリール、道糸はナイロンなら最低5号、PEなら3号を使う。

エサはカツオのアラやイワシ、サンマなど臭いの強い魚の身エサや魚、イカの

ターゲット別仕掛けマニュアル

カニ crab

これがカニ網。オモリとエサ入れ用のネットが付いている

こんな風に脚が絡まってしまうと、もう逃げられない

ゆでガニもうまい。ヒラツメガニは小型のカニなので、豪快にかぶりつこう

岸壁や堤防のポイント

岸壁もしくは堤防

竿は2〜3本出して投入点をおのおの変えて狙う。最低でも30分のインターバルを置いてから引き上げよう

海底は砂地もしくは砂泥地がよく、岩礁帯や捨て石周りは根掛かり多く、釣り不可

サーフのポイント

竿掛けに立てる

竿は1本だけでは効率が悪い。2〜3本出すと釣果は上がる

リールはフリーにして道糸を送る

浅瀬は波が立ちやすい

深みは波が立ちにくい

下げ潮に乗ってカニ網は徐々に沖へ流れていく

深みはカニがたまる最高のポイント

※ナギが条件。シケるとカニ網は岸に打ち上げられてしまう

臓物もいい。これらのエサ袋にナイロン製の網袋を使うが、カニに破られてしまうこともあるので、いくつか予備を用意しておきたい。

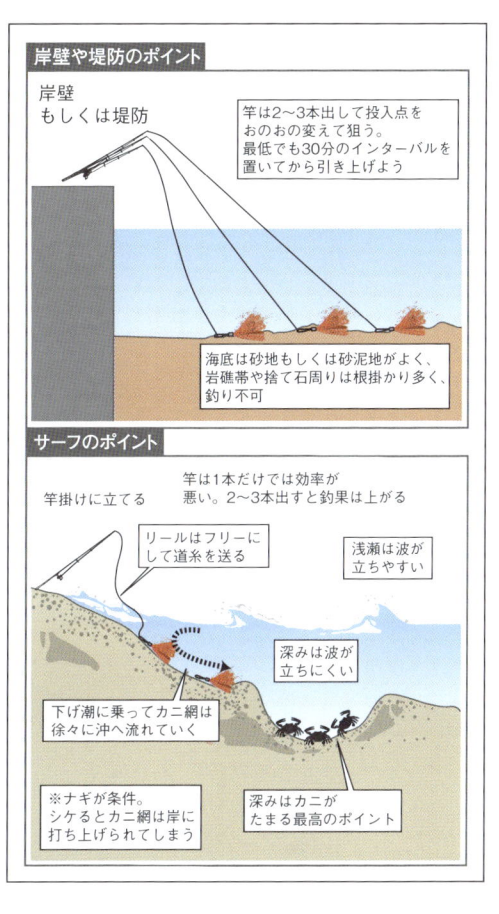

堤防や岸壁で釣る場合は、ちょい投げで置き竿にし20〜30分程度のインターバルを置いてから引き上げる。カニ網は毎回同じ所に投入するより、点々と広範囲を探るといいだろう。カニは潮通しのよい港外よりも淀んだ港内にいる場合が多いので要チェックだ。

一方、砂浜での釣りは波打ち際にカニ網を投入したらリールのベイルをオープンにして置き竿にし、沖へ払い出す潮に乗せて仕掛けを少しずつ流すといい。したがって下げ潮のときが攻めやすい。海が荒れていると、仕掛けが砂浜に打ち上げられてしまって釣りにならない。

堤防で砂浜でも1本竿だと効率が悪い。忙しい釣りではないので、竿を2〜3本出して交互に操作しながら釣ると数がのびる。

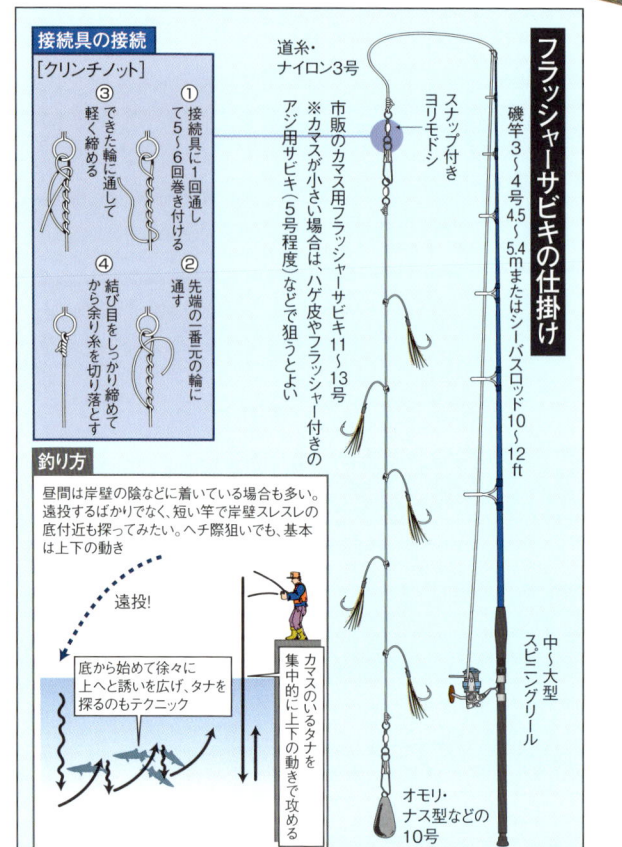

カマス

非常にどう猛な性質のフィッシュイーターだ。
フラッシャーサビキやルアーなどの擬似餌への反応がいい

barracuda

【スズキ目カマス科】

分布／南日本、東シナ海～南シナ海（アカカマス）
全長／50センチ（アカカマス）

カマスの仲間はヤマトカマス、オオカマス、オオメカマス、タイワンカマス、バラクーダと呼ばれるオニカマスなどが知られているが、普通、釣りのターゲットでカマスといえばアカカマスとヤマトカマスのこと。背ビレの基部と尾ビレの基部が前後にずれているのがアカカマス、背ビレのほぼ真下に腹ビレが並ぶのがヤマトカマスだ。生食はアカカマスのほうがうまいとされるが、干物にすれば両方とも非常に美味。漢字では梭子魚

フラッシャーサビキの仕掛け

- 磯竿3〜4号 4.5〜5.4mまたはシーバスロッド10〜12ft
- 道糸・ナイロン3号
- スナップ付きヨリモドシ
- 市販のカマス用フラッシャーサビキ11〜13号
  ※カマスが小さい場合は、ハゲ皮やフラッシャー付きのアジ用サビキ（5号程度）などで狙うとよい
- 中〜大型スピニングリール
- オモリ・ナス型などの10号

接続具の接続 ［クリンチノット］
① 接続具に1回通して5〜6回巻き付ける
② 先端の一番元の輪に通す
③ できた輪に通して軽く締める
④ 結び目をしっかり締めてから余り糸を切り落とす

釣り方
昼間は岸壁の陰などに着いている場合も多い。遠投するばかりでなく、短い竿で岸壁スレスレの底付近も探ってみたい。ヘチ際狙いでも、基本は上下の動き

遠投！
底から始めて徐々に上へと誘いを広げ、タナを探るのもテクニック
カマスのいるタナを集中的に上下の動きで攻める

フラッシャーサビキ

フラッシャーサビキはカマス狙いの独特の仕掛け。ある程度遠投が可能なことや数釣りのできることが大きな利点だ。基本的な釣り方は、仕掛けを投げて底を取ったら大きくあおるような感じで仕掛けを2〜3メートルほど底からシャクり上げ、また仕掛けを底に落とすの繰り返し。状況によってカマスのタナは変わるので臨機応変に対応する。重要なのは、フラッシャーの上下の動きでカマスを誘うということだ。

ルアーフィッシング

カマスはミノー、ソフトルアー、スプ

ターゲット別仕掛けマニュアル
カマス barracuda

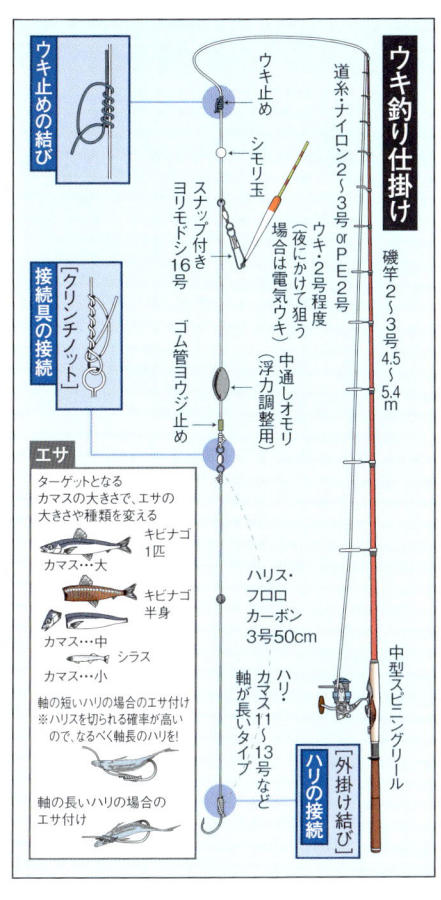

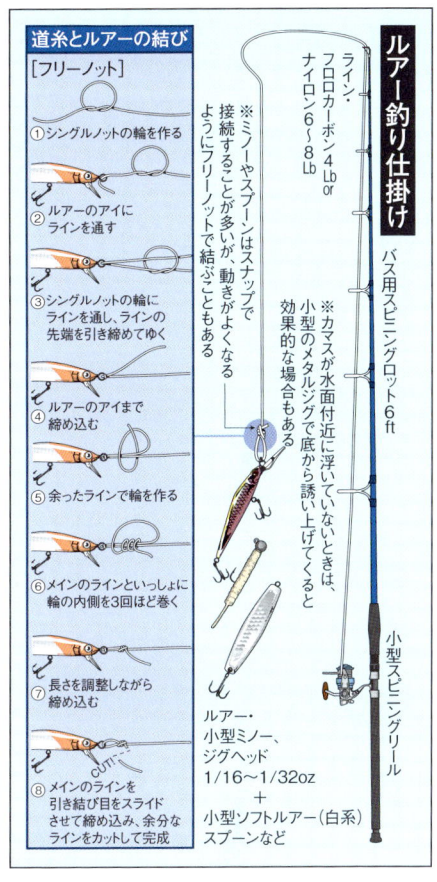

ルアー釣り仕掛け

ライン・フロロカーボン4lb or ナイロン6〜8lb

バス用スピニングロッド6ft

小型スピニングリール

ルアー・小型ミノー、ジグヘッド 1/16〜1/32oz ＋ 小型ソフトルアー（白系）スプーンなど

※カマスが水面付近に浮いていないときは、小型のメタルジグで底から誘い上げてくると効果的な場合もある

道糸とルアーの結び
[フリーノット]

① シングルノットの輪を作る
② ルアーのアイにラインを通す
③ シングルノットの輪にラインを通し、ラインの先端を引き締めてゆく
④ ルアーのアイまで締め込む
⑤ 余ったラインで輪を作る
⑥ メインのラインといっしょに輪の内側を3回ほど巻く
⑦ 長さを調整しながら締め込む
⑧ メインのラインを引き結び目をスライドさせて締め込み、余分なラインをカットして完成

※ミノーやスプーンはスナップで接続することが多いが、動きがよくなるようにフリーノットで結ぶこともある

ウキ釣り仕掛け

道糸・ナイロン2〜3号 or PE2号
ウキ2号程度（夜にかけて狙う場合は電気ウキ）
磯竿2〜3号 4.5〜5.4m
中型スピニングリール
ハリ、カマス11〜13号 軸が長いタイプ
ハリス・フロロカーボン3号50cm
ゴム管ヨウジ止め
中通しオモリ（浮力調整用）
シモリ玉
ヨリモドシ スナップ付き16号
ウキ止め

ウキ止めの結び

接続具の接続
[クリンチノット]

[外掛け結び] ハリの接続

エサ
ターゲットとなるカマスの大きさで、エサの大きさや種類を変える
- カマス…大 / キビナゴ1匹
- カマス…中 / キビナゴ半身
- カマス…小 / シラス

軸の短いハリの場合のエサ付け
※ハリスを切られる確率が高いので、なるべく軸長のハリを!

軸の長いハリの場合のエサ付け

ウキ釣り

活性が高まる夕方から夜にかけてが狙い目。したがって、電気ウキを使用する。エサは冷凍キビナゴを使うが、身が崩れやすいので投入はそっと行う。ときおり軽く仕掛けをあおるなどの誘いも効果的だ。アタリがあってもすぐには合わせず、しっかり食い込ませることが大事だ。ただし、待ちすぎるとハリスを切られることも。活性が高ければ、最初のアタリのあと仕掛けをスーッと持ち上げると、追い食いしてくることが多い。

ーンなどあらゆるタイプのルアーによく反応するが、一方で捕食は決して上手とはいえず、いかにフッキングに持ち込むかがカギだ。とくに水面にカマスが見えているような高活性のときにルアーが威力を発揮する。タマヅメや夜間は常夜灯周りを狙いたい。アクションは、ときおりイレギュラーな動きを入れながら、表層をややゆっくりめに巻いてくればOKだ。完全にルアーを止めてしまうと見切られてしまうので注意。

カレイ

flat fish

冬の投げ釣りでは人気ナンバーワンのターゲット。マコガレイをメインに、地域によっては様々なカレイが狙える。春はボート釣りで大型が期待できる

【カレイ目カレイ科】

分布／北海道以南から大分県にかけての日本沿岸、黄海、東シナ海北部（マコガレイ）
全長／50センチ

カレイの仲間は基本的に目を上側に、口を下側にすると右を向く。ヒラメの仲間は基本的に左を向く。マコガレイは最も一般的なカレイ。体色は茶褐色で、不規則な形の淡色の斑紋または斑点が多数ある。マガレイに似るが、無眼側の尾の付け根は黄色くならない。また魚体の大きさの割りに口は小さい。海底に潜みゴカイ、イソメ類、小型甲殻類、小型魚類を捕食する。漢字では真子鰈

投げ釣り仕掛け

吹き流し式

竿・オモリ負荷27〜35号、長さ4〜4.2m前後の投げ竿

道糸・PE2〜3号またはナイロン3〜4号

力糸・PE5〜6号9mまたはテーパーライン力糸5〜12号13m

エンゼルビーズ
ローリングスイベル5号

遊動式L型テンビン25〜30号またはスーパーシグナルテンビン＋六角オモリ25〜30号（この場合、スナズリ不要）

スナズリ・8号2〜3本ヨリ40cmまたはナイロン30〜40号35cm

ローリングスイベル7号

ハリス・フロロ4〜5号7〜10cm

モトス・フロロカーボン5〜8号

40〜60cm

20〜30cm

先糸・フロロ3〜5号20〜30cm

ハリ・カレイ専用11〜15号　丸セイゴ12〜16号

ハリのチモトに各種装飾品をつけてもよい

リール・ドラグ付き投げ専用スピニングリール

エサの付け方

アオイソメの付け方
頭のすぐ下からハリの上にコキ上げる　1〜2匹掛け

イワイソメの付け方（通し刺し）
頭のすぐ下からハリの上にコキ上げる　タラシは2〜3cm
虫エサが大きいときは、尾を切ることもある

コガネムシの付け方
頭を刺す
ハリの上にコキ上げる

アオイソメの付け方（房掛け）

段差バリ仕掛けのエサの付け方
海底で1つの大きなエサに見える
上バリは臭いでイワイソメ魚にアピール
下バリはアオイソメの房掛け
動きで魚にアピール

先ハリスの結合
「ブラッドノット」

マコガレイ

投げ釣りターゲットの中でもカレイほど仕掛けのバリエーションが豊富な魚種はいないだろう。その理由として、地域によって釣れるカレイの種類や潮流の速さ、底質、エサ取りの状況などが異なるからだ。

マコガレイは九州から東北に至る広い範囲に棲息しており、食味のよさから全国的に人気が高い。マコガレイ狙いの標準的な仕掛けとしては吹き流し式があるが、基本的にカレイ仕掛けはシロギスの仕掛けに比べて太く、短いのが特徴だ。90年代中ごろから全国的に人気が高まったカレイ仕掛けが段差バリ式。片方の

ターゲット別仕掛けマニュアル
カレイ flat fish

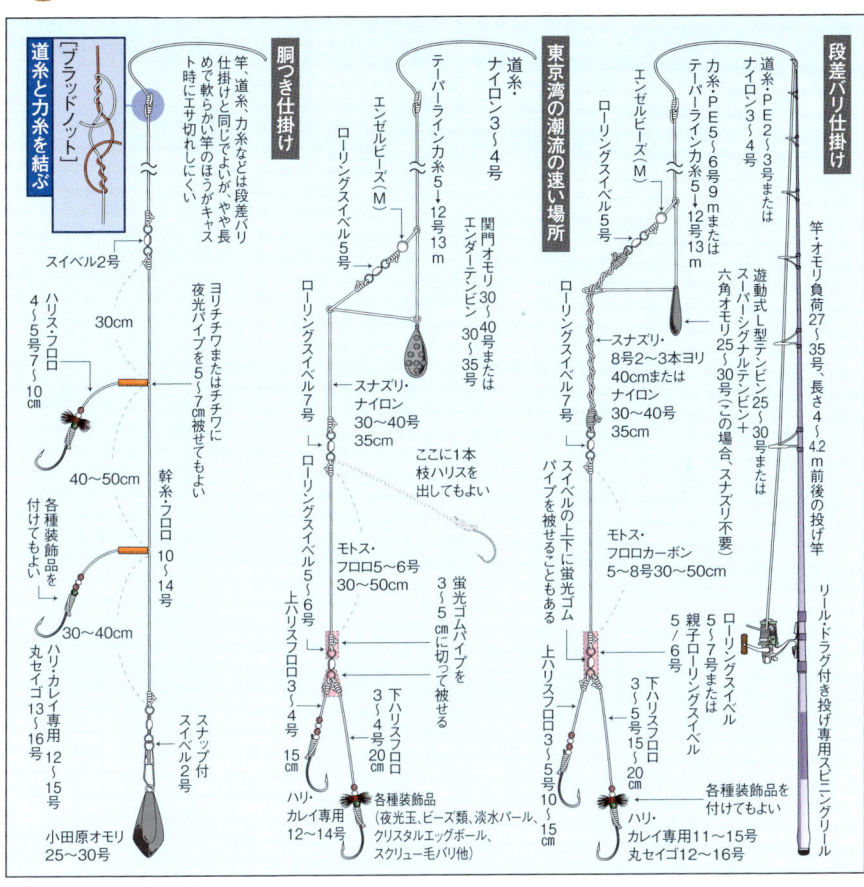

[段差バリ仕掛け]

- 竿・オモリ負荷27～35号、長さ4～4.2m前後の投げ竿
- リール・ドラグ付き投げ専用スピニングリール
- 道糸・PE2～3号またはナイロン3～4号
- 力糸・PE5～6号9mまたはテーパーラインカ糸5～12号13m
- 遊動式L型テンビン25号またはスーパーシンカテンビン＋六角オモリ25～30号（この場合、スナズリ不要）
- エンゼルビーズ
- ローリングスイベル5号
- スナズリ・8号2～3本ヨリ40cmまたはナイロン30～40号35cm
- スイベルの上下に蛍光ゴムパイプを被せることもある
- モトス・フロロカーボン5～8号30～50cm
- ローリングスイベル5～7号または親子ローリングスイベル5／6号
- 上ハリスフロロ3～5号10cm
- 下ハリスフロロ3～5号20cm
- 各種装飾品を付けてもよい
- ハリ・カレイ専用11～15号 丸セイゴ12～16号

[東京湾の潮流の速い場所]

- 道糸・ナイロン3～4号
- テーパーラインカ糸5～12号13m
- エンゼルビーズ（M）
- ローリングスイベル5号
- 関門オモリ30～40号またはエンダーテンビン30～35号
- スナズリ・ナイロン30～40号35cm
- ローリングスイベル7号
- ここに1本枝ハリスを出してもよい
- モトス・フロロ5～6号30～50cm
- 蛍光ゴムパイプを3～5cmに切って被せる
- 上ハリスフロロ3～4号15cm
- 下ハリスフロロ3～4号20cm
- ハリ・カレイ専用12～14号
- 各種装飾品（夜光玉、ビーズ類、淡水パール、クリスタルエッグボール、スクリューモバリ他）

[胴つき仕掛け]

- 竿・道糸・力糸などは段差バリ仕掛けと同じでよいが、やや長めで軟らかい竿のほうがキャスト時にエサ落ちしにくい

[道糸と力糸を結ぶ ブラッドノット]

- スイベル2号
- 30cm
- ハリスフロロ4～5号7～10cm
- 40～50cm
- 幹糸・フロロ10～14号
- 30～40cm
- ハリ・カレイ専用12～15号 丸セイゴ13～16号
- スナップ付スイベル2号
- 小田原オモリ25～30号
- 各種装飾品を付けてもよい
- ヨリチチワまたはチチワを5～7cm被せてもよい 夜光パイプを5～7cm被せてもよい

　ハリにイワイソメ（マムシ）を刺し、もう一方のハリはアオイソメの房掛けにすることにより、エサのボリューム感がアップするとともに「イワイソメの臭いで寄せて、アオイソメの動きで食わす」効果がある。

　なおカレイファンの中には仕掛けに夜光玉や各種ビーズ類などの装飾品を多用する人も多く、とくに潮色が暗くて冬季にはエサ取りの少ない東京湾の釣り場では、蛍光色のゴムパイプと各種装飾品を多数装着した「ド派手系仕掛け」の人気が高い。これに対し西日本の釣り場はフグやベラなどのエサ取りが多いため、装飾品を一切付けないシンプルな仕掛けを使用する釣り人が多い。

　常磐方面の釣り場では近年、マコガレイ狙いにも胴つき式仕掛けを用いる人が増えつつある。この理由として、常磐方面の釣り場では大型ヒトデの猛攻に遭うことが多いため、海底からエサを浮かせることによりヒトデをかわす効果があることや、アタリの伝わりやすさなどが挙げられる。

flat fish カレイ

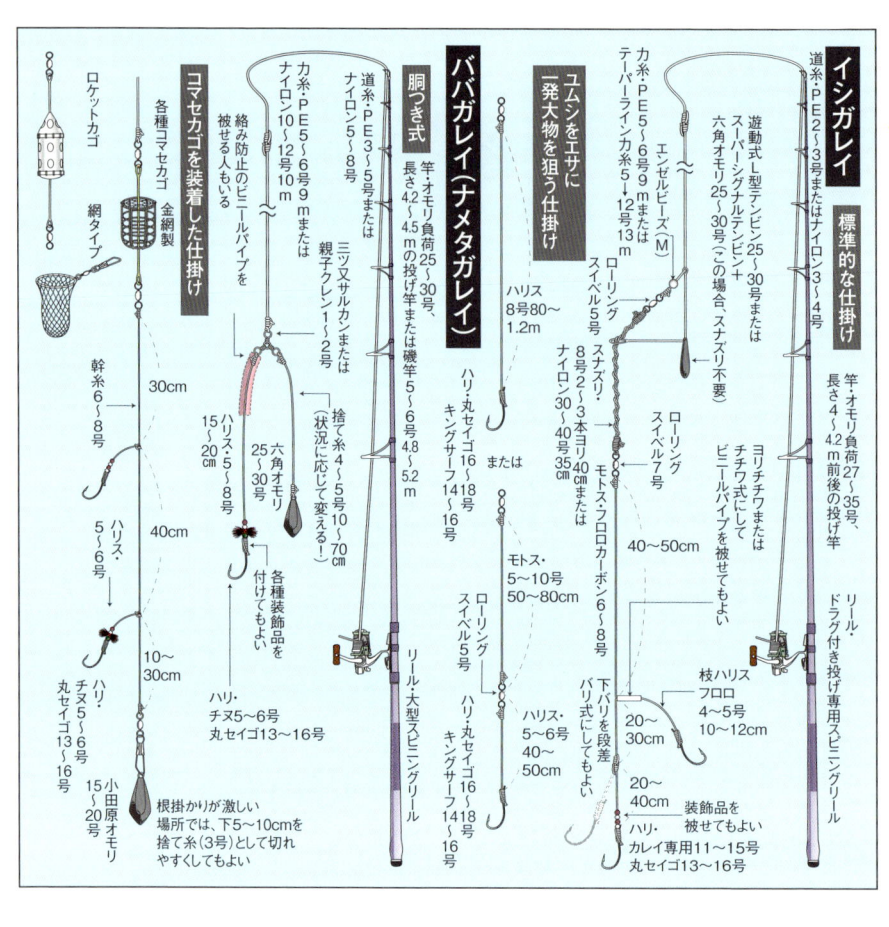

【イシガレイ】標準的な仕掛け

- 道糸：PE2～3号またはナイロン3～4号
- 竿・オモリ負荷27～35号、長さ4～4.2m前後の投げ竿
- リール・ドラグ付き投げ専用スピニングリール
- 遊動式L型テンビン25～30号またはスーパーシグナルテンビン
- 六角オモリ25～30号（この場合、スナズリ不要）
- 力糸：PE5～6号9mまたはテーパーライン力糸5～12号13m
- エンゼルビーズ（M）
- ローリングスイベル5号
- ヨリチチワまたはチチワ式にしてビニールパイプを被せてもよい
- ハリス8号80～1.2m
- ハリ・丸セイゴ16～18号キングサーフ14～16号

【ババガレイ（ナメタガレイ）】胴つき式

- 竿・オモリ負荷25～30号、長さ4.2～4.5mの投げ竿または磯竿5～6号4.8～5.2m
- 力糸：PE3～5号ナイロン5～8号
- 道糸：PE5～6号9号またはナイロン5～8号
- 三ツ又サルカンまたは親子クレン1～2号
- 捨て糸4～5号10～70cm（状況に応じて変える！）
- 各種装飾品を付けてもよい
- リール・大型スピニングリール
- 六角オモリ25～30号
- ハリス：5～8号15～20cm
- ハリ・チヌ5～6号丸セイゴ13～16号

ユムシをエサに一発大物を狙う仕掛け

- ローリングスイベル7号
- スナズリ：ナイロン30～40号35cm
- モトス・フロロカーボン6～8号
- モトス：5～10号50～80cm
- ローリングスイベル5号
- ハリス：5～6号40～50cm
- ハリ・丸セイゴ16～18号キングサーフ14～16号
- 下バリをバリ式にしてもよい
- 枝ハリスフロロ4～5号10～12cm
- 40～50cm
- 20～30cm
- 20～40cm
- 装飾品を被せてもよい
- ハリ・カレイ専用11～15号丸セイゴ13～16号

コマセカゴを装着した仕掛け

- 各種コマセカゴ
- 金網製
- ロケットカゴ
- 網タイプ
- 絡み防止のビニールパイプを被せる人もいる
- 幹糸6～8号30cm
- ハリス5～6号40cm
- ハリ・チヌ5～6号丸セイゴ13～16号10～30cm
- 小田原オモリ15～20号
- 根掛かりが激しい場所では、下5～10cmを捨て糸（3号）として切れやすくしておく

その他のカレイ

ひと口にカレイと呼ぶ釣り人も多いが、実際に投げ釣りで釣れるカレイの仲間は10種類以上いる。前述のとおり最もポピュラーなのはマコガレイだが、ほかにもイシガレイやマガレイ、ヌマガレイ、ババガレイなど様々なカレイが投げ釣りターゲットとなっている。ただし、すべての種類が同じ場所で釣れるわけではなく、釣れる種類は地域や時期によって異なる。

投げ釣りで釣れる可能性のあるおもなカレイ類は、次のとおりだ。

●イシガレイ

日本各地に分布しているが、とくに東北、北陸、瀬戸内海地方で大型が釣れ、最大80センチにまで成長する。体表にウロコはなく、有眼側の背側部や側線付近、腹側部に石のような骨質板が並んでいる。

関西、北陸、東北地方では大型が狙えるため人気が高い。仕掛けは吹き流し式が基本となり、ユムシやコウジをエサに

104

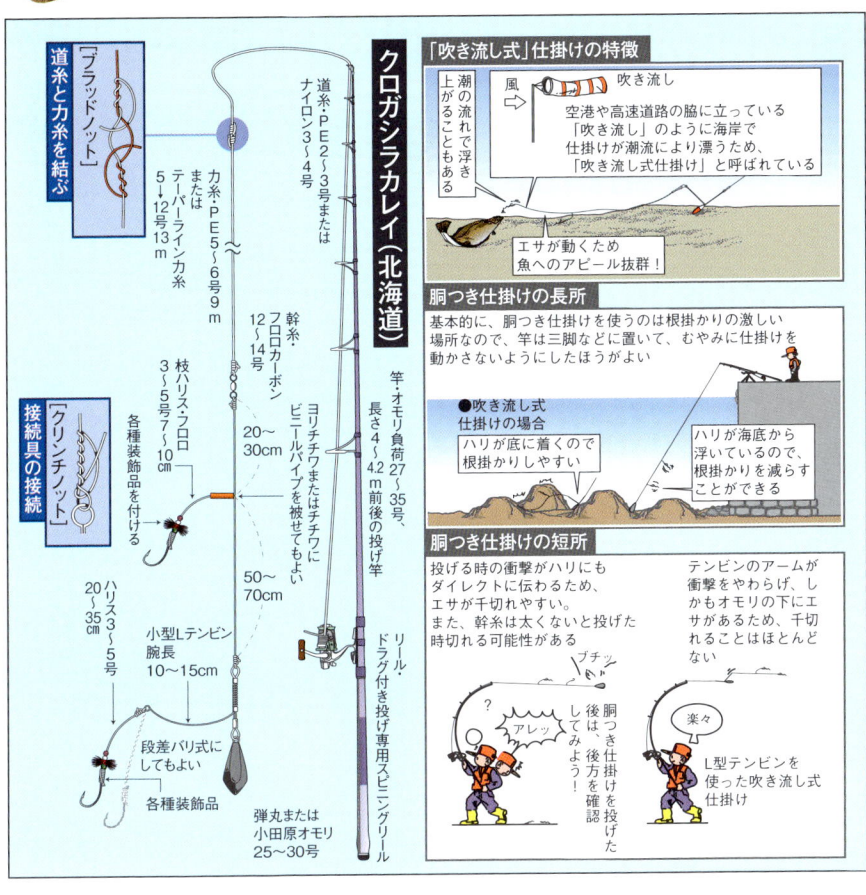

ターゲット別仕掛けマニュアル

カレイ flat fish

クロガシラカレイ（北海道）

- 道糸：PE2～3号またはナイロン3～4号
- 力糸：PE5～6号9mまたはテーパーラインカ糸5～12号13m
- 幹糸：フロロカーボン12～14号
- 枝ハリス・フロロ3～5号7～10cm
- ハリス3～5号20～35cm
- ヨリチチワまたはチチワにビニールパイプを被せてもよい
- 20～30cm
- 50～70cm
- 小型Lテンビン腕長10～15cm
- 各種装飾品を付ける
- 段差バリ式にしてもよい
- 弾丸または小田原オモリ25～30号
- 竿：オモリ負荷27～35号、長さ4～4.2m前後の投げ竿
- リール：ドラグ付き投げ専用スピニングリール

[道糸と力糸を結ぶ]
ブラッドノット

[接続具の接続]
クリンチノット

「吹き流し式」仕掛けの特徴

吹き流し

空港や高速道路の脇に立っている「吹き流し」のように海岸で仕掛けが潮流により漂うため、「吹き流し式仕掛け」と呼ばれている

潮の流れで浮き上がることもある

エサが動くため魚へのアピール抜群！

胴つき仕掛けの長所

基本的に、胴つき仕掛けを使うのは根掛かりの激しい場所なので、竿は三脚などに置いて、むやみに仕掛けを動かさないようにしたほうがよい

●吹き流し式仕掛けの場合

ハリが底に着くので根掛かりしやすい

ハリが海底から浮いているので、根掛かりを減らすことができる

胴つき仕掛けの短所

投げる時の衝撃がハリにもダイレクトに伝わるため、エサが千切れやすい。また、幹糸は太くないと投げた時切れる可能性がある

テンビンのアームが衝撃をやわらげ、しかもオモリの下にエサがあるため、千切れることはほとんどない

ブチッ
？アレッ
胴つき仕掛けを投げた後は、後方を確認してみよう！

楽々
L型テンビンを使った吹き流し式仕掛け

一発大物を狙うときには1本バリの太仕掛けを用いる人が多い。

●**ナメタガレイ（ババガレイ）**
標準和名はババガレイ。駿河湾以北の太平洋岸や日本海に分布。体は長楕円形で口は小さい。体表には多量の粘液がある。砂泥底や岩礁帯にも棲息。最大70センチくらいになる。

ババガレイは常磐方面や三陸方面の釣り場で人気が高い。他のカレイ類と異なり、岩礁帯や堤防直下などに棲息しているため胴つき仕掛けが基本となる。とくに常磐方面の沖堤では堤防直下や壁面がポイントとなるので、仕掛けにコマセカゴを装着する人も多い。

●**クロガシラカレイ**
東北以北に分布しており、北海道では投げ釣りの人気ターゲット。背ビレと尻ビレの無眼側に黒色条紋がある。尾ビレ後縁部は白い。

北海道には本州と海底の状況が異なる釣り場が多いため、L型テンビンと胴つき式を合体させた独特なスタイルの仕掛けの人気が高い。

flat fish カレイ

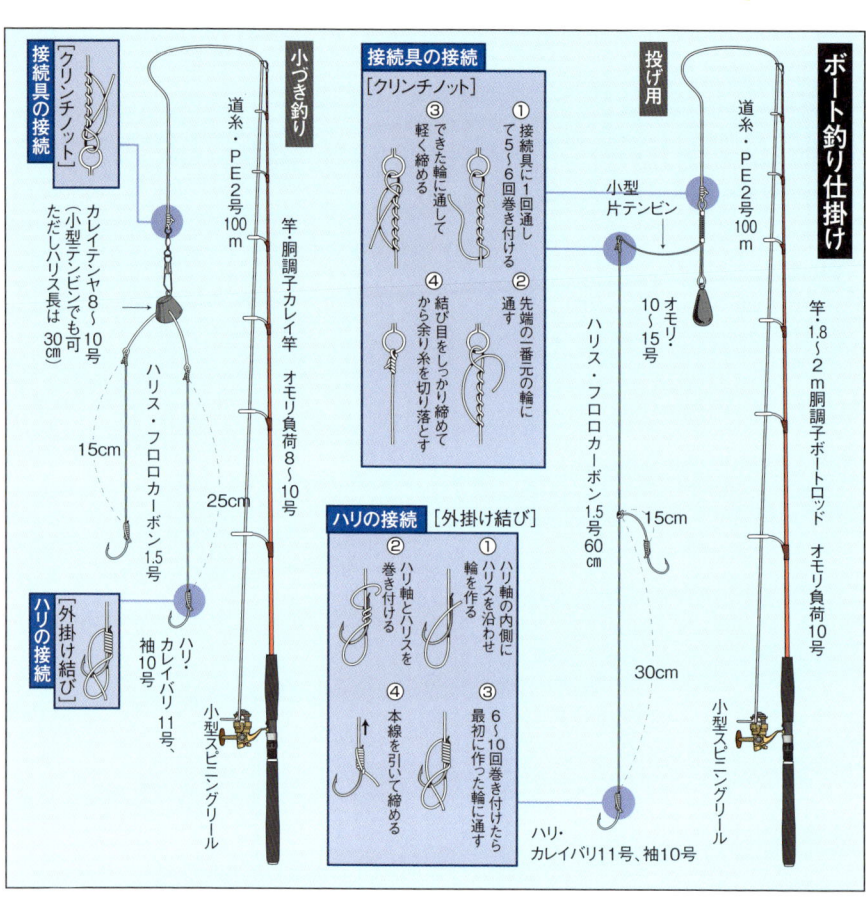

ボート釣り仕掛け

投げ用
- 竿 1.8～2m胴調子ボートロッド
- オモリ負荷10号
- 道糸・PE2号 100m
- 小型片テンビン
- オモリ 10～15号
- ハリス・フロロカーボン1.5号 60cm
- 15cm
- 30cm
- ハリ・カレイバリ11号、袖10号
- 小型スピニングリール

小づき釣り
- 竿 胴調子カレイ竿 オモリ負荷8～10号
- 道糸・PE2号 100m
- カレイテンヤ8～10号（小型片テンビンでも可 ただしハリス長は30cm）
- 25cm
- ハリス・フロロカーボン1.5号
- 15cm
- ハリ・カレイバリ11号、袖10号
- 小型スピニングリール

接続具の接続［クリンチノット］
① 接続具に1回通して5～6回巻き付ける
② 先端の一番元の輪に通す
③ できた輪に通して軽く締める
④ 結び目をしっかり締めてから余り糸を切り落とす

ハリの接続［外掛け結び］
① ハリ軸の内側にハリスを沿わせ輪を作る
② ハリ軸とハリスを巻き付ける
③ 6～10回巻き付けたら最初に作った輪に通す
④ 本線を引いて締める

ボート釣り

根強い人気のあるボート釣りターゲットがカレイ。その魅力のひとつが40センチオーバーの大型魚も釣れてくるため、シロギスやハゼ狙いでは味わえない大物釣りの雰囲気が味わえること。

釣期は真冬の産卵前後を除き、秋から初冬、春から初夏と比較的長く楽しめる。釣り方自体はそれほど難しくないので初心者でも手軽にチャレンジできる。

カレイは比較的浅い砂泥の海底に棲息し、あまり泳ぎ回ることはない。ときには砂の中に潜り、目だけギョロリと出してエサを探している。近くに砂煙が起きたり、動くエサを見つけると飛び出してきて、体でエサを押さえるようにしてから口にするようだ。

使用するエサは投げ釣りと同じで、一般にはイソメ類、ゴカイ類を1匹掛けで大きく付ける。大型狙いなら2匹以上の房掛けにする。アサリやアオヤギのムキ身など貝類でもカレイが釣られることがある。

ボートからカレイを狙う場合、釣り方

ターゲット別仕掛けマニュアル
カレイ flat fish

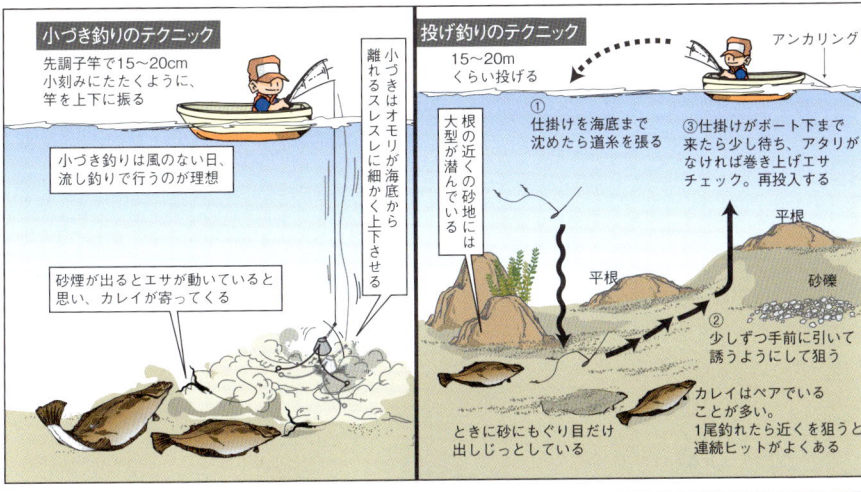

小づき釣りのテクニック
- 先調子竿で15〜20cm小刻みにたたくように、竿を上下に振る
- 小づきはオモリが海底から離れるスレスレに細かく上下させる
- 小づき釣りは風のない日、流し釣りで行うのが理想
- 砂煙が出るとエサが動いていると思い、カレイが寄ってくる

投げ釣りのテクニック
- 15〜20mくらい投げる
- アンカリング
- 根の近くの砂地には大型が潜んでいる
- ①仕掛けを海底まで沈めたら道糸を張る
- ②少しずつ手前に引いて誘うようにして狙う
- ③仕掛けがボート下まで来たら少し待ち、アタリがなければ巻き上げエサチェック。再投入する
- 平根
- 砂礫
- ときに砂にもぐり目だけ出しじっとしている
- カレイはペアでいることが多い。1尾釣れたら近くを狙うと連続ヒットがよくある

▶40センチ近い大型カレイも狙える

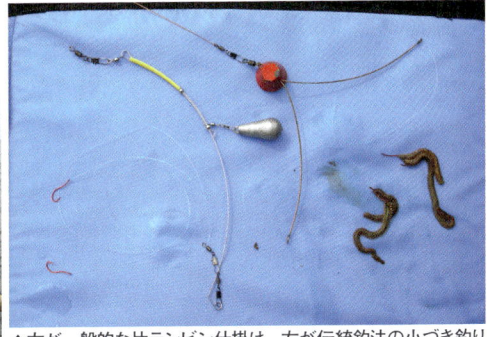

▲左が一般的な片テンビン仕掛け。右が伝統釣法の小づき釣りで使用するカレイテンヤ

　は大きく分けて2通り。ひとつが片テンビン仕掛けで、シロギス釣りのように軽く投げて少しずつ引いては待つといった釣り方が主流だ。この場合、竿は軟らかいシロギス用と同じでよい。

　投げて狙う場合、最初のアタリではまだエサを口にしていない場合もある。一呼吸待ってから少し竿先を上げて聞いてみて（魚が食っている感じを確かめる）、魚の重さを感じたり、グイグイと締め込みがあったら、さらに竿を少し立ててガッチリとハリ掛かりさせる。

　もうひとつが昔ながらの小づき釣り。カレイテンヤを使って砂煙を演出し、エサが暴れていると勘違いしたカレイを飛びつかせる伝統釣法。オモリで海底をトントントンと3回ほどたたき、ゆっくりとハリス分誘い上げてアタリを待つ。誘い上げの途中で、グッグーッと竿先を押さえ込むようなアタリがきたら、すぐに合わせないでちょっと待つこと。グイーッと引き込まれ、ハリ掛かりしたのを確かめてから竿を立ててリールを巻けばよい。

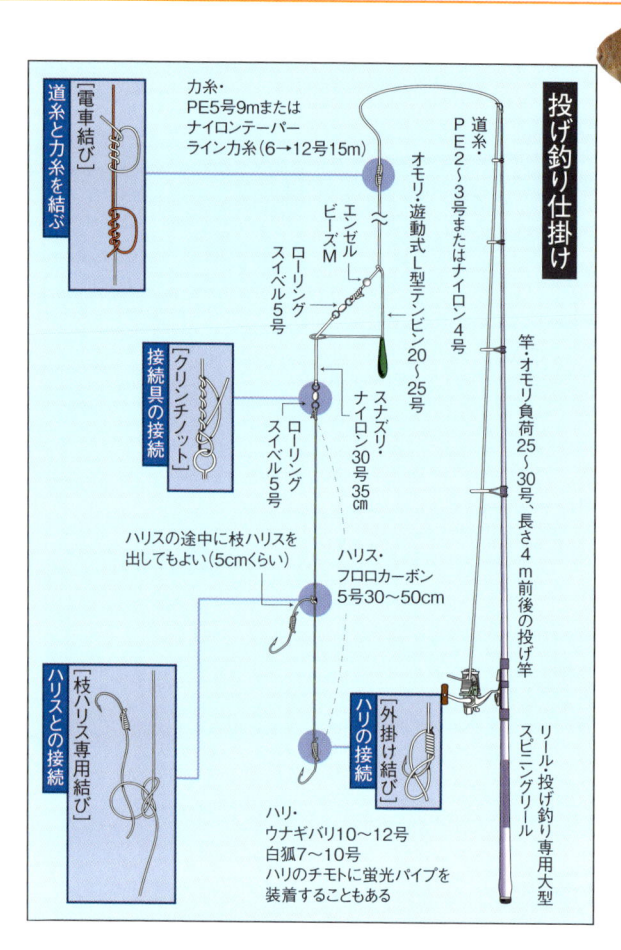

カワハギ filefish

エサをかすめ取るのが非常に上手な魚で、
ハリに掛けるのが難しい。
そこが釣り人を熱くさせる、魔性のターゲットだ

【フグ目カワハギ科】

分布／北海道以南〜東シナ海
全長／35センチ

岩礁帯のある砂地などを好む。体形は菱形。フグと同様、泳ぎながら一点に静止することができる。これを釣り人はヘリコプターにたとえて「ホバリング」というが、この状態でエサをつつくため、まったくアタリが出ないまま付けエサを取られてしまう。通称エサ取り名人。背ビレの第一棘と腹ビレは棘状で、とくに背ビレ側は鋭くなっている。オスは背ビレの第二軟条が糸状に伸びているので雄雌の見分けは簡単。全身がざらざらとした皮膚で覆われ、調理の際は簡単にはがれるのでこの名がある。漢字では皮剥

投げ釣り仕掛け

- 道糸と力糸を結ぶ［電車結び］
- 力糸・PE5号9mまたはナイロンテーパーライン力糸（6→12号15m）
- 道糸・PE2〜3号またはナイロン4号
- オモリ・遊動式L型テンビン20〜25号
- エンゼルビーズM
- ローリングスイベル5号
- 接続具の接続［クリンチノット］
- スナズリ・ナイロン30号35cm
- ローリングスイベル5号
- ハリスの途中に枝ハリスを出してもよい（5cmくらい）
- ハリス・フロロカーボン5号30〜50cm
- 枝ハリスとの接続［枝ハリス専用結び］
- ハリの接続［外掛け結び］
- ハリ・ウナギバリ10〜12号 白狐7〜10号 ハリのチモトに蛍光パイプを装着することもある
- 竿・オモリ負荷25〜30号、長さ4m前後の投げ竿
- リール・投げ釣り専用大型スピニングリール

投げ釣り

陸っぱりからのカワハギの釣り方は、投げ釣りと直下釣りに分けられる。

投げ釣りの特徴は、広範囲のポイントを探ることができること。また沖合の深場に着いた魚を狙うためか、ほかの釣り方に比べて釣れるサイズも大型が多い。とくに産卵前の乗っ込み期は大型個体が沖合の深場に群れていることが多く、このようなときには投げ釣りで狙うほうがいい。ただし投げ釣りで狙うことができるのは砂地。完全な岩礁帯は根掛かりの連続となる。また数を釣るためには、沖合の同じポイントに繰り返し投入できるキャスティング技術も必要だ。

108

ターゲット別仕掛けマニュアル
カワハギ filefish

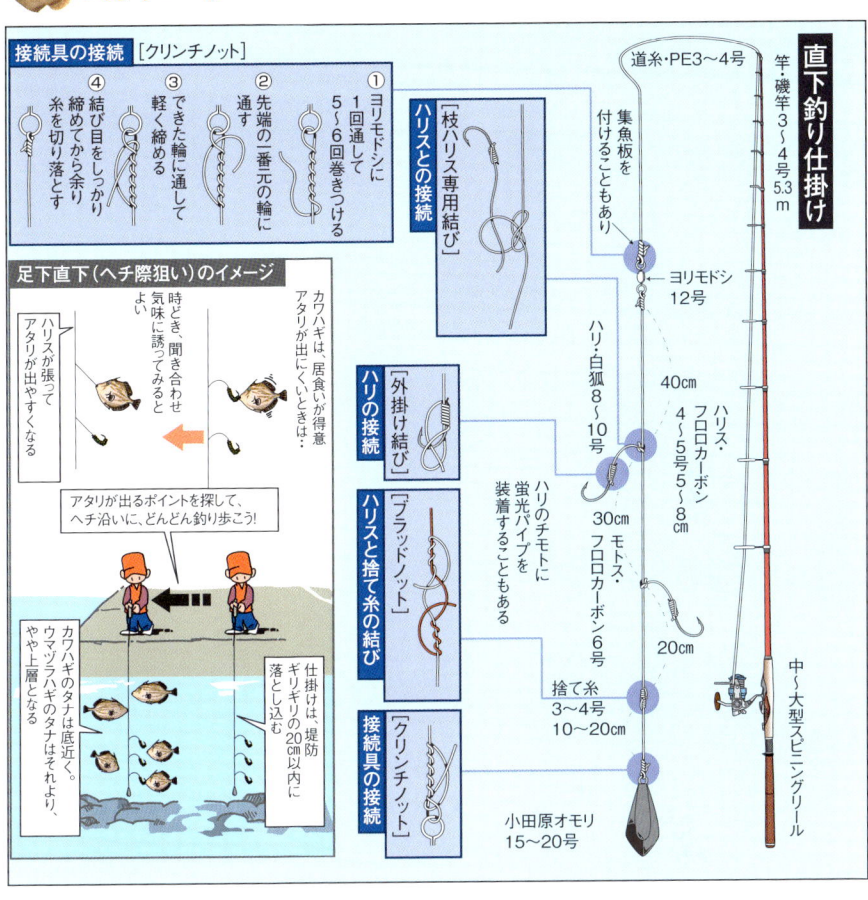

直下釣り仕掛け

竿・磯竿3～4号 5.3m
道糸・PE3～4号
集魚板を付けることもあり
ヨリモドシ 12号
ハリ・白狐8～10号
ハリス・フロロカーボン4～5号 5～8cm
40cm
ハリのチモトに蛍光パイプを装着することもある
モトス・フロロカーボン6号
30cm
20cm
捨て糸 3～4号 10～20cm
小田原オモリ 15～20号
中～大型スピニングリール

接続具の接続 ［クリンチノット］
① ヨリモドシに1回通して5～6回巻きつける
② 先端の一番元の輪に通す
③ できた輪に通して軽く締める
④ 結び目をしっかり締めてから余り糸を切り落とす

[ハリスとの接続] 枝ハリス専用結び

[ハリの接続] 外掛け結び

[ハリスと捨て糸の結び] ブラッドノット

[接続具の接続] クリンチノット

足下直下（ヘチ際狙い）のイメージ

カワハギは、居食いが得意。気味に誘ってみるとよい
時どき、聞き合わせアタリが出にくいときは…
ハリスが張ってアタリが出やすくなる

アタリが出るポイントを探して、ヘチ沿いに、どんどん釣り歩こう！

仕掛けは、堤防ギリギリの20cm以内に落とし込む

カワハギのタナは底近く、ウマヅラハギのタナはそれより、やや上層となる

直下釣り

一方、直下釣りとは文字どおり釣り座の直下を狙う釣法で、足下からある程度水深が欲しい。したがってポイントは渡船で渡る沖磯や沖堤などに多い。こちらは投げ釣りに比べてはるかに手返しがいいので、数釣りが期待できる。とくに秋はカワハギが大群となって磯際に集まるケースが多いため、場合によっては何十尾という大釣りもある。また投げ竿に比べかなり軟らかい竿を用いるため、魚の引きも楽しめる。

いずれの釣り方も、道糸は高感度なPEラインがベストで、一度カワハギ独特のアタリと引き味を体験してしまうと、病みつきになる人も多い。

カワハギのアタリはコンコンコンといった鋭いものだが、このときにやっきになって合わせる人がいるが、空振りに終わることが多い。とくに投げ釣りで狙う場合は、アタリのあと、ひと呼吸待ってからゆっくり竿先をあおる感じで合わせるといいだろう。

カワハギ filefish

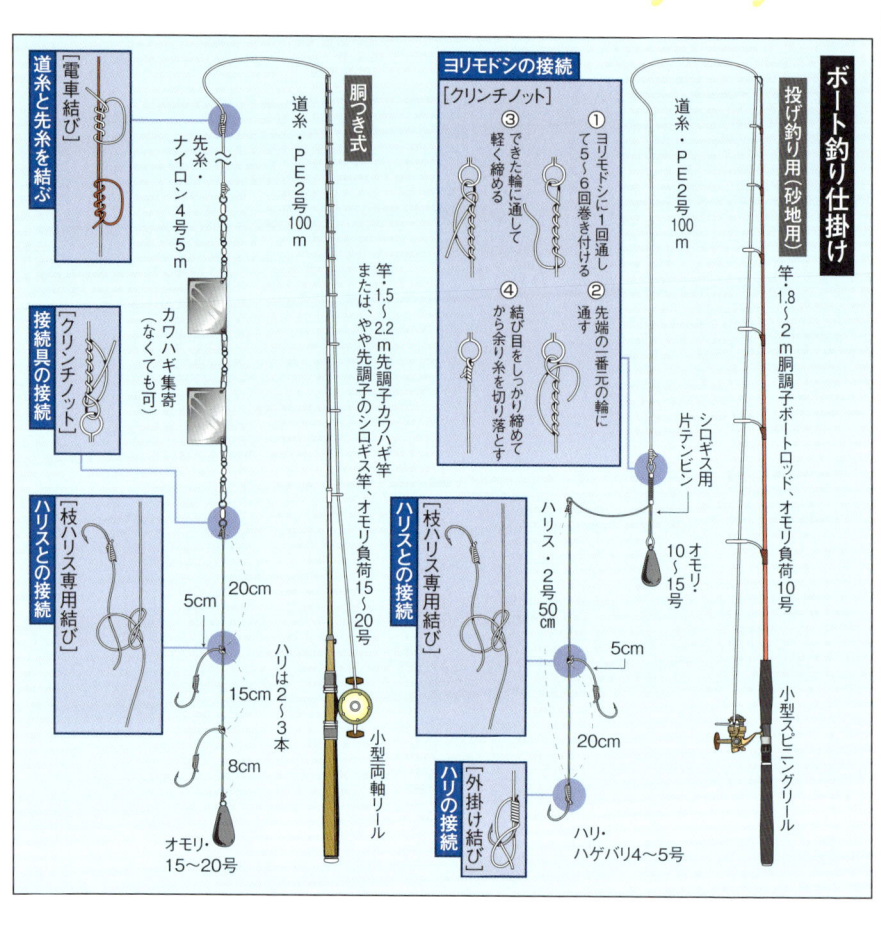

投げ釣り用（砂地用）

竿1.8～2m胴調子ボートロッド、オモリ負荷10号

道糸・PE2号100m

[ヨリモドシの接続]
[クリンチノット]
① ヨリモドシに1回通して5～6回巻き付ける
② できた輪に通して軽く締める
③ 先端の二番元の輪に通す
④ 結び目をしっかり締めてから余り糸を切り落とす

シロギス用片テンビン
オモリ10～15号
ハリス・2号50cm
5cm
20cm
ハリ・ハゲバリ4～5号
[外掛け結び]
[ハリの接続]
[枝ハリス専用結び]
[ハリスとの接続]
小型スピニングリール

ボート釣り仕掛け（胴つき式）

道糸・PE2号100m

[電車結び]
[道糸と先糸を結ぶ]
先糸・ナイロン4号5m

[クリンチノット]
[接続具の接続]
接続具（なくても可）
カワハギ集寄

竿・1.5～2.2m先調子カワハギ竿または、やや先調子のシロギス竿、オモリ負荷15～20号

20cm
5cm
15cm
8cm
ハリは2～3本
オモリ・15～20号
小型両軸リール
[枝ハリス専用結び]
[ハリスとの接続]

ボート釣り

ボートカワハギの仕掛けは胴つき2～3本バリ式。竿も先調子のいわゆるカワハギ竿がよいが、軽いオモリを使用するケースも多いので、竿先が軟らかいほうが釣りやすい。

狙うポイントは水深10メートル前後をメインに深くても20メートルくらいまでの岩礁周り。夏～秋の高水温期は根が近くにある砂地もよいポイントとなる。冬季は深場へ落ちるが、水深15メートルほどの岩礁周りで冬を越す魚もけっこういるため、冬のターゲットとしても人気がある。

エサ取り名人のカワハギを仕留めるには、仕掛けを投入したら絶えず竿先に神経を集中することが大切。誘いは底から約50センチオモリを上げるような感じ。少しでも竿先に異常を感じたら合わせてみること。けっこう頻繁にアタリは出るが、なかなかハリ掛かりしないというのがこの釣りの悩ましいところで、釣り人はいつの間にか熱くさせられてしまう。

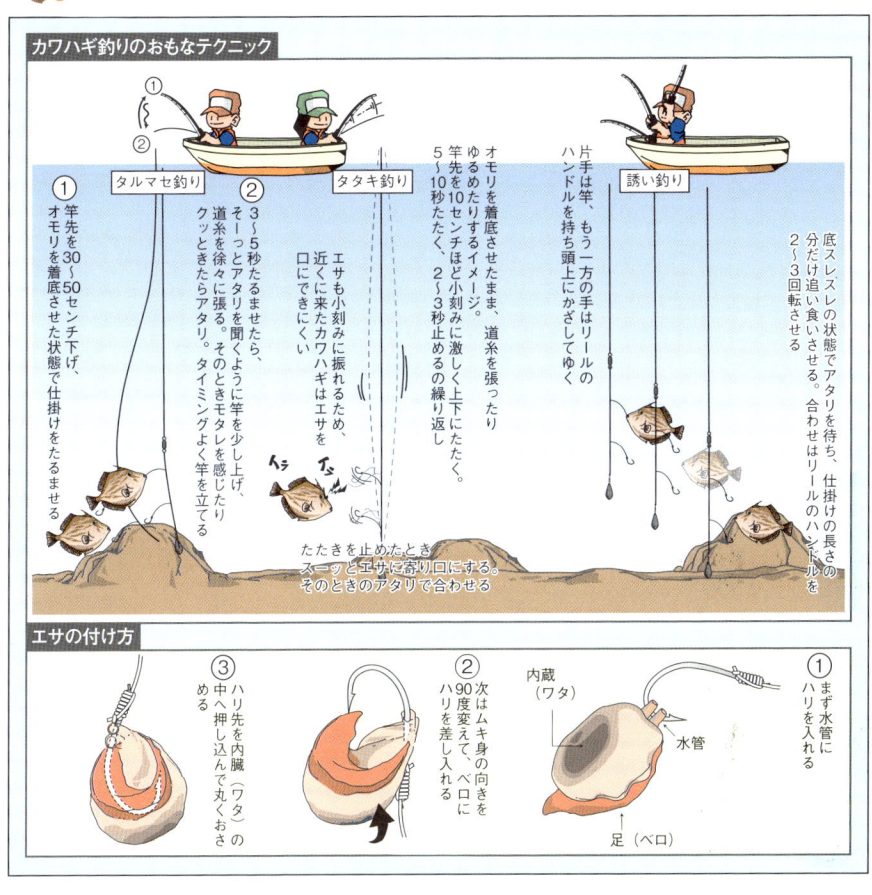

ターゲット別仕掛けマニュアル
カワハギ filefish

カワハギ釣りのおもなテクニック

① タルマセ釣り
竿先をオモリを30～50センチ下げ、オモリを着底させた状態で仕掛けをたるませる

② タタキ釣り
3～5秒たるませて、そーっとアタリを聞くように道糸を徐々に張る。近くに来たカワハギはエサを口にできにくい。クッときたらアタリ。そのときモタレを感じたりタイミングよく竿を立てる

エサも小刻みに振れるため、近くに来たカワハギはエサを口にできにくい

オモリを着底させたまま、ゆるめたり張ったりするイメージ。竿先を10センチほど小刻みに激しく上下にたたく。2～3秒止めるの繰り返し

たたきを止めたときスーッとエサに寄り口にする。そのときのアタリで合わせる

誘い釣り
片手は竿、もう一方の手はリールのハンドルを持ち頭上にかざしてゆく

底スレスレの状態でアタリを待ち、仕掛けの長さの分だけ追い食いさせる。合わせはリールのハンドルを2～3回転させる

エサの付け方

① まず水管にハリを入れる
内蔵（ワタ）／水管／足（ベロ）

② 次はムキ身の向きを90度変えて、ベロにハリを差し入れる

③ ハリ先を内臓（ワタ）の中へ押し込んで丸くおさめる

　この難しさ、ゲーム性の高さが人気の秘密だ。とにかく合わせのタイミングの難しさは、数ある釣りのなかでも一、二を争うほど。ベテラン釣り師の釣り方を見たり、色いろ研究をして腕を磨きたい。

　カワハギ仕掛けで特徴的なことは、集魚板や蛍光玉を付けてカワハギの好奇心を刺激し寄せるというもの。効果もある程度期待できるようだ。とはいえ、やはりこの釣りのキモは、アタリの取り方に全神経を注ぎ、合わせのタイミングを習得することに尽きる。

　エサは、なんといってもアサリのムキ身が一番。ムキ身に塩をして冷凍したものでもよいが、その日殻を取った新しいもののほうが食いはよい。

　ハリに付ける際は、ベロか水管の硬い所から刺して、ワタの軟らかい部分をハリのフトコロにしまうようにしてハリ先をその中にかくす。

　外道ではウマヅラハギも釣れてくる。カワハギとは比較的近種の関係で、負けず劣らず美味な魚だ。釣れたらぜひ持ち帰ってほしい。

キュウセン

関西方面では人気のターゲット。投げ釣りではおもに中大型を狙う。ほかにミャク釣りやウキ釣りなど釣り方のバリエーションも豊富

【スズキ目ベラ科】

分布／佐渡島・函館以南〜九州、朝鮮半島、福建、広東
全長／35センチ

ベラの仲間は数多いが、最も普通に見られるのが本種。名の由来は、体側を9本の縦帯が走ることから。体色はオスは青緑色、メスは赤みが強いため、オスをアオベラ、メスをアカベラと呼ぶこともある。岩礁交じりの砂地に好んで棲み、オスは単独行動が多く、メスは数尾で小さな群れを作って泳ぎ回ることが多い。夜間は砂に潜って眠る。関西では南蛮漬けなどで珍重されるが、関東ではほとんど食べない。関西方面ではギザミとも呼ばれる。漢字では九線

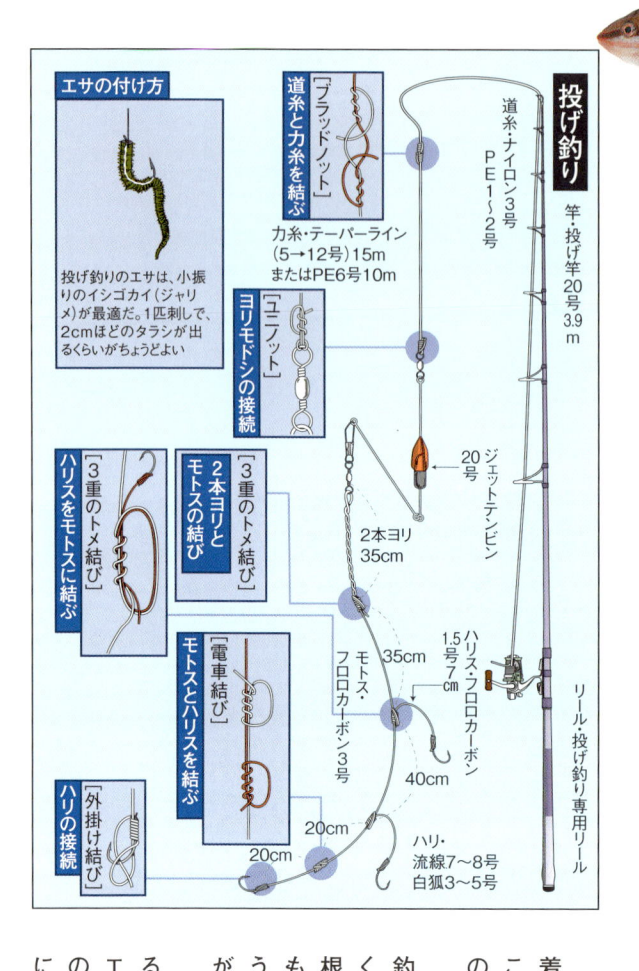

投げ釣り

- 竿・投げ竿20号 3.9m
- 道糸・ナイロン3号 PE1〜2号
- 力糸・テーパーライン（5→12号）15m またはPE6号10m
- ［ブラッドノット］道糸と力糸を結ぶ
- ［ユニノット］ヨリモドシの接続
- ジェットテンビン 20号
- 2本ヨリ 35cm
- ［3重のトメ結び］2本ヨリとモトスの結び
- ［3重のトメ結び］ハリスをモトスに結ぶ
- モトス・フロロカーボン3号
- ［電車結び］モトスとハリスを結ぶ
- ハリス・フロロカーボン1.5号7cm
- 35cm / 40cm / 20cm / 20cm
- ハリ・流線7〜8号 白狐3〜5号
- ［外掛け結び］ハリの接続
- リール・投げ釣り専用リール

エサの付け方

投げ釣りのエサは、小振りのイシゴカイ（ジャリメ）が最適だ。1匹刺しで、2cmほどのタラシが出るくらいがちょうどよい

キュウセンは海藻の繁茂する岩礁帯を着き場とするが、夜間は砂に潜って眠ることから、沈み根交じりの砂地が数釣りの好ポイントになる。

こういった所では3本バリ程度の引き釣り（投げた仕掛けをゆっくりサビいてくる）で狙うのが得策だ。多本バリでは根掛かりしやすく、逆にハリが少なくても効率が悪い。シロギスを引き釣りで狙う要領で積極的にアプローチすることが、数を釣るうえでの最も大事な点。

アタリは鋭く、ゴツゴツと竿先に伝わるが、エサ取りの代表選手だけあって、エサをかじり取られることも多い。エサのイシゴカイ（ジャリメ）は極力小さめにハリ付けすることがコツだ。アタリが

ターゲット別仕掛けマニュアル
キュウセン multicolorfin rainbowfish

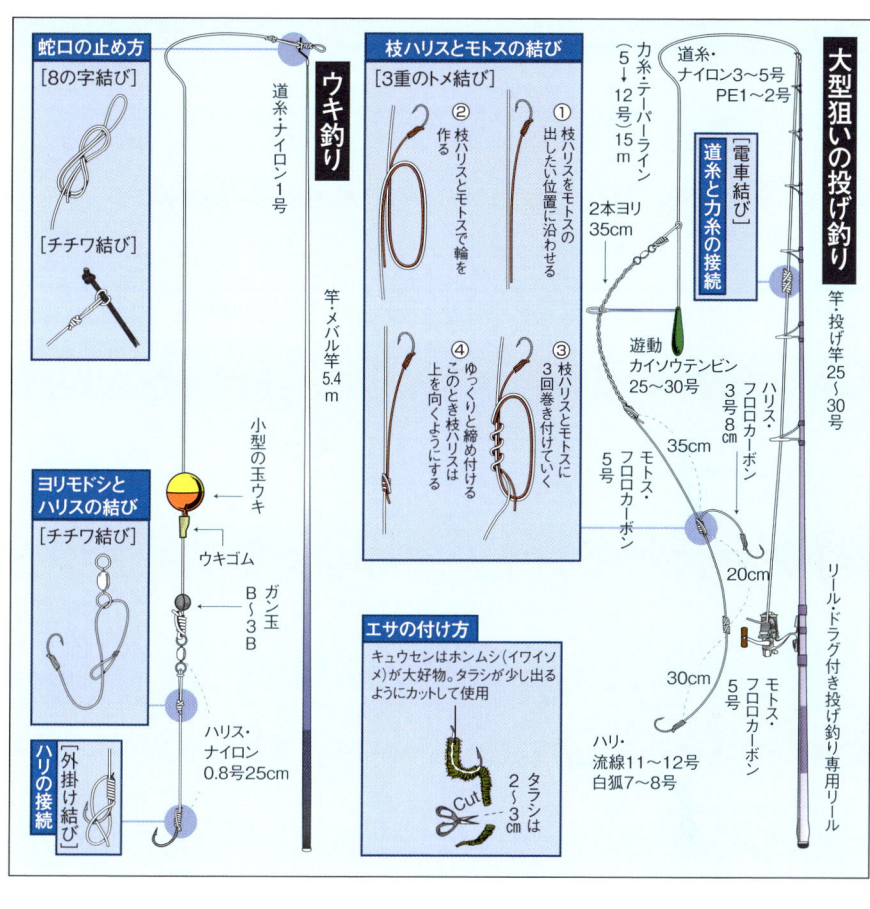

蛇口の止め方
[8の字結び]
[チチワ結び]
道糸・ナイロン1号

ウキ釣り
竿・メバル竿 5.4m

枝ハリスとモトスの結び
[3重のトメ結び]
① 枝ハリスの出したい位置に沿わせる
② 枝ハリスをモトスで輪を作る
③ ゆっくりと締め付ける　このとき枝ハリスは上を向くようにする
④ 枝ハリスとモトスに3回巻き付けていく

ヨリモドシとハリスの結び
[チチワ結び]
小型の玉ウキ
ウキゴム
ガン玉 B～3B
ハリス・ナイロン 0.8号 25cm

ハリの接続
[外掛け結び]

エサの付け方
キュウセンはホンムシ（イワイソメ）が大好物。タラシが少し出るようにカットして使用
タラシは2～3cm
Cut

大型狙いの投げ釣り
竿・投げ竿 25～30号
道糸・ナイロン 3～5号
PE 1～2号
力糸・テーパーライン 5→12号 15m

道糸と力糸の接続
[電車結び]
2本ヨリ 35cm
遊動カイソウテンビン 25～30号
ハリス・フロロカーボン 3号 8cm
35cm
モトス・フロロカーボン 5号
20cm
モトス・フロロカーボン 5号
30cm
ハリ・流線11～12号 白狐7～8号
リール・ドラグ付き投げ釣り専用リール

　あれば即合わせる。シロギスとはひと味違った横走りするファイトを楽しむことができるだろう。
　一方、大型狙いでは、磯場など根のきつい所が好ポイント。タックルをひと回りヘビーなものにして、置き竿で狙うのが基本である。
　大型狙いのエサにはイワイソメがよく使われるため、アタリがあればひと呼吸おいてからしっかり合わせる。
　また、一般的には「キュウセン＝投げ釣りターゲット」と認識されているが、実際には意外なほど足元近くに寄っている。砂浜と隣接する小磯などでは、ノベ竿を使っての簡単に釣れるはずだ。
　足下から水深があって、海藻が繁茂する小磯の岩礁帯ならどこでもポイントになる。探り釣りでもよいけれど、冷凍のアミブロックを持ち込んで、パラパラとまき続ければ同じ場所で釣れ続く。ウキがスパッと入るアタリは、やはりキュウセンならでは。カワハギやシマダイも交じるので五目釣りが楽しめる。

クエ(モロコ・アラ)

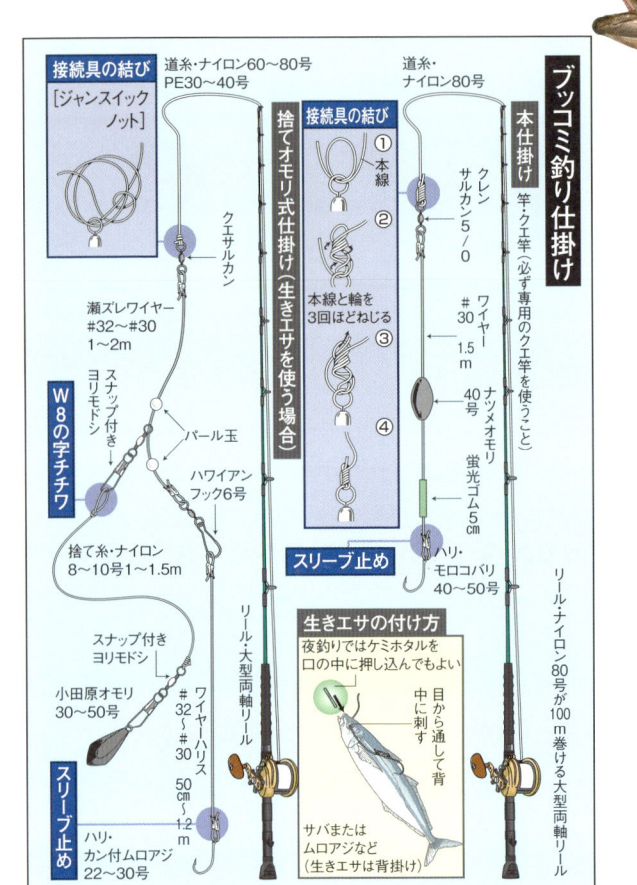

longtooth grouper

クエ、モロコは磯から狙える最大魚。大きなものは100キロを超えるスーパーヘビーターゲットだ。タックルや仕掛けも専用のものが必要だ

【スズキ目ハタ科】

分布／南日本、上海～北海の中国沿岸、フィリピン
全長／130センチ

ハタの仲間で、成体は体長1メートルを超える大型種。体色は淡褐色に暗褐色の6～7本の横帯が斜めに入る。これは老成するにしたがって不鮮明になる傾向がある。船釣りでは水深100メートルくらいまでを狙うが、磯釣りで狙うポイントはもっと浅い。岩礁やサンゴ礁に棲息し、群れを作らず、岩礁域の岩穴に単独で暮らす。昼間は穴の中に潜み、夜間、イカや魚などのエサを求めて活動する。産卵期は6月ごろ。非常に美味な魚で、刺身や鍋料理が有名。旬は冬。地方によってモロコ、アラ、クエマスなどと呼ばれる。漢字では九絵

ブッコミ釣り仕掛け

本仕掛け 竿・クエ竿(必ず専用のクエ竿を使うこと)

- 道糸・ナイロン80号
- クレンサルカン5/0
- ワイヤー#30 1.5m
- ナツメオモリ 40号
- 蛍光ゴム 5cm
- ハリ・モロコバリ 40～50号
- リール・ナイロン80号が100m巻ける大型両軸リール

接続具の結び
① 本線
②
③ 本線と輪を3回ほどねじる
④

捨てオモリ式仕掛け(生きエサを使う場合)

- 道糸・ナイロン60～80号 PE30～40号
- クエサルカン
- 瀬ズレワイヤー #32～#30 1～2m
- スナップ付きヨリモドシ
- パール玉
- ハワイアンフック6号
- 捨て糸・ナイロン 8～10号 1～1.5m
- スナップ付きヨリモドシ
- 小田原オモリ 30～50号
- ワイヤーハリス #32～#30 50cm～1.2m
- ハリ・カン付ムロアジ 22～30号
- リール・大型両軸リール

接続具の結び [ジャンスイックノット]

W8の字チチワ

スリーブ止め

生きエサの付け方

夜釣りではケミホタルを口の中に押し込んでもよい
目から通して背中に刺す
サバまたはムロアジなど(生きエサは背掛け)

クエはハタ科に属する魚で、体長は1メートルを超え、体重50キロにも成長する巨魚。九州ではアラ、関東では一般にモロコの名で呼ばれる。まさに荒磯の帝王だ。

ポイントは海底にエグレがある磯際近くで、潮が直接当たる場所よりは潮が弛んだ場所を好む。潮裏の反転流がゆるやかに当たっているような所だ。ここへイワシやムロアジなどのコマセを入れてから、ブッコミ仕掛けを投入し、頑強な竿掛けに竿をセットしてアタリを待つ。

日中も釣れるが、本来は夜行性の強い魚なので、専門に大物を狙う場合には夜釣りが主体となる。夜は住処から出て中層を泳ぐこともあるため、ウキ釣りで狙

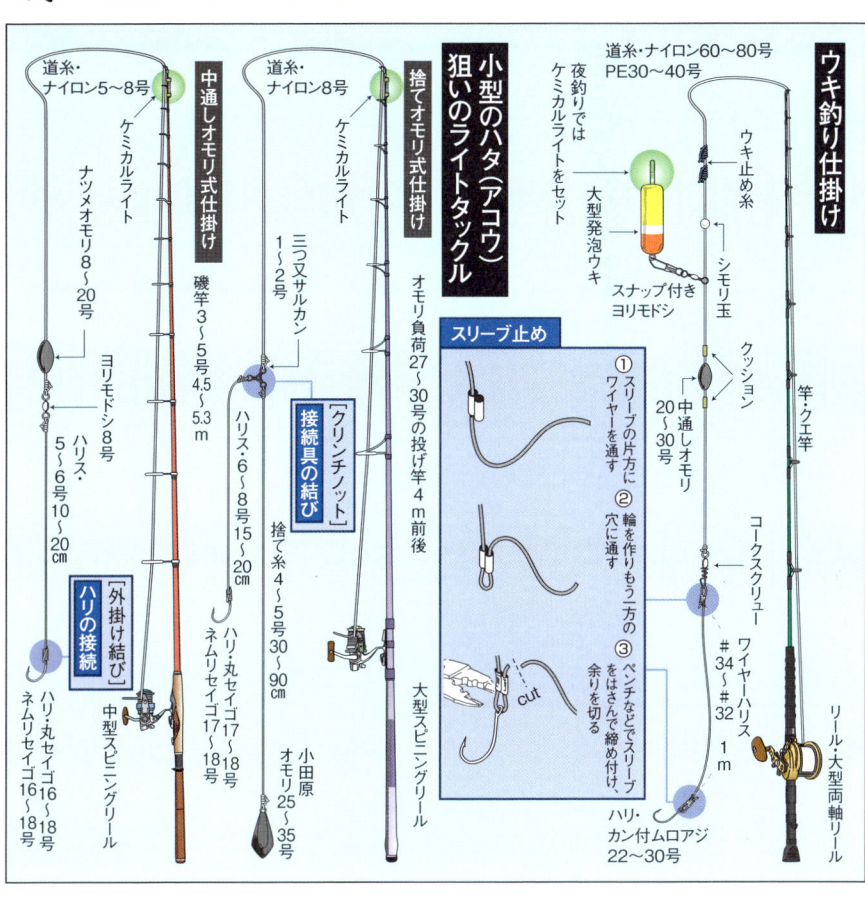

ターゲット別仕掛けマニュアル
クエ longtooth grouper

ウキ釣り仕掛け

- 道糸・ナイロン60～80号 PE30～40号
- 夜釣りではケミカルライトをセット
- ウキ止め糸
- 大型発泡ウキ
- スナップ付きヨリモドシ
- シモリ玉
- クッション
- 中通しオモリ20～30号
- コークスクリュー
- ワイヤーハリス #34～#32 1m
- ハリ・カン付ムロアジ22～30号
- 竿・クエ竿
- リール・大型両軸リール

スリーブ止め
① スリーブの片方にワイヤーを通す
② 輪を作りもう一方の穴に通す
③ ペンチなどでスリーブをはさんで締め付け、余りを切る
cut

小型のハタ(アコウ)狙いのライトタックル

捨てオモリ式仕掛け
- 道糸・ナイロン8号
- ケミカルライト
- オモリ負荷27～30号の投げ竿4m前後
- 三又サルカン1～2号
- ハリス6～8号15～20cm
- 捨て糸4～5号30～90cm
- ハリ・丸セイゴ17～18号 ネムリセイゴ17～18号
- 小田原オモリ25～35号
- 大型スピニングリール

中通しオモリ式仕掛け
- 道糸・ナイロン5～8号
- ケミカルライト
- 磯竿3～5号4.5～5.3m
- ナツメオモリ8～20号
- ヨリモドシ8号
- ハリス5～6号10～20cm
- ハリ・丸セイゴ16～18号 ネムリセイゴ16～18号
- 中型スピニングリール

「クリンチノット」接続具の結び

「外掛け結び」ハリの接続

うほうが効果的というケースもある。ウキはケミカルライトを装着できる大型発泡ウキを使うが、ふくらませた風船にケミカルライトを入れたものやペットボトルでも代用可能だ。ハリスにはワイヤーやケブラーなどが使われ、仕掛け作りは頑強一点張りが基本である

同じ仕掛けにイソマグロやロウニンアジ、フエフキダイなどが飛びつくことも多いが、ウツボやエイやサメなどの「招かれざる客」がヒットしてしまうことも少なくない。

また、クエの仲間であるマハタやキジハタは、30～40センチ級のサイズを堤防や磯からライトタックルで狙うこともできる。とくにキジハタは関西ではアコウと呼ばれ、堤防釣りの人気ターゲット。両魚種ともに、仕掛けは根掛かり対策を優先して捨てオモリ式あるいは中通しオモリを用いたスタイルが一般的だ。ハリスも短めのほうが、ハリ掛かりした魚に根に潜られる危険が小さくなる。エサにはサンマの切り身や、小アジ・イワシなどの1匹掛けを用いる。

クロダイ

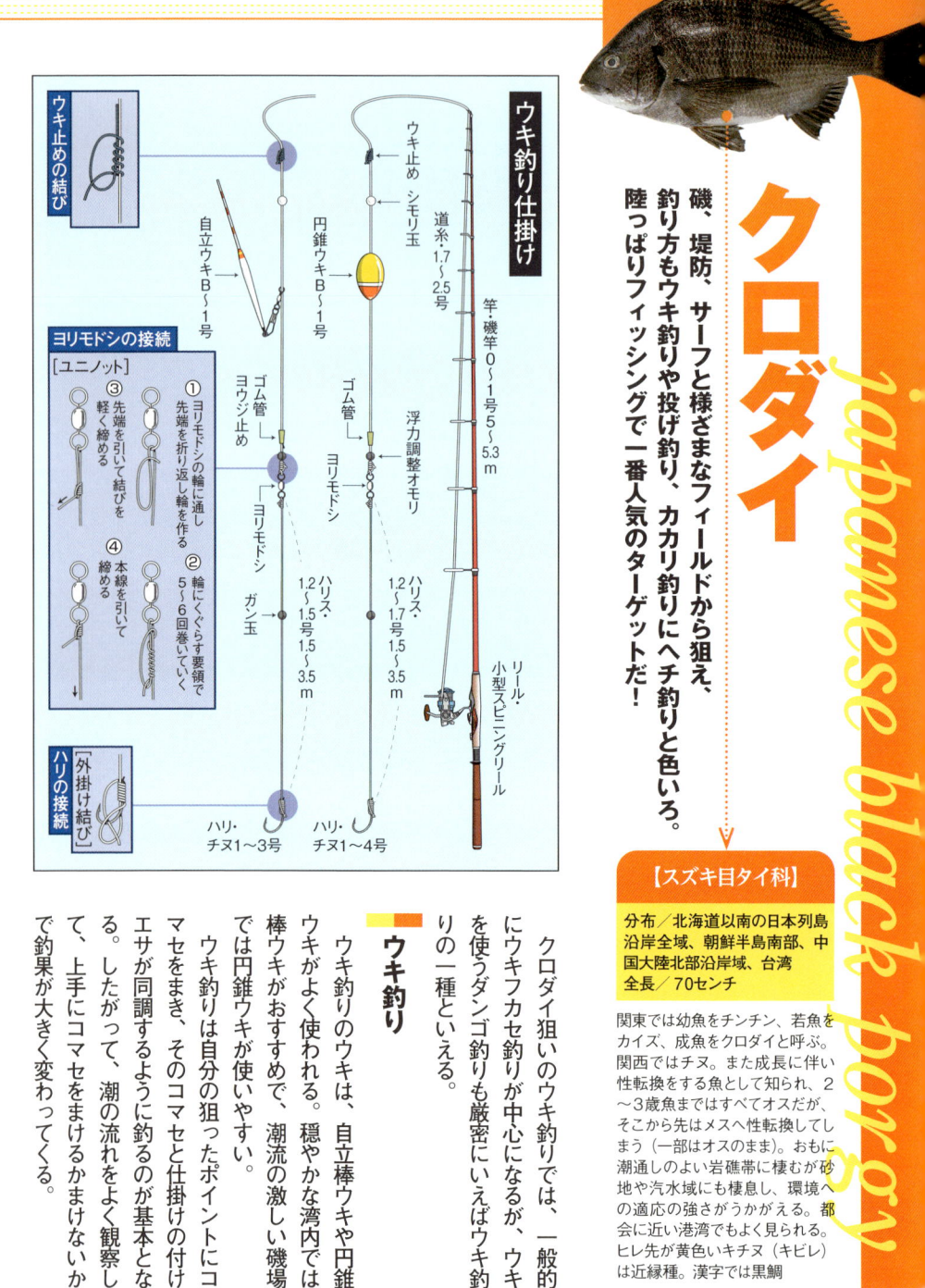

japanese black porgy

磯、堤防、サーフと様々なフィールドから狙え、釣り方もウキ釣りや投げ釣り、カカリ釣りにヘチ釣りと色いろ。陸っぱりフィッシングで一番人気のターゲットだ！

【スズキ目タイ科】

分布／北海道以南の日本列島沿岸全域、朝鮮半島南部、中国大陸北部沿岸域、台湾
全長／70センチ

関東では幼魚をチンチン、若魚をカイズ、成魚をクロダイと呼ぶ。関西ではチヌ。また成長に伴い性転換をする魚として知られ、2～3歳魚まではすべてオスだが、そこから先はメスへ性転換してしまう（一部はオスのまま）。おもに潮通しのよい岩礁帯に棲むが砂地や汽水域にも棲息し、環境への適応の強さがうかがえる。都会に近い港湾でもよく見られる。ヒレ先が黄色いキチヌ（キビレ）は近縁種。漢字では黒鯛

ウキ釣り仕掛け

ウキ止めの結び

- 自立ウキB～1号
- 道糸：1.7～2.5号
- ウキ止め
- シモリ玉
- 円錐ウキB～1号
- 竿・磯竿0～1号5～5.3m
- 浮力調整オモリ
- ゴム管
- ヨウジ止め
- ヨリモドシ
- ガン玉
- ハリス：1.2～1.5号1.5～3.5m
- ハリス：1.2～1.7号1.5～3.5m
- ハリ・チヌ1～3号
- ハリ・チヌ1～4号
- リール・小型スピニングリール

ヨリモドシの接続 [ユニノット]
① ヨリモドシの輪に通し先端を折り返し輪を作る
② 輪にくぐらす要領で5～6回巻いていく
③ 先端を引いて結びを軽く締める
④ 本線を引いて締める

ハリの接続 [外掛け結び]

ウキ釣り

クロダイ狙いのウキ釣りでは、一般的にウキフカセ釣りが中心になるが、ウキを使うダンゴ釣りも厳密にいえばウキ釣りの一種といえる。

ウキ釣りのウキは、自立棒ウキや円錐ウキがよく使われる。穏やかな湾内では棒ウキがおすすめで、潮流の激しい磯場では円錐ウキが使いやすい。

ウキ釣りは自分の狙ったポイントにコマセをまき、そのコマセと仕掛けの付けエサが同調するように釣るのが基本となる。したがって、潮の流れをよく観察して、上手にコマセをまけるかまけないかで釣果が大きく変わってくる。

ターゲット別仕掛けマニュアル
クロダイ japanese black porgy

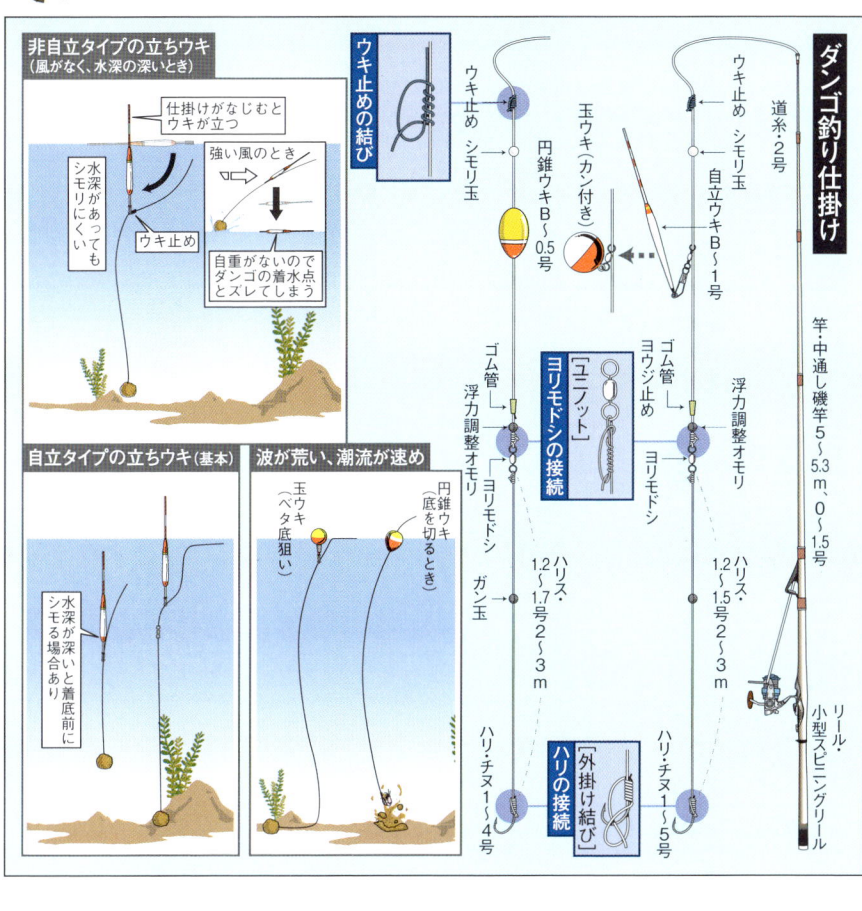

ダンゴ釣り仕掛け

- 竿・中通し磯竿 5～5.3m、0～1.5号
- 道糸・2号
- ウキ止め、シモリ玉
- 自立ウキB～1号
- 玉ウキ（カン付き）
- 円錐ウキB～0.5号
- ウキ止めの結び
- ゴム管、浮力調整オモリ、ヨリモドシ、ヨウジ止め
- [ユニノット] ヨリモドシの接続
- ハリス・1.2～1.5号 2～3m
- ハリス・1.2～1.7号 2～3m
- ガン玉
- ハリ・チヌ1～5号
- ハリ・チヌ1～4号
- [外掛け結び] ハリの接続
- リール・小型スピニングリール

非自立タイプの立ちウキ（風がなく、水深の深いとき）
- 仕掛けがなじむとウキが立つ
- 水深があってもシモリにくい
- ウキ止め、シモリ玉
- 強い風のとき：自重がないのでダンゴの着水点とズレてしまう

自立タイプの立ちウキ（基本）
- 水深が深い場合ありシモる着底前に

波が荒い、潮流が速め
- 玉ウキ（ベタ底狙い）
- 円錐ウキ（底を切るとき）

ダンゴ釣り

ダンゴ釣りでは自立または非自立の棒ウキ、円錐ウキ、玉ウキ、ソロバンウキ、寝ウキなど色いろなウキを使用する。どれを選ぶかは好みでよく、磯でのダンゴ釣りでは円錐ウキや玉ウキがおすすめ。

この釣り方は、ここぞと決めた根掛かりのないポイントにダンゴを投げ込みクロダイを寄せて釣る方法で、エサ取りが活発になる夏から秋にかけてが最盛期。エサ取りが多くウキフカセ釣りでは釣りにくくなるころからがおもしろい。

ウキ下は底をわずかに切ったところから、ベタ底まで臨機応変に攻めてみたい。ただし大型狙いでは、ベタ底狙いのほうがよいだろう。

ウキ下は、堤防周りではよほど深い所を除いて底に合わせる。釣り人が多く魚がスレている場所では、水深よりもウキ下を深くしてのベタ底狙いが有利だ。また水深の深い磯場では、中層狙いから始めて、アタリがなければウキ下を深くしていく方法がよい。

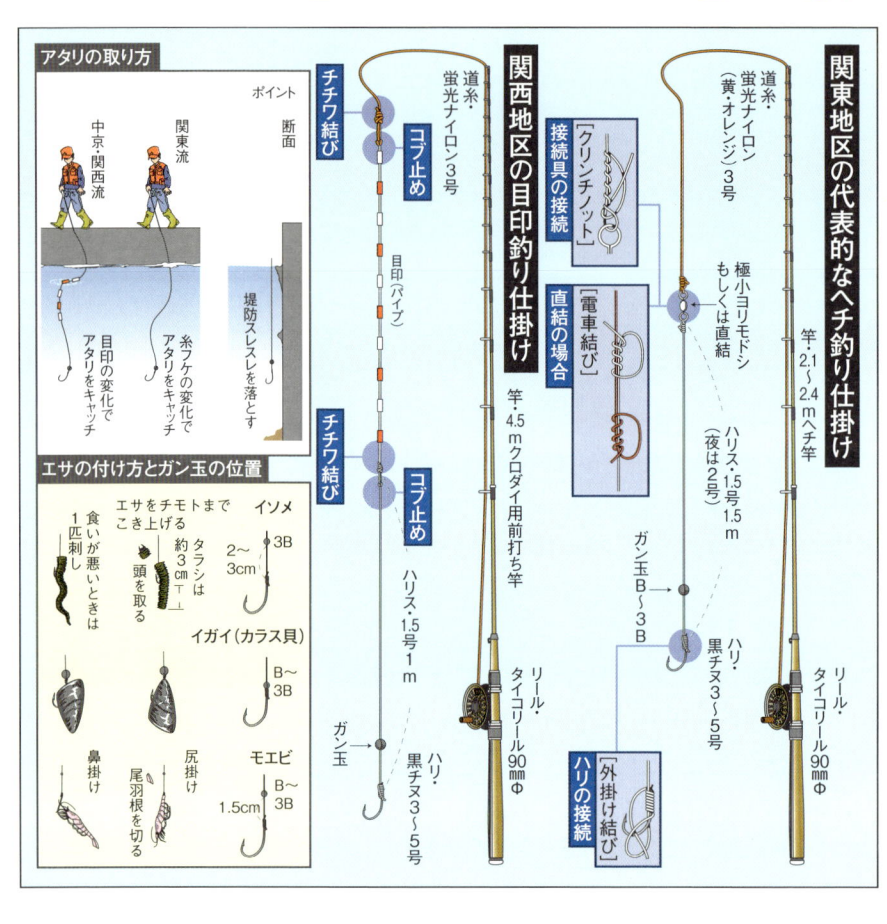

クロダイ
japanese black porgy

関東地区の代表的なヘチ釣り仕掛け

- 竿: 2.1〜2.4mヘチ竿
- 道糸: 蛍光ナイロン(黄・オレンジ)3号
- [クリンチノット] 接続具の接続
- 極小ヨリモドシ もしくは直結
- ハリス 1.5号 1.5m (夜は2号)
- [電車結び] 直結の場合
- ガン玉 B〜3B
- [外掛け結び] ハリの接続
- ハリ: 黒チヌ3〜5号
- リール: タイコリール90mmΦ

関西地区の目印釣り仕掛け

- 竿: 4.5mクロダイ用前打ち竿
- 道糸: 蛍光ナイロン3号
- チチワ結び
- コブ止め
- 目印(パイプ)
- チチワ結び
- コブ止め
- ハリス: 1.5号 1m
- ガン玉
- ハリ: 黒チヌ3〜5号
- リール: タイコリール90mmΦ

アタリの取り方
- 関東流: 糸フケの変化でアタリをキャッチ
- 中京・関西流: 目印の変化でアタリをキャッチ
- ポイント・断面・堤防スレスレに落とす

エサの付け方とガン玉の位置
- **イソメ**: タラシは約3cm、頭を取る、2〜3cm、3B、食いが悪いときは1匹刺し、エサをチモトまでこき上げる
- **イガイ(カラス貝)**: 鼻掛け、尻掛け、尾羽根を切る、B〜3B
- **モエビ**: 1.5cm、B〜3B

ヘチ釣り

関東では2.1〜2.4メートル程度の専用短竿を使って、フケる道糸の変化でアタリを取る釣り方がヘチ釣りの基本だ。中京から関西にかけては4.5メートル程度の竿を使って、パイプの目印を何個も付けた仕掛けでアタリを取る。

仕掛けは道糸(あるいはパイプ目印)の先には1.5号のハリスを1ヒロ程度結ぶ。ハリは好みにもよるが、黒チヌの3〜5号がよく使われる。

カニやイガイのツブをエサにするときはハリ軸にガン玉をかませるかハリ上5センチほどにガン玉を打つといいだろう。虫エサや生きエビをエサにするときは、ハリ上5センチほどにガン玉を打つ。

堤壁狙いでは壁スレスレにエサを落とす状態で誘う。沖目狙いでは、沖に入れた仕掛けが着底したらジワーッと聞き上げ、次に潮に乗せてユラーッと流しながら落とす誘いを繰り返す。糸フケやパイプの動きになんらかの変化があった場合は、それがアタリだ。

ターゲット別仕掛けマニュアル

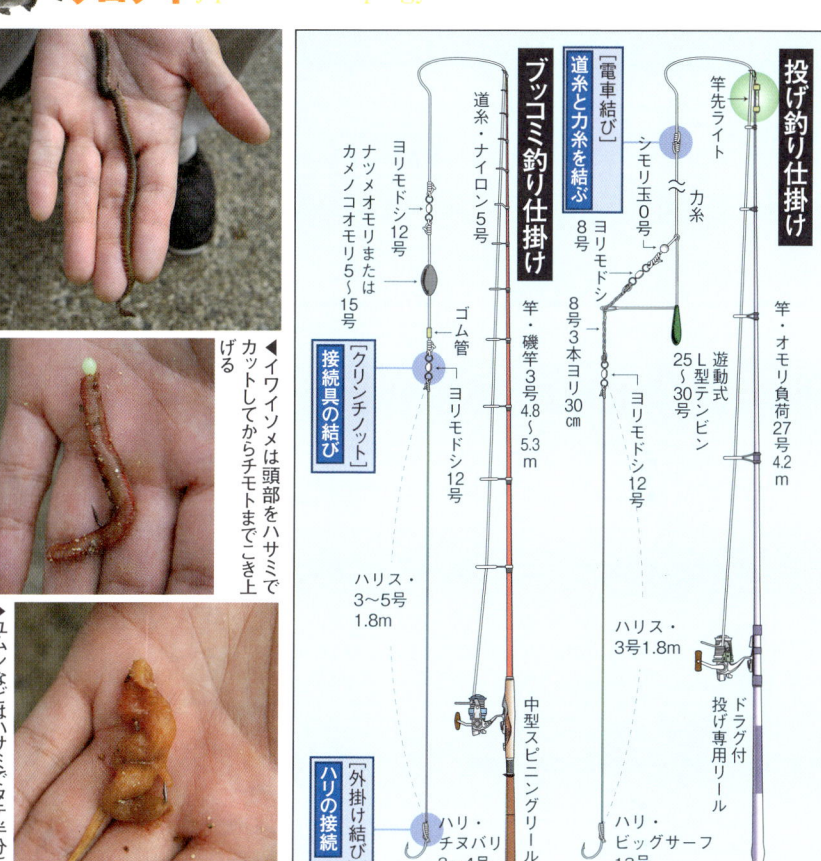

クロダイ japanese black porgy

▶アオイソメは1匹通し刺しにする

◀イワイソメは頭部をハサミでカットしてからチモトまでこき上げる

▶ユムシなどはハサミでタテ半分に切り、縫い刺しにする

ブッコミ釣り仕掛け

[電車結び] 道糸と力糸を結ぶ

道糸・ナイロン5号

ナツメオモリまたはカメノコオモリ5〜15号

ヨリモドシ12号

ゴム管

ヨリモドシ12号

竿・磯竿3号4.8〜5.3m

中型スピニングリール

[クリンチノット] 接続具の結び

ハリス・3〜5号1.8m

[外掛け結び] ハリの接続

ハリ・チヌバリ3〜4号

投げ釣り仕掛け

竿先ライト

シモリ玉0号

力糸

ヨリモドシ8号

遊動式L型テンビン25〜30号

8号3本ヨリ30cm

ヨリモドシ12号

竿・オモリ負荷27号4.2m

ドラグ付投げ専用リール

ハリス・3号1.8m

ハリ・ビッグサーフ13号

投げ釣り

投げ釣りの場合は4〜12月ごろまでがクロダイの釣期となる。とくに産卵前の4〜5月は大型狙いのベストシーズン。水深が20メートル以上ある場所や潮流の速い場所でクロダイを狙う場合、オモリ負荷30〜35号の腰のしっかりした投げ竿を用意したい。玉網も必需品だ。

オモリは遊動式L型テンビンの30号を基本に、潮流の速い場所では改良テンビン+関門オモリのような潮流に流されにくいタイプのものを用いる。

一方、水深の浅い岩礁帯や河口域で狙う場合は、穂先の軟らかい3〜4号クラスの磯竿に中通しオモリの5〜15号を用いたブッコミ釣りスタイルが適している。この場合、ハリスは3号程度とやや細めが魚の食いはよい。

エサはアオイソメでも釣れないことはないがイワイソメがベスト。長さ10センチくらいに切って刺し、ハリ上までコキ上げることが重要。ハリからのタラシは2〜5センチほどにする。

119

クロダイ

japanese black porgy

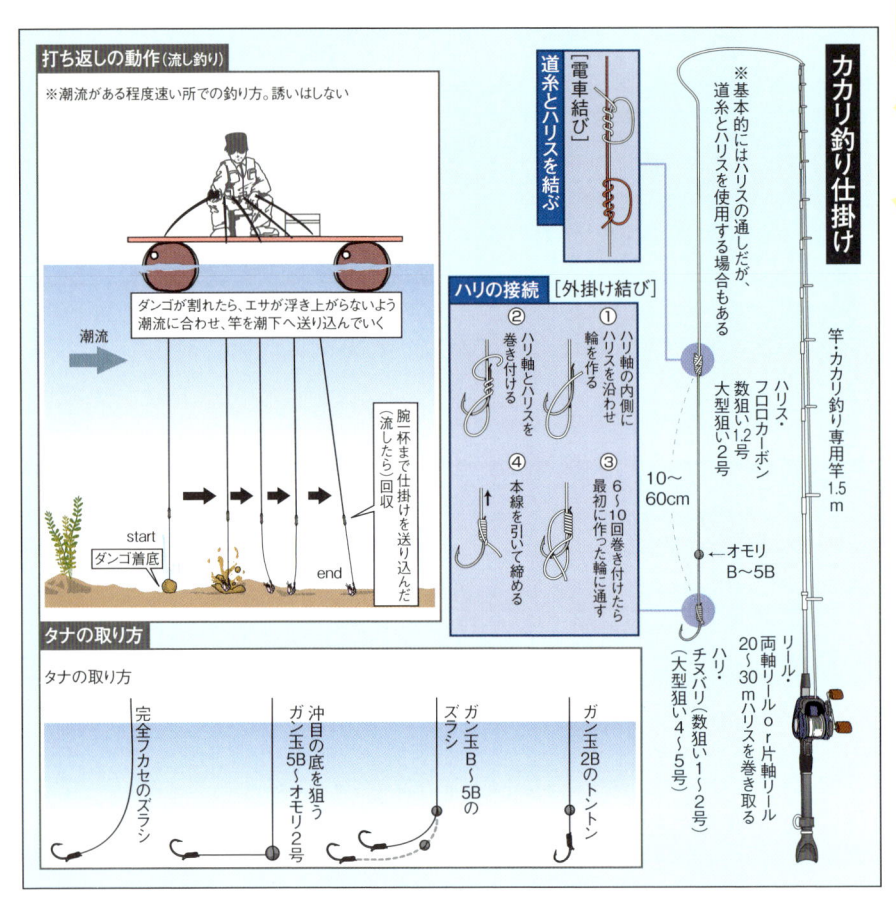

カカリ釣り仕掛け

竿：カカリ釣り専用竿 1.5m

リール：両軸リール or 片軸リール 20～30mハリスを巻き取る

ハリス：フロロカーボン 数狙い1.2号 大型狙い2号

※基本的にはハリスの通しだが、道糸とハリスを使用する場合もある

[電車結び] 道糸とハリスを結ぶ

オモリ B～5B

ハリ：チヌバリ（数狙い1～2号）（大型狙い4～5号）

10～60cm

ハリの接続 [外掛け結び]

① ハリ軸の内側にハリスを沿わせ輪を作る
② ハリ軸とハリスを巻き付ける
③ 6～10回巻き付けたら最初に作った輪に通す
④ 本線を引いて締める

打ち返しの動作（流し釣り）

※潮流がある程度速い所での釣り方。誘いはしない

潮流 →

ダンゴが割れたら、エサが浮き上がらないよう潮流に合わせ、竿を潮下へ送り込んでいく

腕一杯まで仕掛けを送り込んだ（流したら）回収

start ダンゴ着底 → → → end

タナの取り方

| 完全フカセのズラシ | 沖目の底を狙う ガン玉5B～オモリ2号 | ガン玉5B～Bのズラシ | ガン玉2Bのトントン |

カカリ釣り

カカリ釣りとは繊細な竿先を持つ専用の竿を駆使し、ダンゴにくるんだ付けエサを海底へと届けクロダイを仕留める釣法である。なかでも竿の役割は大きく、一連の動作を無駄なくスムーズに行うためにはカカリ専用の1.5メートル前後のものがよい。

リールは一般的には両軸の上向きを使用している人が多いと思われる。しかし、近年は下向きの片軸タイプのリールを使用している釣り人も多くなった。基本的にはリールに道糸とハリスを30メートル以上巻き取って通しで使用することが多い。フロロカーボンラインで、糸の太さは秋の数釣り期は1.2号、春の大型狙いは2号。

ハリは、数釣りではチヌバリ1～2号、大型狙いでは太軸の4～5号を使用する。オモリはガン玉のB～5Bの間。そのときの潮具合、魚の活性やエサ取りの状況などから判断して、オモリの大きさ（重さ）を決めるといい。

ターゲット別仕掛けマニュアル
クロダイ japanese black porgy

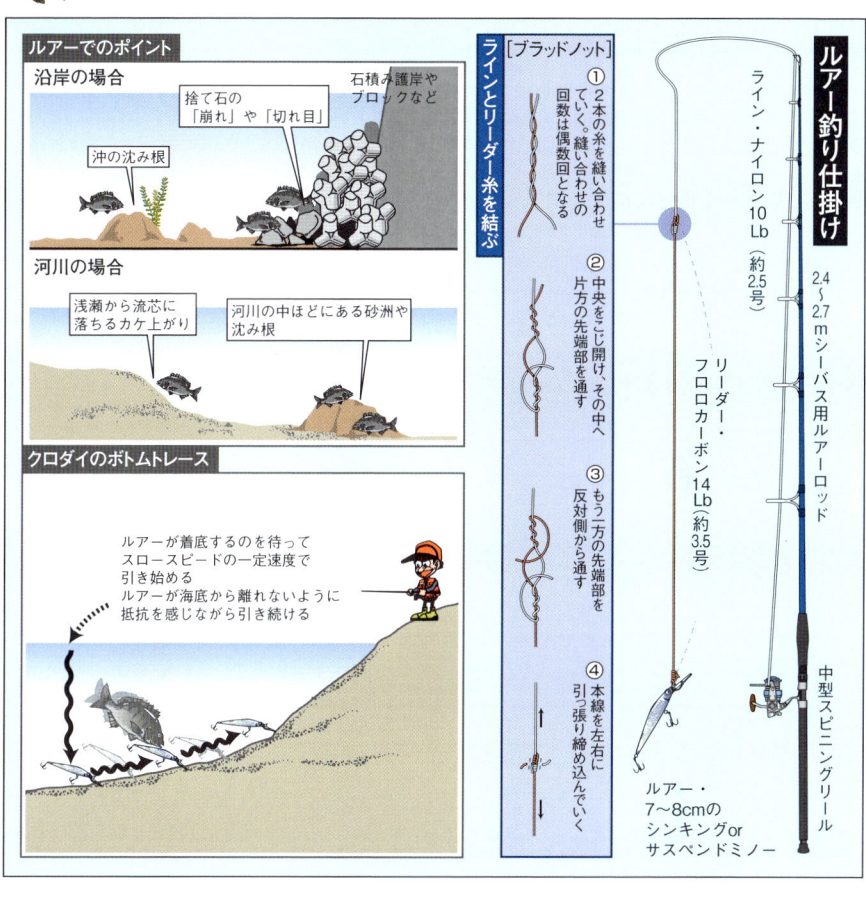

ルアーでのポイント

沿岸の場合
- 沖の沈み根
- 捨て石の「崩れ」や「切れ目」
- 石積み護岸やブロックなど

河川の場合
- 浅瀬から流芯に落ちるカケ上がり
- 河川の中ほどにある砂洲や沈み根

クロダイのボトムトレース

ルアーが着底するのを待ってスロースピードの一定速度で引き始める
ルアーが海底から離れないように抵抗を感じながら引き続ける

ラインとリーダー糸を結ぶ

[ブラッドノット]

① 2本の糸を縫い合わせていく。縫い合わせの回数は偶数回となる

② 中央をこじ開け、その中へ片方の先端部を通す

③ もう一方の先端部を反対側から通す

④ 本線を左右に引っ張り締め込んでいく

ルアー釣り仕掛け

- ライン・ナイロン10Lb（約2.5号）
- リーダー・フロロカーボン14Lb（約3.5号）
- ルアー・7〜8cmのシンキングorサスペンドミノー
- 2.4〜2.7mシーバス用ルアーロッド
- 中型スピニングリール

ルアー釣り

クロダイをルアーで狙う場合、ベストシーズンは4〜6月。産卵がらみの大型クロダイが狙える。また10〜11月の秋も数が釣れるおすすめの季節だ。

基本的に時合は夜だが、ベイトが多くクロダイが群れで入っているときなら、ポイントさえ外さなければ日中でもアタリは出る。

おすすめのフィールドは、ボトム（海底）でルアーを引くことができる浅場に限られる。つまり狙って釣れるエリアというのは、干潟や河口エリアのサーフ。

最も釣りやすい水深は1〜1.5メートルほどだ。使用ルアーはシンキングミノーの7センチくらいがおすすめ。もし、さらに水深が浅い所なら5センチくらいが使いやすくなる。

リーリングはノンストップでのスロースピード。ボトムにルアーが当たっているのを感じながら引き続けていると、コンコン、ガツンッなど明確なアタリが手元まで伝わってくる。

コウイカ

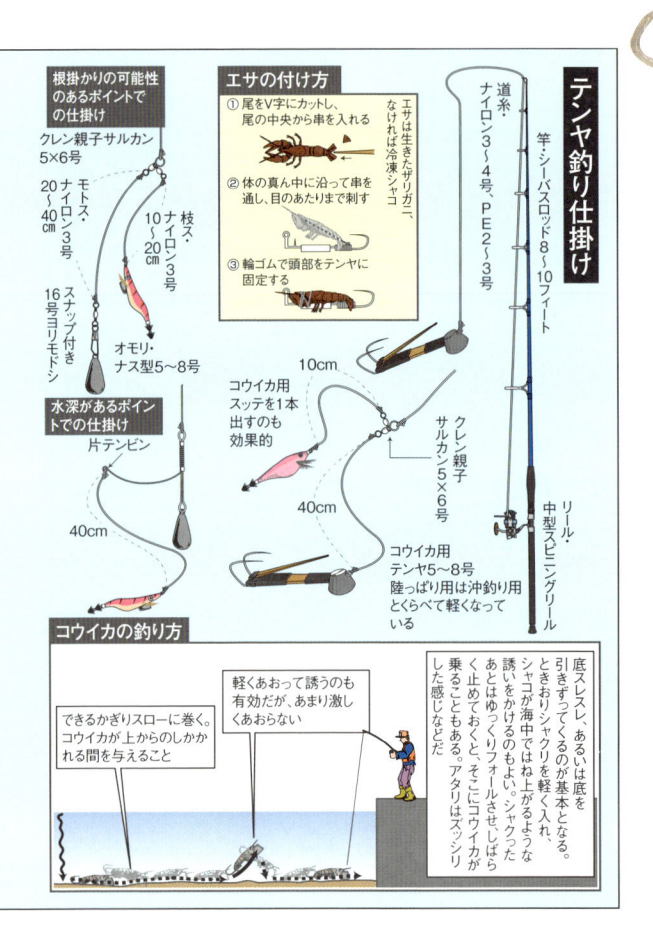

golden cuttlefish

石灰質の甲を胴内に持つのがコウイカの仲間の特徴。大量の墨を吐くことから、スミイカとも呼ばれる

【コウイカ目コウイカ科】

分布／関東、山陰以南、東シナ海、朝鮮半島、渤海、黄海〜台湾、南シナ海
全長／30センチ

水深10〜100メートルの砂底または砂泥底に棲み、海底のエビやシャコなどを好んで捕食する。春から初夏にかけて産卵のため浅場に乗っ込んでくる。釣り人にはスミイカというほうが通りがいいだろう。これは釣り上げたときに大量の墨を吐くことから。胴内に大きな硬い甲を持っているのがコウイカ類の特徴。近縁種のカミナリイカは通称モンゴウイカと呼ばれ、コウイカと同様に美味。見分け方は、カミナリイカには胴の表面にコーヒー豆のような形の白い紋様が散在することで見分けられる。漢字では甲烏賊

テンヤ釣り仕掛け

竿・シーバスロッド8〜10フィート
道糸・ナイロン3〜4号、PE2〜3号
エサは生きたザリガニ、なければ冷凍シャコ
リール・中型スピニングリール
クレン親子サルカン5×6号
コウイカ用スッテを1本出すのも効果的
10cm
クレン親子サルカン5×6号
コウイカ用テンヤ5〜8号 陸っぱりは沖釣り用とくらべて軽くなっている

エサの付け方
① 尾をV字にカットし、尾の中央から串を入れる
② 体の真ん中に沿って串を通し、目のあたりまで刺す
③ 輪ゴムで頭部をテンヤに固定する

根掛かりの可能性のあるポイントでの仕掛け
クレン親子サルカン5×6号
モトス・ナイロン3号 20〜40cm
枝・ナイロン3号 10〜20cm
スナップ付き16号ヨリモドシ
オモリ・ナス型5〜8号

水深があるポイントでの仕掛け
片テンビン
40cm

コウイカの釣り方
できるかぎりスローに巻く。コウイカが上からのしかかれる間を与えること
軽くあおって誘うのも有効だが、あまり激しくあおらない
底スレスレ、あるいは底を引きずってくるのが基本となる。ときおりシャクリを軽く入れ、シャコが海中ではね上がるような誘いをかけるのもよい。シャクったあとはゆっくりフォールさせ、しばらく止めておくと、そこにコウイカが乗ることもある。アタリはズッシリした感じなどだ

コウイカテンヤの釣り

砂泥底でシャコなどを捕食するコウイカを狙う場合、仕掛けの種類を問わず「底ズル引き」が基本のテクニックとなる。

テンヤを使う場合、エサは生きたザリガニか冷凍シャコを使う。釣り方は、テンヤ仕掛けを軽く投げて底を取り、ゆっくりと底を引いてくるだけ。ズシッとした違和感を感じたら、エサを抱え込む時間を与えてから、竿を立てるように合わせればOKだ。

餌木

餌木を使う場合も基本は同じ。底を意識した攻めとなるが、テンヤ釣りに比べ

ターゲット別仕掛けマニュアル
コウイカ golden cuttlefish

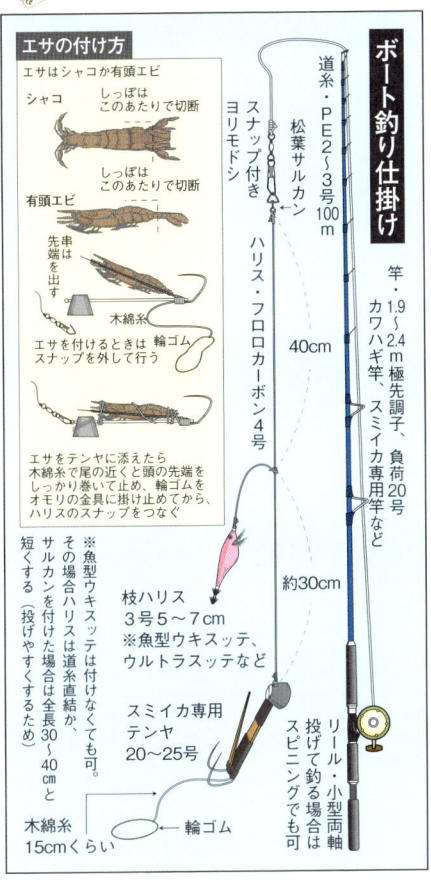

エギング仕掛け

竿：シーバスロッド8～10ft
道糸：PE1～2号またはナイロン3号
リーダー：フロロカーボン2～2.5号（道糸がナイロン3号の場合は不要）
リール：中～小型スピニングリール

[FGノット、ミッドクロスノット]
リーダーとの接続

[クリンチノット]
接続具の接続

餌木・3～3.5号
※コウイカは足が短いので、小さめの餌木のほうがよい。色はピンク、オレンジのほか白も効果的だ

ボート釣り仕掛け

竿：1.9～2.4m極先調子、負荷20号、カワハギ竿、スミイカ専用竿など
道糸：PE2～3号100m
スナップ付きヨリモドシ
松葉サルカン
ハリス・フロロカーボン4号 40cm
約30cm
枝ハリス3号5～7cm
※魚型ウキステ、ウルトラステなど
スミイカ専用テンヤ 20～25号
木綿糸15cmくらい
輪ゴム
リール・小型両軸、投げて釣る場合はスピニングでも可

エサの付け方

エサはシャコか有頭エビ

シャコ
しっぽはこのあたりで切断

有頭エビ
しっぽはこのあたりで切断
串は先端を出す

エサを付けるときは輪ゴムスナップを外して行う
木綿糸

エサをテンヤに添えたら木綿糸で尾の近くと頭の先端をしっかり巻いて止め、輪ゴムをオモリの金具に掛け止めてから、ハリスのスナップをつなぐ

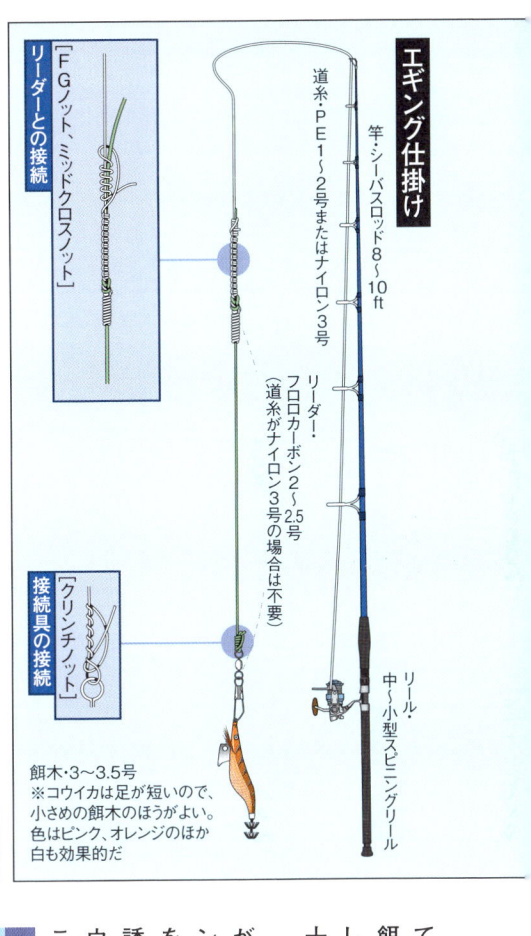

※魚型ウキステッテは付けなくてもよい。その場合ハリスは道糸直結に。サルカンを付けた場合は全長30～40cmと短くする（投げやすくするため）

ボート釣り

ボート釣りでは専用のスミイカテンヤを使う釣りが主流。餌木にも乗るが、専門に狙うならテンヤ仕掛けがいい。テンヤの上に枝ハリスを出し、ステを付けるのも効果的だ。

釣り方は、テンヤが着底したら道糸を張り、0.5～1秒間隔で小さく小づいたら、2～3秒の間を空けて鋭くシャクる。これの繰り返しだ。わずかでも重みを感じたら、数秒待ってから鋭く合わせればいい。

テンヤでも餌木でも沖に投げて探るのが基本だが、岸壁の際も見逃せないポイントだ。投げて探ってダメな場合、岸壁をテクテク歩きながらヘチ際の底付近を誘ってみたい。群れていることも多いコウイカだけに、早く最初の1杯を上げることが、その日の好釣果につながる。

て誘いが多くなる。とはいっても何回も餌木をあおるのではなく、常に底を意識しながらときおり軽く跳ね上げる程度で十分だ。

サヨリ

手軽に狙える小型のサヨリはノベ竿でもOK。
大型は2段ウキ仕掛けや、
カゴウキ仕掛けで沖目を狙え！

japanese halfbeak

【ダツ目サヨリ科】

分布／佐渡島・函館以南〜九州、朝鮮半島、福建、広東
全長／35センチ

サンマに似た細長い体形で、下顎がまるで1本のトゲのように長く伸びるのが特徴。釣れたては下顎の先端がオレンジ色に近い赤色をしている。表層を群れで回遊し、エビやカニなどの幼生、大型のプランクトンなどを捕食。釣りではオキアミや大粒アミをエサにするが、ハンペンのストロー抜きが使われることもある。美味な魚だけに人気も高く、釣り始めると多くの釣り人が釣り場に押し寄せる。産卵は初春から夏にかけて浅場の藻場で行われる。漢字では針魚

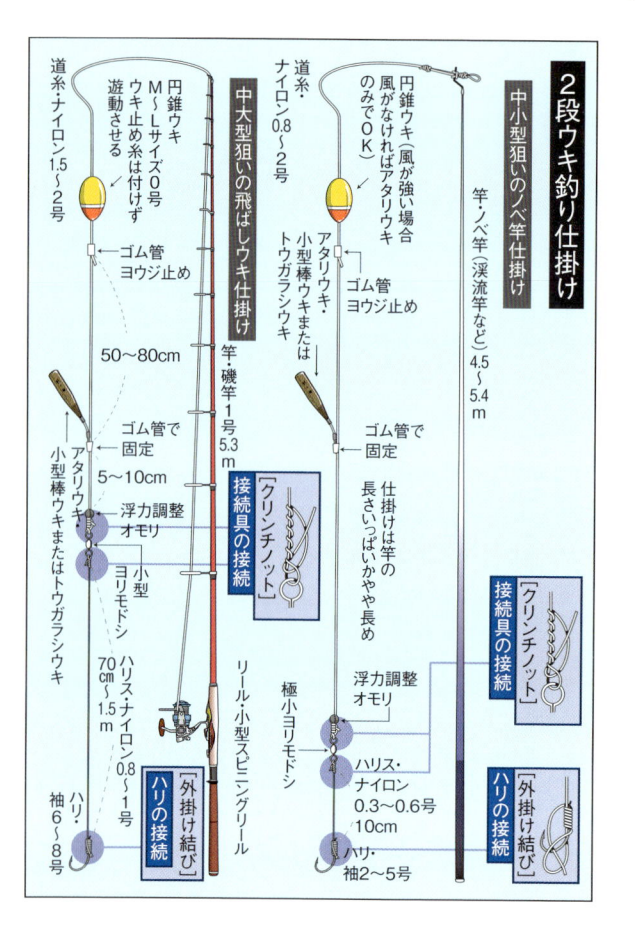

2段ウキ釣り仕掛け

- 道糸・ナイロン1.5〜2号
- 円錐ウキ M〜Lサイズ0号 ウキ止め糸は付けず遊動させる
- ゴム管ヨウジ止め
- 50〜80cm
- ゴム管で固定
- 竿・磯竿1号 5.3m
- 浮力調整オモリ
- 5〜10cm
- 小型ヨリモドシ
- クリンチノット［接続具の接続］
- アタリウキ・小型棒ウキまたはトウガラシウキ
- 70cm〜1.5m
- ハリス・ナイロン 0.8〜1号
- リール・小型スピニングリール
- 外掛け結び［ハリの接続］
- ハリ・袖6〜8号

中大型狙いの飛ばしウキ仕掛け

- 道糸・ナイロン0.8〜2号
- 円錐ウキ（風が強い場合風がなければアタリウキのみでOK）
- ゴム管ヨウジ止め
- アタリウキ・小型棒ウキまたはトウガラシウキ
- ゴム管で固定
- 仕掛けは竿の長さいっぱいかやや長め
- クリンチノット［接続具の接続］
- 浮力調整オモリ
- 極小ヨリモドシ
- ハリス・ナイロン 0.3〜0.6号 10cm
- 外掛け結び［ハリの接続］
- ハリ・袖2〜5号

中小型狙いのノベ竿仕掛け

- 竿・ノベ竿（渓流竿など）4.5〜5.4m

サヨリは堤防や磯の人気ターゲットのひとつで手慣れた人なら100尾近い釣果を上げることができる。

釣り方は、冷凍アミやイワシミンチなど、海水で溶いたコマセを小まめにまいて群れを集めることから始まる。付けエサの大粒アミエビやストローで抜いたハンペン、オキアミの胴の部分などをていねいにハリに刺し、仕掛けを操作してコマセを入れた潮筋を狙う。

ウキ仕掛け

小型は竿下での数釣りが可能で、ノベ竿のウキ釣りがおすすめ。ウキは感度を重視して小型ウキを用いるが、風があるときは小型ウキの上にもうひとつ円錐ウ

ターゲット別仕掛けマニュアル
サヨリ japanese halfbeak

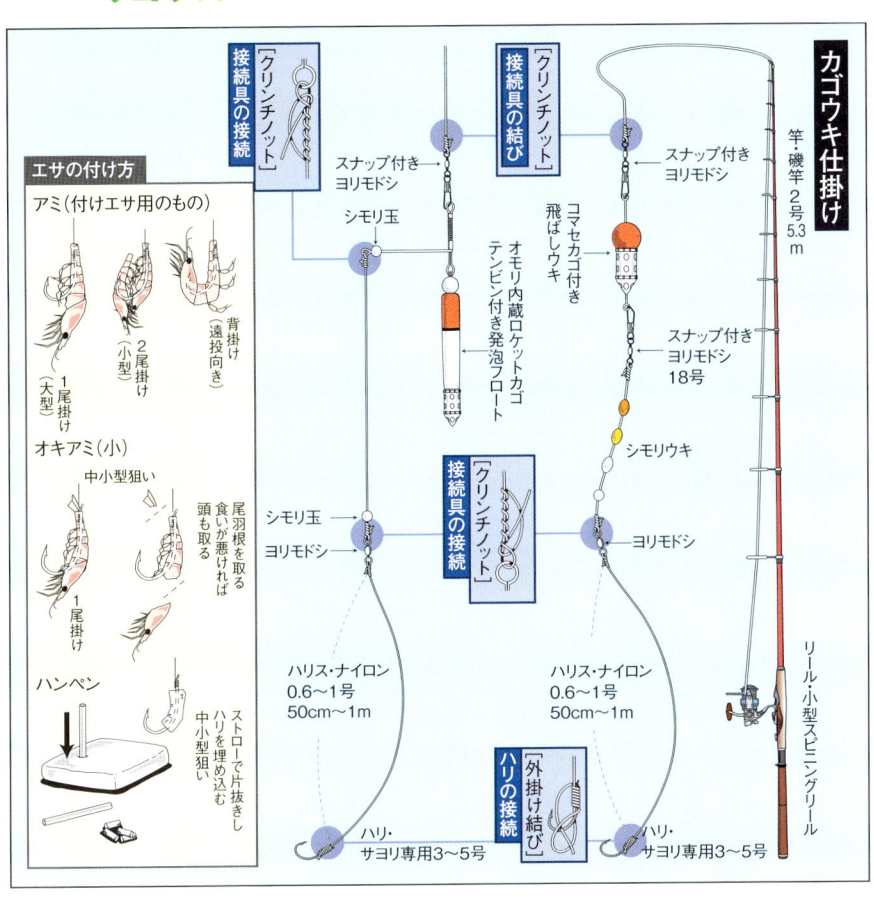

カゴウキ仕掛け

竿・磯竿2号 5.3m
リール・小型スピニングリール

[接続具の結び]クリンチノット
[接続具の接続]
スナップ付きヨリモドシ
シモリ玉
オモリ内蔵ロケットカゴ テンビン付き発泡フロート
コマセカゴ付き飛ばしウキ
スナップ付きヨリモドシ 18号
シモリウキ
ヨリモドシ
ハリス・ナイロン 0.6〜1号 50cm〜1m
[ハリの接続][外掛け結び]
ハリ・サヨリ専用3〜5号

エサの付け方

アミ(付けエサ用のもの)
- 1尾掛け(大型)
- 2尾掛け(小型)
- 背掛け(遠投向き)

オキアミ(小) 中小型狙い
- 尾羽根を取る
- 食いが悪ければ頭も取る
- 1尾掛け

ハンペン
- ストローで片抜きし中小型狙い

カゴウキ仕掛け

　最近は、サンマ級と呼ばれる大型サヨリがなかなか竿下まで回遊しなくなった。そんなときに活躍するのが、カゴウキ仕掛けだ。

　市販仕掛けの多くは飛ばしウキを兼ねたウキとコマセカゴが一体となったタイプで、その先に小さなシモリウキが数個セットされている。これを沖目に投入し、コマセを振り出しながらゆっくりと手前に引いて、サヨリを誘いながら釣る。

　キをセットしておくと投入時にコントロールしやすくなる。タナはほとんど表層なのでウキ下は20センチから深くても50センチ程度。

　リールをセットした仕掛けは25センチ以上の中大型が対象で、磯や外洋に面した堤防周りで多用される。飛ばしウキとアタリウキを組み合わせた2段ウキ仕掛けだ。アタリウキは浮力がゼロに近い高感度なものがいい。視認性では玉ウキより棒ウキタイプのほうが多少遠投しても見やすいのでおすすめだ。

シリヤケイカ

japanese spineless cuttlefish

胴内に硬い甲を持つコウイカの仲間。大きな群れを作って接岸するため、堤防からでも数釣れることがある

【コウイカ目コウイカ科】

分布／東北地方以南の各地〜東シナ海、黄海、中国沿岸
全長／25センチ

沿岸の浅い岩礁域に棲む。コウイカに似るが、胴部先端に棘がない。また体表の模様も白点を散りばめたような模様（このため、おもに関東ではゴマイカとも呼ばれる）で、コウイカのものとは異なる。春から初夏にかけて産卵。浅場の海藻などに卵を産む。年にもよるが比較的大きな群れで接岸するため、かなりまとまった数が釣れることもある。またコウイカ狙いの外道として交じることも。漢字では尻焼烏賊

魚型スッテ仕掛け

- 竿・シーバスロッド8〜10ft もしくは船用キス竿、船用カワハギ竿 2.4m
- リール・中小型スピニングリール
- 道糸・ナイロン3〜4号
- ヨリモドシ10号
- モトス・ナイロン5号
- 枝ハリス・フロロカーボン3号10cm
- 仕掛け全長1.6m
- 魚型スッテ3点式仕掛
- オモリ・小田原10〜15号前後
- 40cm間隔
- 魚型スッテのカラーはとくにこだわらなくてよい。ホワイト、ブルー、ピンクなど

枝ハリスの出し方 [8の字結び]

①②③ cut

釣り方

- タナは基本的に底近く。オモリで海底を小づくように10〜20cm幅で上下に動かして誘う
- イカが上ずっている時は上バリに、イカが海底近くにいる時は下バリに掛かる傾向がある
- 活性が高いときは中層にいることもある
- 沖合にはイカはあまりいない
- 堤場に集まるカニやエビ類を食べに寄ってくるので竿を中心に攻める
- ヘチから10m以内

シリヤケイカは産卵期に大きな群れを作って港湾周りに接岸する。釣り方はとくに難しくはなく、群れさえ回っていれば釣果は上がるし数もまとまって釣れるため、地域によっては非常に人気の高いターゲットになっている。

魚型スッテで釣る場合、仕掛けは自分で作ることも可能だが、胴つき型の仕掛けが市販されているのでそれを購入するのが手っ取り早い。カラーはとくにこだわりになるものではなく、あまりこだわる必要はない。竿はシリヤケイカ専用のものはないのでシーバスロッドの8〜10フィート前後か船釣り用のキス竿やカワハギ竿を使用する。

狙う場所は竿下か投げても数メート

ターゲット別仕掛けマニュアル

シリヤケイカ japanese spineless cuttlefish

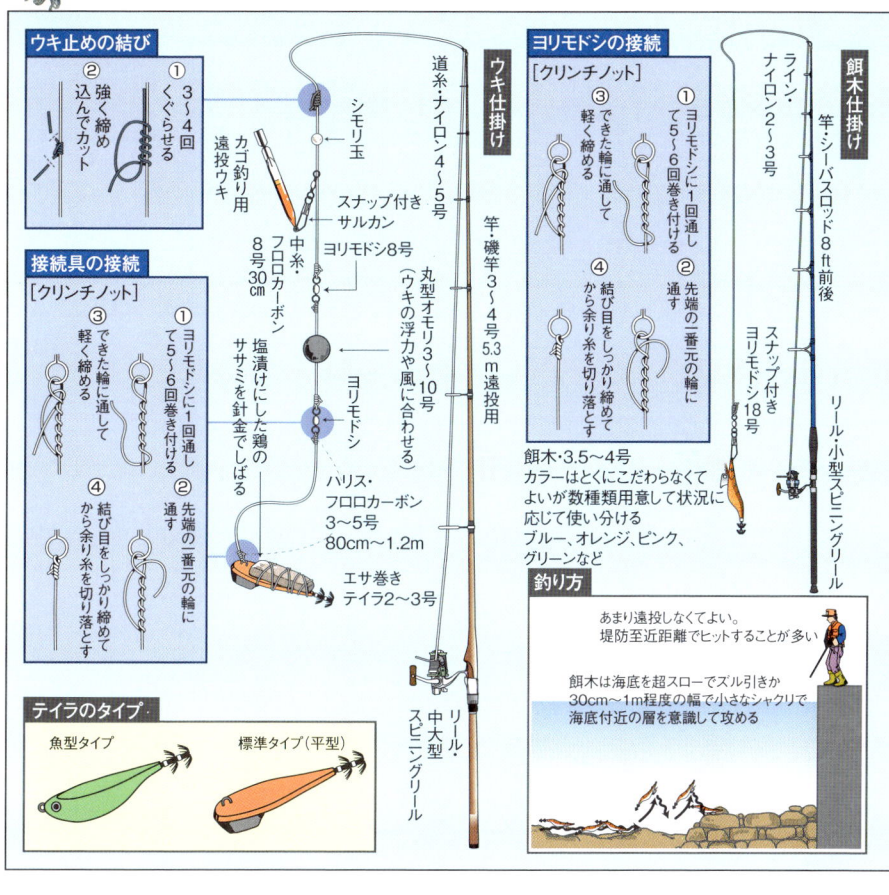

ウキ止めの結び
① 3〜4回くぐらせる
② 強く締め込んでカット

ヨリモドシの接続
[クリンチノット]
① ヨリモドシに1回通して5〜6回巻き付ける
② 先端の一番元の輪に通す
③ できた輪に通して軽く締める
④ 結び目をしっかり締めてから余り糸を切り落とす

接続具の接続
[クリンチノット]
① ヨリモドシに1回通して5〜6回巻き付ける
② 先端の一番元の輪に通す
③ できた輪に通して軽く締める
④ 結び目をしっかり締めてから余り糸を切り落とす

ウキ仕掛け
- 竿・磯竿3〜4号 5.3m 遠投用
- 道糸・ナイロン4〜5号
- シモリ玉
- カゴ釣り用遠投ウキ
- スナップ付きサルカン
- 中糸・フロロカーボン8号 30cm
- ヨリモドシ8号
- 丸型オモリ3〜10号（ウキの浮力や風に合わせる）
- ヨリモドシ
- ハリス・フロロカーボン3〜5号 80cm〜1.2m
- エサ巻きテイラ2〜3号
- 塩漬けにした鶏のササミを針金でしばる
- リール・中大型スピニングリール

餌木仕掛け
- 竿・シーバスロッド8ft前後
- ライン・ナイロン2〜3号
- スナップ付きヨリモドシ18号
- 餌木・3.5〜4号 カラーはとくにこだわらなくてよいが数種類用意して状況に応じて使い分ける ブルー、オレンジ、ピンク、グリーンなど
- リール・小型スピニングリール

釣り方
あまり遠投しなくてよい。堤防至近距離でヒットすることが多い

餌木は海底を超スローでズル引きか30cm〜1m程度の幅で小さなシャクリで海底付近の層を意識して攻める

テイラのタイプ
- 魚型タイプ
- 標準タイプ（平型）

餌木のタックルはシーバスなどのルアータックルに準じる。使用する餌木は3.5〜4号が最適で、カラーはオレンジやピンクが圧倒的人気だが、こちらもとくにこだわる必要はない。

釣り方は、餌木を軽く投げて着底させ、ゆっくりとしたスピードでリールを巻いて海底をズル引きする。もしくは着底後、30センチから1メートル程度の幅で軽くシャクっては餌木を落とし込むシャクリ釣りが有効。いずれにしても、海底を意識した釣りとなる。

また地域によっては、エサ巻きテイラを使ったウキ釣り仕掛けで狙う所もある。ウキはテイラの重さに合わせ、3〜5号くらいの浮力のものを使う。電気ウキに変えれば夜釣りにも対応できる。

なお釣り上げたシリヤケイカは大量のスミを吐く。うっかりするとウエアがスミだらけ。取り込みには注意が必要だ。

程度だが、海底を近づいて探るので竿を持つ手に仕掛けが底に着く感触がはっきり分かるように、オモリは10〜15号をセットする。

シロギス

【スズキ目キス科】

分布／北海道南部以南〜九州、朝鮮半島南部、黄海、台湾、フィリピン
全長／35センチ

投げ釣りで狙う、最もメジャーなターゲットがシロギスだ。多点バリ仕掛けで数を狙ったり、太掛けで大型を狙ったりと楽しみ方も色いろ

パールピンクの魚体が非常に美しく、砂浜の女王とも呼ばれる。砂、または砂泥底に好んで棲み、ゴカイ・イソメ類が主食。海底付近を小さな群れを作って泳ぎ回り、ロウト状になる吻を伸ばしてエサを捕食する。捕食活動は基本的に日中で、夜間は寝ている。春から夏にかけては水深15メートルほどの浅場にいることが多く、秋も深まると水深50〜80メートルの深場に落ちて冬を越す。体側面に暗色の斑点がある近縁種のホシギスは奄美大島以南に棲息。漢字では白鱚

投げ釣り仕掛け

盛期に中型狙いで用いる仕掛け（標準仕掛け）

- 道糸と力糸を結ぶ ［電車結び］
- 道糸：PE 0.8〜1号 またはナイロン 1.5〜2号
- 力糸・PEテーパー力糸（1→6号15m）、またはナイロンテーパーライン力糸（2→14号15m）
- 接続具の接続 ［クリンチノット］
- スナップ付きヨリモドシ 16号
- オモリ・固定式L型テンビン 25〜30号
- 竿・オモリ負荷 27〜33号、長さ4m前後の投げ竿
- 100〜150cm
- ［枝ハリス専用結び］
- 枝ハリス・フロロカーボン 0.8〜1号 3cm
- 30cm
- 30〜40cm
- モトス・ナイロン 1.5〜2号
- リール・投げ釣り専用大型スピニングリール
- 15〜20cm
- 先ハリスの結び ［ブラッドノット］
- ハリ・キススペシャル 6〜7号、流線または投げ釣り専用キス 7〜8号
- 直結
- 先ハリス・フロロカーボン 0.8〜1号 20cm

投げ釣り

シロギス釣りにはあらゆる投げ釣りに通じる基本動作がすべて含まれており、言い換えるとシロギス釣りをマスターすればほかのターゲットを狙う場合にも応用が利くということ。これは釣り方だけではなく仕掛けについてもいえることで、まずはシロギス仕掛けのバリエーションを覚えることが、ほかの投げ釣りをマスターする近道にもなる。

今日、シロギス釣りを始めとする多くの投げ釣りで用いられているのが、オモリとテンビンが一体化したL型テンビンだ。L型テンビンの特徴として、①空気抵抗が少ないため遠投性に優れている、

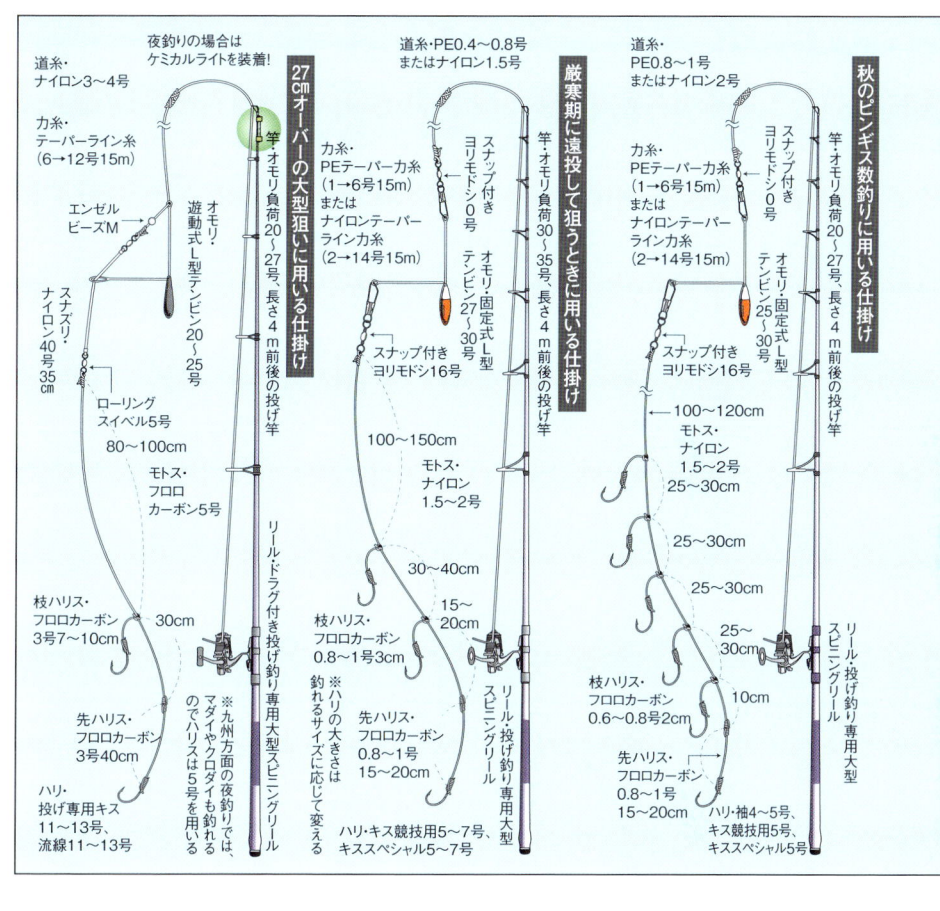

ターゲット別仕掛けマニュアル

シロギス japanese whiting

27cmオーバーの大型狙いに用いる仕掛け
- 道糸・ナイロン3〜4号
- 夜釣りの場合はケミカルライトを装着！
- 力糸・テーパーライン糸（6→12号15m）
- エンゼルビーズM
- オモリ・遊動式L型テンビン20〜25号
- スナズリ・ナイロン40号35cm
- ローリングスイベル5号
- 80〜100cm
- モトス・フロロカーボン5号
- 枝ハリス・フロロカーボン3号7〜10cm
- 30cm
- 先ハリス・フロロカーボン3号40cm
- ハリ・投げ専用キス11〜13号、流線11〜13号
- 竿・オモリ負荷20〜27号、長さ4m前後の投げ竿
- リール・ドラグ付き投げ釣り専用大型スピニングリール
- ※九州方面の夜釣りではマダイやクロダイも釣れるのでハリスは5号を用いる

厳寒期に遠投して狙うときに用いる仕掛け
- 道糸・PE0.4〜0.8号またはナイロン1.5号
- 力糸・PEテーパー力糸（1→6号15m）またはナイロンテーパーライン力糸（2→14号15m）
- スナップ付きヨリモドシ0号
- オモリ・固定式L型テンビン27〜30号
- スナップ付きヨリモドシ16号
- 100〜150cm
- モトス・ナイロン1.5〜2号
- 30〜40cm
- 枝ハリス・フロロカーボン0.8〜1号3cm
- 15〜20cm
- 先ハリス・フロロカーボン0.8〜1号15〜20cm
- ハリ・キス競技用5〜7号、キススペシャル5〜7号
- 竿・オモリ負荷30〜35号、長さ4m前後の投げ竿
- リール・投げ釣り専用大型スピニングリール
- ※ハリの大きさは釣れるサイズに応じて変える

秋のピンギス数釣りに用いる仕掛け
- 道糸・PE0.8〜1号またはナイロン2号
- 力糸・PEテーパー力糸（1→6号15m）またはナイロンテーパーライン力糸（2→14号15m）
- スナップ付きヨリモドシ0号
- オモリ・固定式L型テンビン25〜30号
- スナップ付きヨリモドシ16号
- 100〜120cm
- モトス・ナイロン1.5〜2号
- 25〜30cm
- 25〜30cm
- 25〜30cm
- 25〜30cm
- 10cm
- 枝ハリス・フロロカーボン0.6〜0.8号2cm
- 先ハリス・フロロカーボン0.8〜1号15〜20cm
- ハリ・袖4〜5号、キス競技用5号、キススペシャル5号
- 竿・オモリ負荷20〜27号、長さ4m前後の投げ竿
- リール・投げ釣り専用大型スピニングリール

①このL型テンビンは、さらに固定式と遊動式に分けられる。固定式L型テンビンのアームはバネの作用をするため、魚の小さなアタリを増幅して竿先まで伝えてくれる。②アームが自動的に魚の口にハリを掛けてくれる、などの利点があり、中小型の数釣りには非常に有効だ。

これに対して遊動式L型テンビンの大きな特徴として、「仕掛けを送り込むことができる」という点が挙げられる。

そのため警戒心が強いジャンボギスや、一気にエサをくわえて走るマダイやクロダイを狙うときには、魚のアタリに応じて自由に仕掛けを送り込むことができる遊動式L型テンビンが有利だ。

このように、テンビンひとつとっても、その特性に応じて使い分けることが、釣果をのばすコツになる。

エサはアオイソメやジャリメを中心に、チロリ（東京スナメ）やイワイソメはとくに大型狙いに使用される。

②テンビンのアームが直角に固定されているため仕掛けが絡みにくい、③魚のアタリが取りやすいなどが挙げられる。

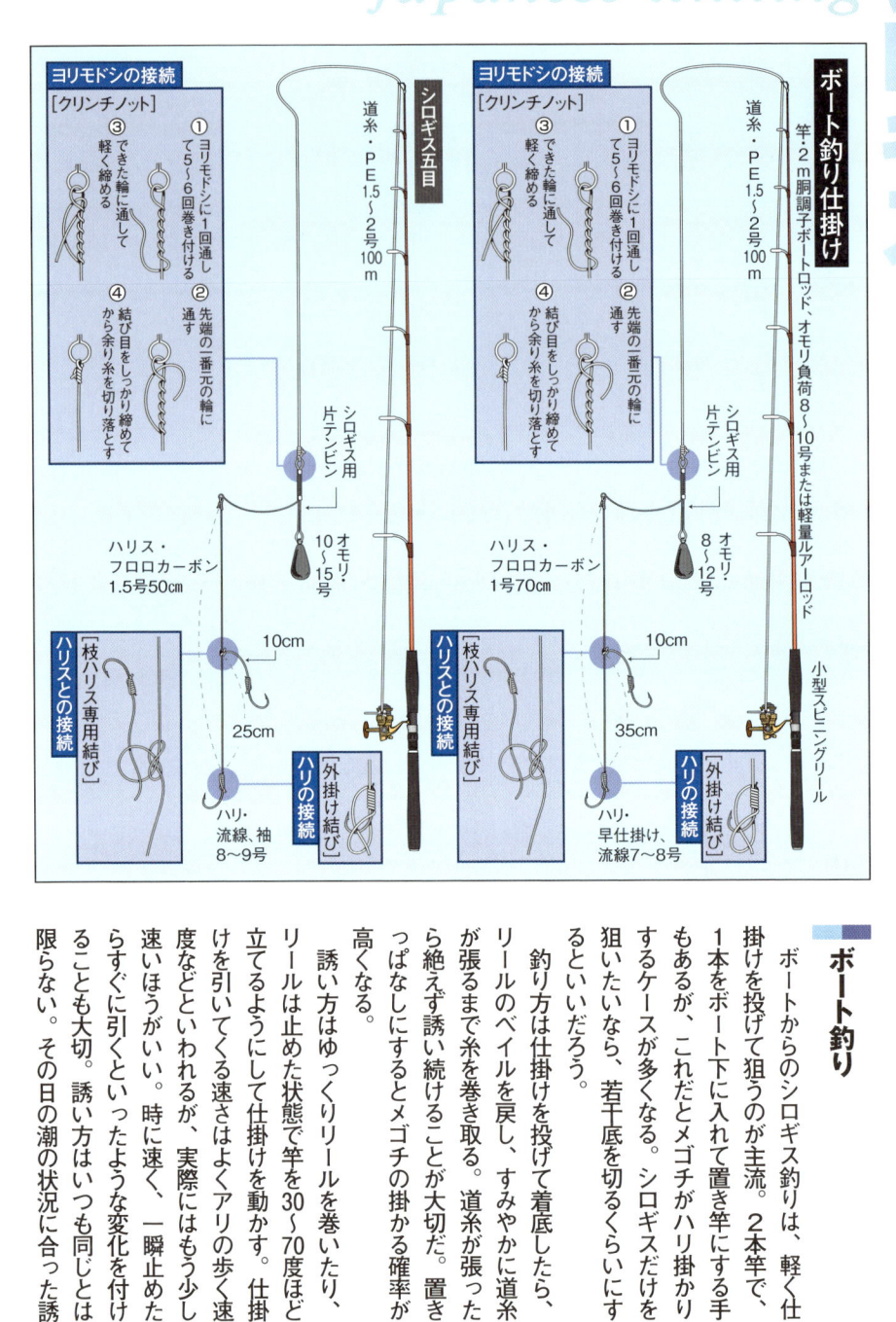

japanese whiting シロギス

ボート釣り仕掛け

竿：2m胴調子ボートロッド、オモリ負荷8〜10号または軽量ルアーロッド

シロギス五目
- 道糸・PE 1.5〜2号 100m
- シロギス用片テンビン
- オモリ 10〜15号
- ハリス・フロロカーボン 1.5号 50cm
- 10cm / 25cm
- ハリ・流線、袖 8〜9号

ヨリモドシの接続 [クリンチノット]
① ヨリモドシに1回通して5〜6回巻き付ける
② できた輪に通して軽く締める
③ 先端の一番元の輪に通す
④ 結び目をしっかり締めてから余り糸を切り落とす

ハリスとの接続：枝ハリス専用結び
ハリの接続：外掛け結び

- 道糸・PE 1.5〜2号 100m
- シロギス用片テンビン
- オモリ 8〜12号
- ハリス・フロロカーボン 1号 70cm
- 10cm / 35cm
- ハリ・早仕掛け、流線7〜8号
- 小型スピニングリール

ヨリモドシの接続 [クリンチノット]
① ヨリモドシに1回通して5〜6回巻き付ける
② できた輪に通して軽く締める
③ 先端の一番元の輪に通す
④ 結び目をしっかり締めてから余り糸を切り落とす

ハリスとの接続：枝ハリス専用結び
ハリの接続：外掛け結び

ボート釣り

ボートからのシロギス釣りは、軽く仕掛けを投げて狙うのが主流。2本竿で、1本をボート下に入れて置き竿にする手もあるが、これだとメゴチがハリ掛かりするケースが多くなる。シロギスだけを狙いたいなら、若干底を切るくらいにするといいだろう。

釣り方は仕掛けを投げて着底したら、リールのベイルを戻し、すみやかに道糸が張るまで糸を巻き取る。道糸を絶えず誘い続けることが大切だ。置きっぱなしにするとメゴチの掛かる確率が高くなる。

誘い方はゆっくりリールを巻いたり、リールは止めた状態で竿を30〜70度ほど立てるようにして仕掛けを動かす。仕掛けを引いてくる速さはよくアリの歩く速度などといわれるが、実際にはもう少し速いほうがいい。時に速く、一瞬止めたらすぐに引くといったような変化を付けることも大切。誘い方はいつも同じとは限らない。その日の潮の状況に合った誘

ターゲット別仕掛けマニュアル
シロギス japanese whiting

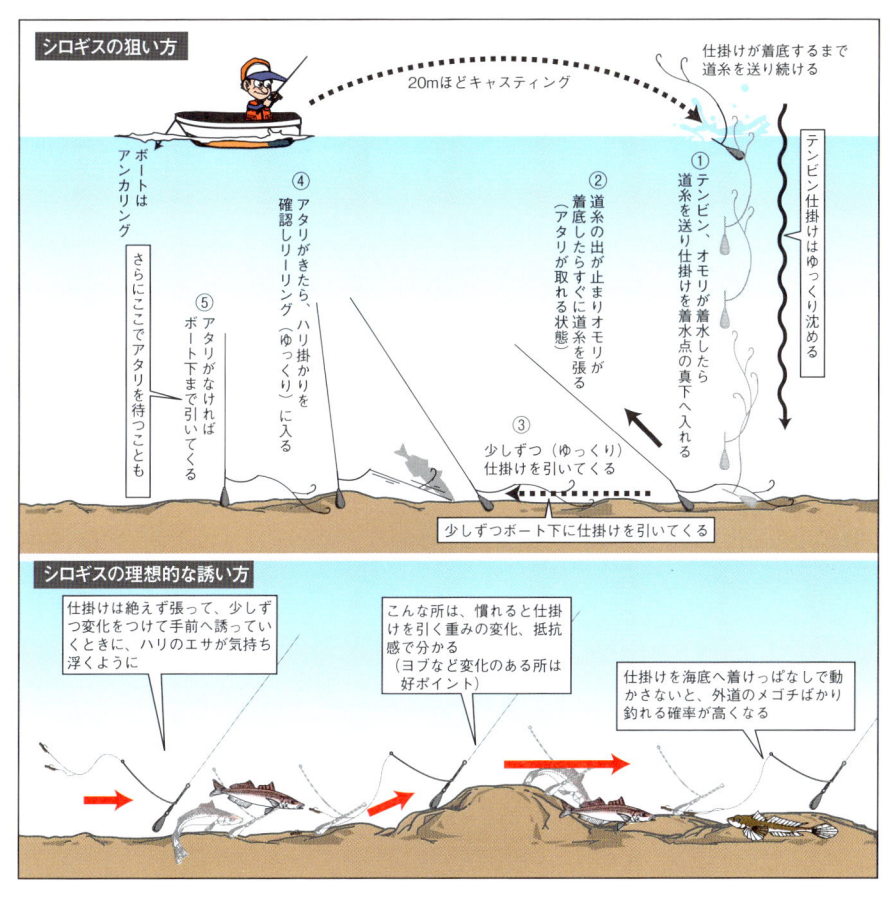

シロギスの狙い方

20mほどキャスティング

仕掛けが着底するまで道糸を送り続ける

テンビン仕掛けはゆっくり沈める

① テンビン、オモリが着水したら道糸を送り仕掛けを着水点の真下へ入れる

② 道糸が着底したらすぐに道糸を張る（アタリが取れる状態）

③ 少しずつ（ゆっくり）仕掛けを引いてくる

少しずつボート下に仕掛けを引いてくる

④ アタリがきたら、確認しリーリング（ゆっくり）に入る

⑤ アタリがなければボート下まで引いてくる

ボートはアンカリング

さらにここでアタリを待つことも

シロギスの理想的な誘い方

仕掛けは絶えず張って、少しずつ変化をつけて手前へ誘っていくときに、ハリのエサが気持ち浮くように

こんな所は、慣れると仕掛けを引く重みの変化、抵抗感で分かる（ヨブなど変化のある所は好ポイント）

仕掛けを海底へ着けっぱなしで動かさないと、外道のメゴチばかり釣れる確率が高くなる

シロギスがエサを口にすると、竿先に小さなアタリが表れる。PEの道糸を使用していると、そのアタリはより明確である。アタリを感じたらほんのひと呼吸待ち（リーリングしているのを止める程度でよい）手首のスナップを効かせて、竿先を30～40センチ軽く立てる程度の合わせを行う。

ハリ掛かりしたら、ゆっくりと一定のスピードでリーリングする。食いのよいときは、いきなり〝ブルブルッ〟とアタリを伝えてくることもある。これは一気に食い込んで、すでにハリ掛かりして逃げようとするアタリで、この場合はゆっくりとリールを巻けばよい。20センチを超える良型のシロギスだと、巻き上げ途中に何度も鋭い引き味を楽しませてくれる。軟らかめの胴調子竿にPEの道糸の組み合わせだと引きもダイレクト。シロギス釣りの醍醐味を満喫できる。

スズキ

sea bass

スズキ（シーバス）といえば、なんといってもルアー釣りのイメージだろう。エサ釣りではウキ釣りか投げ釣りがメインだ

【スズキ目スズキ科】

分布／北海道以南～九州、朝鮮半島南部沿岸
全長／100センチ超

セイゴ、フッコ、スズキと成長するにつれて呼び名の変わる出世魚。春から夏にかけて沿岸近くに回遊する。シーバスとも呼ばれ、ルアーターゲットとしても人気が高い。ハリ掛かりしたあと水面で激しく抵抗する（エラ洗いという）ため、スズキとのヤリトリは迫力満点だ。汽水域までも入り込み、河川のかなり上流まで遡上することもある。漢字では鱸。また、スズキに似るが、体高があり全体的に平たいヒラスズキは外海に面した磯のサラシ場などを好む。ほかに中国原産のタイリクスズキもいる

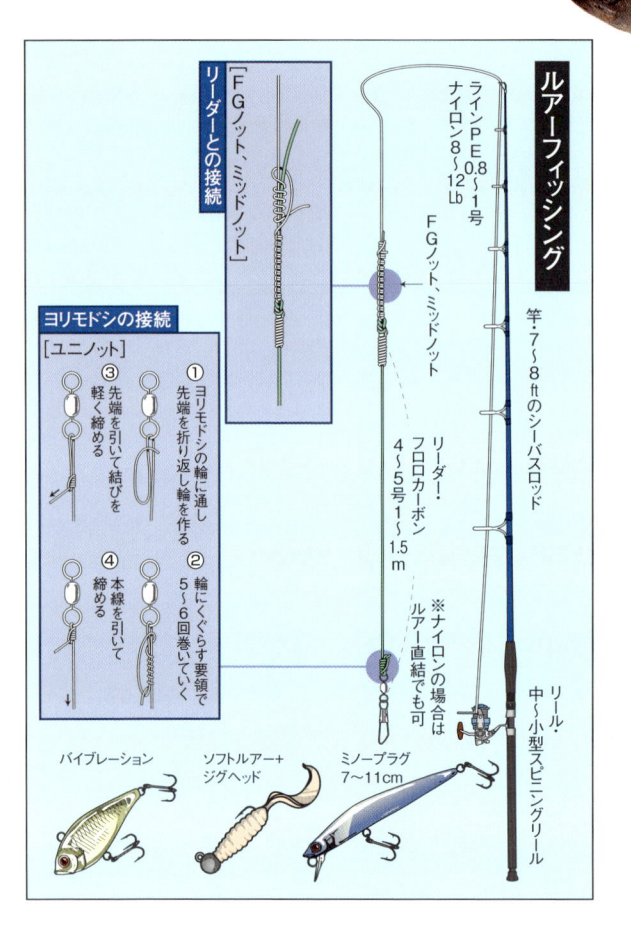

ルアーフィッシング

竿・7～8ftのシーバスロッド
ラインPE 0.8～1号 ナイロン8～12Lb
リーダー：フロロカーボン 4～5号 1～1.5m
※ナイロンの場合はルアー直結でも可
リール・中～小型スピニングリール

リーダーとの接続
[FGノット、ミッドノット]
FGノット、ミッドノット

ヨリモドシの接続
[ユニノット]
① ヨリモドシの輪に通し先端を折り返し輪を作る
② 輪にくぐらす要領で5～6回巻いていく
③ 先端を引いて結びを軽く締める
④ 本線を引いて締める

バイブレーション
ソフトルアー＋ジグヘッド
ミノープラグ 7～11cm

ルアーフィッシング

陸っぱりのルアーターゲットで一番人気といえばシーバス（スズキ）だろう。精悍で美しい魚体やヒットしたあとの激しいファイトなどが人気の理由だが、もうひとつ忘れてならない魅力がアプローチの手軽さだ。荒波寄せる磯や川の中はもとよりネオンきらめく都会の港湾にも棲息しているから、休日でなくても仕事帰りに楽しむことだって可能だ。

なかでも港湾部は足場がよくて魚影も濃いから、シーバス入門にぴったり。ポイントによっては昼間でも釣れるが、魚の警戒心が緩む夜間のほうがヒット率は高い。狙いは地形にしろ水深にしろとに

ターゲット別仕掛けマニュアル
スズキ sea bass

シーバス釣りでおもに使うルアー

[フローティングミノー]
小魚をイミテートしたシーバス用ルアーの定番中の定番。昼間は高速リトリーブ、夜はスローリトリーブが効果的だ

[バイブレーションプラグ]
自重があるため飛距離が稼げ、より広範囲を攻めることができる。リトリーブすると震えながら泳いでシーバスにアピールする

[メタルジグ]
極端にいえば単なる金属片なので、釣り人が操作しないとアクションしない。非常によく飛ぶので少々の風なら気にならず、また一気に沈めたいときも重宝する

[スピンテールジグ]
テール部分のブレードが特徴。近年、港湾エリアのシーバス釣りでブレイク中

[ジグヘッド+ワーム]
軟質のプラスチック素材でできたワームをジグヘッドに装着して使う。ワームのナチュラルな動きでバイトを誘う

●エリア別シーバスタックル

エリア	ロッド	ライン	ルアー
漁港、港湾	7.6～8.6ft/ルアーウエイト7～20g	ナイロン8～10lb、PE1号	シンキングミノー7～9cm、バイブレーション、スピンテールジグ、ジグヘッドワームなど
サーフ、河口	8.6～9.6ft/ルアーウエイト14～30g	ナイロン10～12lb、PE1.2号	フローティングミノー11～13cm、バイブレーション、シンキングペンシル、メタルジグ28gなど
磯	9.6～10ft/ルアーウエイト20～40g	ナイロン12lb、PE1.5号	フローティングミノー13cm、シンキングペンシル、ペンシルベイトなど

かく変化のある場所。たとえば堤防の先端や角、水門周りなど。とりあえずミノーをキャストしてゆっくり巻いてくる。反応がなければカラーやサイズを変え、それでもダメならバイブレーションやソフトルアーで下の層を探ってみよう。

エサが豊富な河口部はシーバスの代表的なポイントのひとつ。シーズンにもよるが、やはり橋脚周りやテトラなど魚の隠れ家となるような場所にルアーを投げ込むのがセオリー。水深が浅いため、ヒット後は得意のエラ洗いを連発する。

障害物の乏しいサーフ（砂浜）では回遊待ちの釣りになることが多い。しばらく反応がなくても粘ってキャストし続けること。釣れれば大型が主体。

磯ではスズキよりも体高のあるヒラスズキがメインターゲットだ。警戒心が強いのでベタナギではまず望み薄。強い風が吹きつけ、磯際に大きなサラシがある状態がベスト。おもにミノーをキャストし、サラシの中や磯際をていねいに探る。それなりに危険度も高いので、単独釣行は避け装備も万全にして臨むこと。

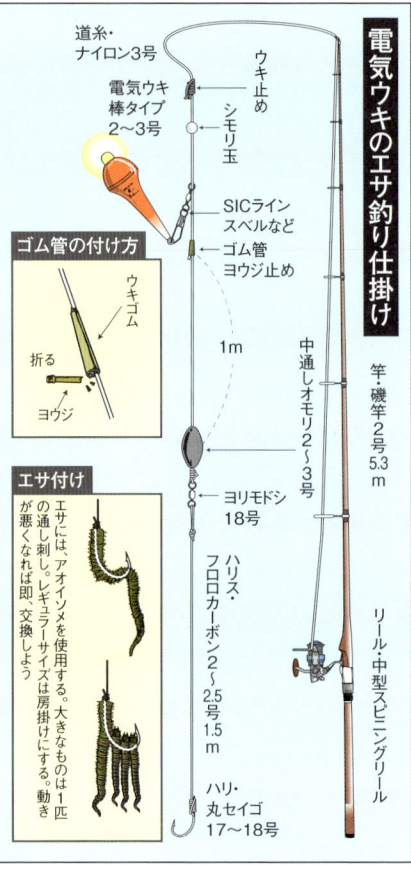

sea bass スズキ

電気ウキのエサ釣り仕掛け

- 竿・磯竿2号5.3m
- 道糸・ナイロン3号
- ウキ止め
- 電気ウキ棒タイプ2～3号
- シモリ玉
- SICラインスベルなど
- ゴム管ヨウジ止め
- 中通しオモリ2～3号
- 1m
- ヨリモドシ18号
- ハリス・フロロカーボン2～2.5号 1.5m
- ハリ・丸セイゴ17～18号
- リール・中型スピニングリール

ゴム管の付け方：ウキゴム／折る／ヨウジ

エサ付け：エサには、アオイソメを使用する。大きなものは1匹の通し刺し。レギュラーサイズは房掛けにする。動きが悪くなれば即、交換しよう

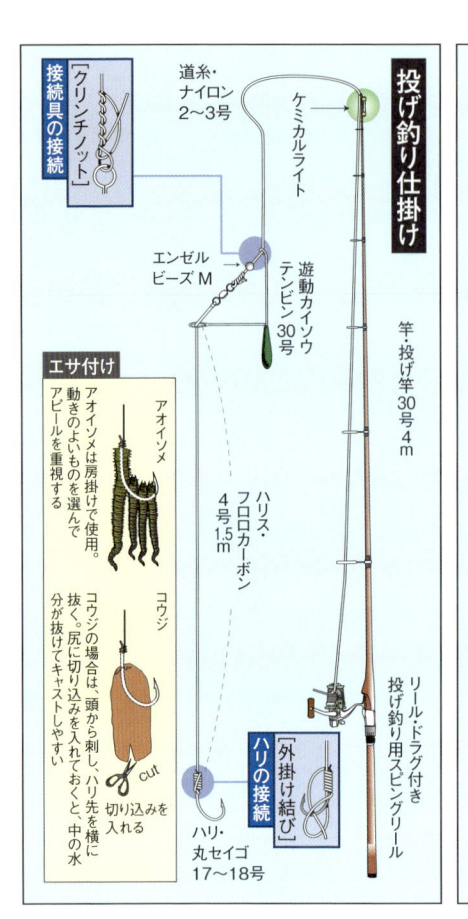

投げ釣り仕掛け

- 道糸・ナイロン2～3号
- ケミカルライト
- エンゼルビーズM
- 遊動カイソウテンビン30号
- 竿・投げ竿30号4m
- ハリス・フロロカーボン4号 1.5m
- ハリ・丸セイゴ17～18号
- リール・ドラグ付き投げ釣り用スピニングリール

[接続具の接続] クリンチノット

[ハリの接続] 外掛け結び

エサ付け：アオイソメは房掛けで使用。動きのよいものを選んでアピールを重視する

コウジ：コウジの場合は、頭から刺し、尻に切り込みを入れておくと、中の水分が抜けてキャストしやすい／切り込みを入れる／cut

---

一年の大半を沿岸域で過ごすスズキは、時期によってその食性を変えるようだ。ルアーターゲットにもなる魚食魚でイワシやサヨリなどの回遊魚を追い回す一方、エビやアミなどの小型甲殻類、ゴカイ類などもエサにする。

電気ウキ釣り

6～11月ごろがベストシーズン。春以降に接岸してきたスズキはもちろん、群れから離れた居着きのスズキを狙う場合にも有効だ。

電気ウキを飛ばして潮に乗せたり岸壁の際を探ったりと、あらゆる釣り場で楽しめるため初心者に最も適した釣法といえる。エサには動きのよいアオイソメを使用し、大型なら1匹の通し刺し、小型サイズは3～4匹を房掛けにする。ウキ下は2～3メートルあたりが基準となるが、アタリがなければ底近くのタナまで探ることもある。

投げ釣り

投げ釣りも全国各地の釣り場で有効な

ターゲット別仕掛けマニュアル

スズキ sea bass

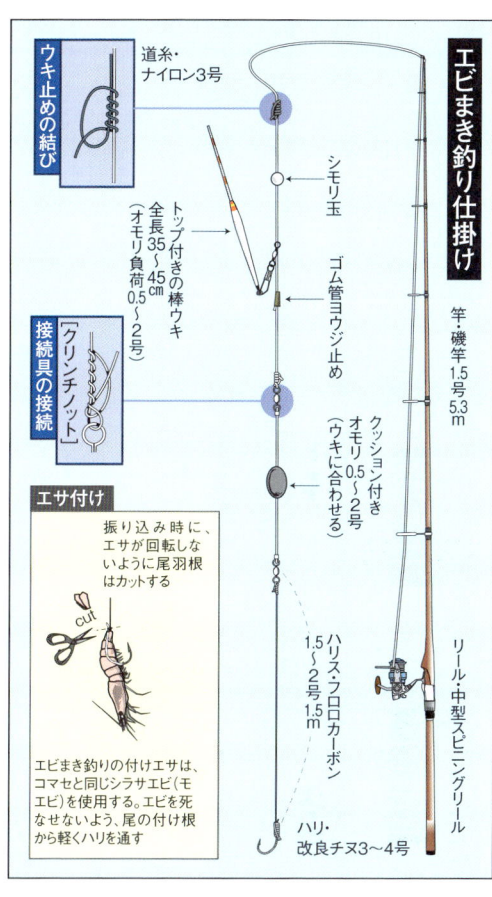

スズキ釣りで使うおもなエサ

[アオイソメ]
ウキ釣り、投げ釣りで使う。ハリ付けは房掛けにすることが多い。動きのよいものを選んで付けよう

[ユムシ、コウジ]
投げ釣りで使う。頭からハリを刺し、ハリ先を横に出す。尻にハサミで切り込みを入れておくと中の水分が抜けてキャストしやすい

[シラサエビ（モエビ）]
エビまき釣りで使う。尾羽根をカットして尾の付け根から軽くハリを刺す

エビまき釣り仕掛け

- 竿・磯竿 1.5号 5.3m
- 道糸・ナイロン3号
- ウキ止めの結び
- シモリ玉
- トップ付きの棒ウキ 全長35～45cm（オモリ負荷0.5～2号）
- ゴム管ヨウジ止め
- 接続具の接続 [クリンチノット]
- クッション付きオモリ 0.5～2号（ウキに合わせる）
- エサ付け：振り込み時に、エサが回転しないように尾羽根はカットする
- ハリス・フロロカーボン 1.5～2号 1.5m
- ハリ・改良チヌ3～4号
- リール・中型スピニングリール

エビまき釣りの付けエサは、コマセと同じシラサエビ（モエビ）を使用する。エビを死なせないよう、尾の付け根から軽くハリを通す

エビまき釣り

水深がある漁港や埠頭などの港湾地帯では、一年中そこに居着いているスズキがいるものだが、このスレッカラシのスズキを狙うために考え出されたのがエビまき釣りだ。

発祥の地は大阪湾で、朝バネ釣りと呼ばれて春の風物詩にもなっている。朝バネ釣りと呼ばれるくらいだから、時合は早朝。スズキがエサを取る時間帯にシラサエビ（モエビ）をまき、スズキを自分のポイントに寄せて釣るというものだ。付けエサもちろんシラサエビ。食い渋るスズキさえも口を使うエサであり、コマセで寄せることができれば、高い確率でエサを食う。

釣り方だ。電気ウキ仕掛けの届かない沖目や潮流の速いポイントを狙うのに適しており、釣り場の形態を選ばない。ただしスズキが表層を回遊しているとアタリは出にくい。投げ釣りではスズキが海底近くを回遊する釣り場に適しているといえるだろう。

タコ

common octopus

これまでマダコの釣り方は、テンヤにカニや身エサなどを付けて狙うのが主流だったが、近年は餌木などの擬似餌で釣る人も多い

【八腕形目マダコ科】

分布／本州北部以南の沿岸域、世界各地の熱帯・温帯域
全長／60センチ（腕の長さ含む）

8本の腕がある軟体動物。体色は黄色味を帯びた褐色や赤褐色など、棲息環境による差がある。体表には小さな突起が密生し、色素胞がくまなく分布する。このため、海藻や岩肌などに色から質感まで似せて擬態できる。岩の割れ目や砂地の穴などに巣を作って棲み、捕食活動をするのはおもに夜間。イセエビ、ショウジンガニ、ガザミ、ヤドカリ、アワビ、ハマグリなどが大好物。とても几帳面（？）なところがあり、食べた貝の殻を自分の巣の周りに積み重ねる。漢字では真蛸

テンヤ釣り仕掛け

竿釣り
- 竿・3m前後でオモリ負荷100号以上の船竿
- 道糸・PE6〜8号
- 大型ヨリモドシ
- 先糸・ナイロン6号
- 25〜30号クラスのタコテンヤ

手釣り
- 木枠の糸巻き
- テトロン35号50m
- ナイロン30号 6〜10号 1m
- 30号クラスのタコテンヤ。ビニール製の擬似餌がついているものなら、そのまま使える

「クリンチノット」接続具の結び

マダコ用テンヤ
- 先糸を結ぶヨリモドシ
- エサを縛りつけるための銅線を通す穴
- ハリが常に上を向くように舟型オモリが下側に付いている
- エサは銅線や輪ゴム、ゴムひもなどで縛りつける
- イシガニは、背を上にしてハサミを下にする
- 魚やアナゴは、腹開きにして背中を上に。大きなものは、頭を落とす（アナゴは適当な大きさに切る）

釣り方

- アクションは、「ゆっくり大きく上下させて静止させる」のくり返し
- 底を狙う場合は、「静かに底を小づく」
- 陸からの大ダコ狙いは堤防際の足下狙いが基本。中層の宙に浮いているタコや、底の捨石に着いているタコを狙う（竿を使っての投げ釣りも同様）
- 大型両軸リール

テンヤ釣りは、基本的に船釣り仕掛けをそのまま陸からの釣りに流用するだけ。マダコ用のテンヤは、エサもしくは擬似餌を縛りつける板が備えつけられてあり、このエサ台と掛けバリが常に上を向くように、エサ台の裏側に舟型オモリがセットされている。

擬似餌はビニール製のカニが一般的だが、本物のエサとしてはマガニ、イシガニ、ブタの脂身などが使われる。銅線やハリガネなどで縛りつけるのだが、甲羅が硬いカニは、輪ゴムやゴムひもで縛るとズレにくい。

また、近年はエギングでタコを狙う人が多くなってきた。1〜2キロクラスの大ダコを狙う場合は別にして、200グラ

136

ターゲット別仕掛けマニュアル

タコ common octopus

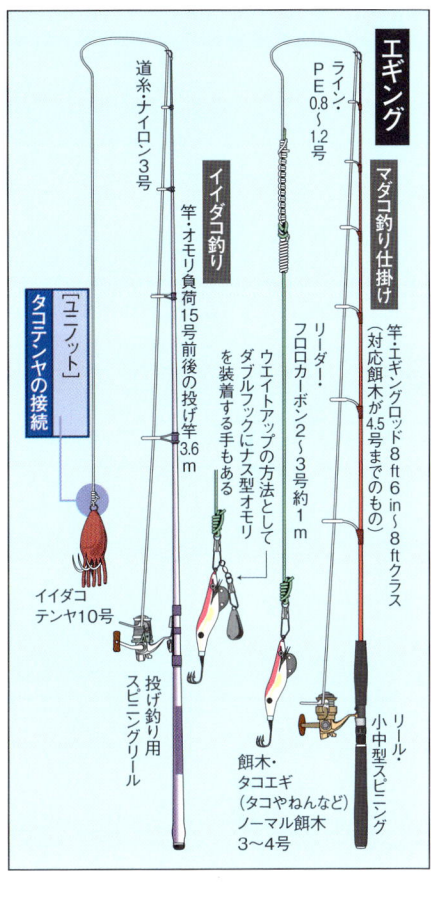

エギング

マダコ釣り仕掛け
- 竿・エギングロッド8ft 6in〜8ftクラス（対応餌木が4.5号までのもの）
- ライン・PE 0.8〜1.2号
- リーダー・フロロカーボン2〜3号 約1m
- 餌木・タコエギ（タコやねんなど）ノーマル餌木3〜4号
- リール・小中型スピニング

イイダコ釣り
- 道糸・ナイロン3号
- 竿・オモリ負荷15号前後の投げ竿3.6m
- ウエイトアップの方法としてダブルフックにナス型オモリを装着する手もある
- ［ユニノット］タコテンヤの接続
- イイダコテンヤ10号
- 投げ釣り用スピニングリール

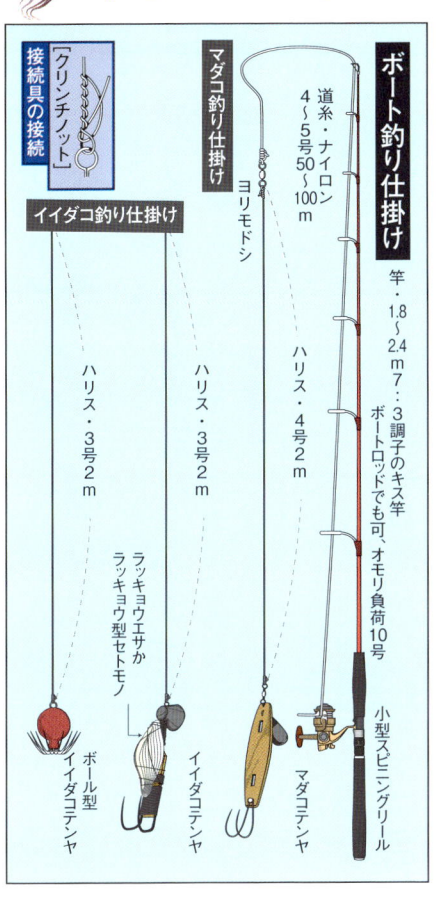

ボート釣り仕掛け

- 竿・1.8〜2.4m 7：3調子のキス竿 ボートロッドでも可、オモリ負荷10号
- 道糸・ナイロン4〜5号 50〜100m

マダコ釣り仕掛け
- ヨリモドシ
- ハリス・4号 2m
- マダコテンヤ
- 小型スピニングリール

イイダコ釣り仕掛け
- ［クリンチノット］接続具の接続
- ハリス・3号 2m
- ラッキョウエサかラッキョウ型セトモノ
- イイダコテンヤ
- ハリス・3号 2m
- ボール型イイダコテンヤ

ボート釣り

マダコは沿岸の岩礁地帯を中心に棲息しており、浅い所にもいるためボートでも狙いやすい。仕掛けは陸っぱりと同様のテンヤを使用する。

釣り方はなるべく遠くにテンヤを投げ入れ、着底したら道糸を張って小づくようにテンヤを踊らせ誘いをかける。ボートからはイイダコも釣れる。小型のテンヤにラッキョウを付けて狙う。丸型のプラスチックや瀬戸物の玉を付けたテンヤも市販されており、これでもイイダコはよく乗ってくる。

ムから1キロのアベレージサイズを狙う場合は、従来のエギングタックルを流用すればよい。

使用する餌木はアオリイカ用のものでもOK。サイズは3〜4号の中から、確実に海底に着底させられるものを選ぶ。また、最近ではタコ狙い専用の餌木も市販されているので、こちらを利用するといいだろう。同じようなタックルでイイダコも狙える。

タチウオ

largehead hairtail

陸っぱりでは夜釣りのターゲットとして知られる。関東では電気ウキ釣り、関西ではタチウオテンヤの引き釣りが主流。近年はルアーで狙う人も増えている

【スズキ目タチウオ科】

分布／北海道以南の日本各地沿岸、全世界の亜熱帯・温帯海域
全長／150センチ

まるで真珠のような銀白色に輝く体色と、平たい太刀のような魚体からこの名がある。タチウオは、大きさを表す目安として指何本という言い方をする。これは頭部近くの体高を、人の指が何本並ぶかで測るタチウオ独特の計測法。指4本以上はかなりの大物だ。沿岸域の表層から水深300メートルほどの深場まで、またときには汽水域にも入ることが知られている。生態には不明な点が多く、謎多き魚といえる。漢字では太刀魚

ウキ釣り仕掛け

身エサ用
- 道糸・ナイロン5～6号
- ウキ止め
- 大型電気ウキ
- 絡み防止にゴム管（ヨウジ止め）またはからまん棒など
- 竿・磯竿3～4号5.3m
- ［クリンチノット］接続具の結び
- 水中ライト
- ソフトワイヤータイプのハリスを使うこともある
- ハリス・フロロカーボン6号1m
- 好みでタコベイトや夜光パイプ
- ［外掛け結び］ハリの接続
- 中～大型スピニングリール

生きエサ用
- 道糸・ナイロン3号
- ウキ止め
- シモリ玉
- 電気ウキ1～3号
- ゴム管ヨウジ止め
- 中通しナツメオモリ0.8～3号
- ケミカルライト37mm
- 接続
- スナップで接続
- ［クリンチノット］接続具の結び
- 市販の生きエサ用タチウオ仕掛け
- 竿・磯竿2号4.5～5.3m
- 中型スピニングリール

電気ウキ釣り

電気ウキのエサ釣りにおいても日没とともに好時合に突入し、午後8～9時ごろまでが勝負の時間帯。タチウオの群れが大きいときは、堤防などの足下まで寄ってきていることもあるが、一般的には10～20メートルほどキャストして、沖の潮に仕掛けを流してアタリを待つ。

タチウオのベストシーズンは秋。10～11月ごろ、イワシやサヨリを追って沿岸部に回遊してきたときが狙い目だ。タチウオは夜行性であるため、日が沈み始めるころから表層で活発にエサの小魚を追うようになる。

ターゲット別仕掛けマニュアル
タチウオ largehead hairtail

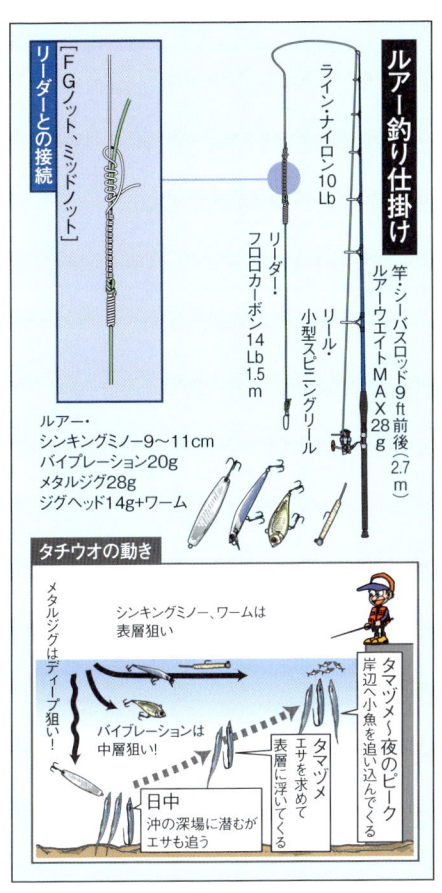

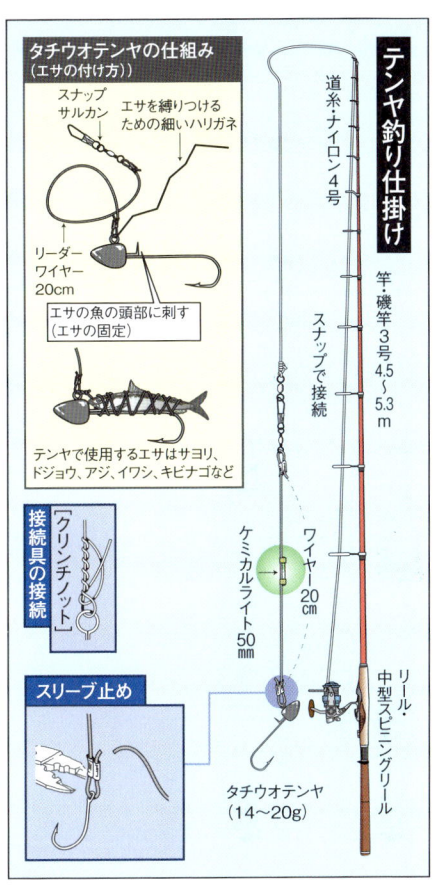

テンヤ釣り仕掛け

- 道糸：ナイロン4号
- 竿：磯竿3号 4.5～5.3m
- スナップで接続
- ワイヤー20cm
- ケミカルライト50mm
- タチウオテンヤ（14～20g）
- リール：中型スピニングリール

タチウオテンヤの仕組み（エサの付け方）
- スナップサルカン
- エサを縛りつけるための細いハリガネ
- リーダーワイヤー20cm
- エサの魚の頭部に刺す（エサの固定）
- テンヤで使用するエサはサヨリ、ドジョウ、アジ、イワシ、キビナゴなど

接続具の接続：クリンチノット
スリーブ止め

ルアー釣り仕掛け

- ライン：ナイロン10Lb
- 竿：シーバスロッド9ft前後（2.7m）ルアーウエイトMAX28g
- リール：小型スピニングリール
- リーダー：フロロカーボン14Lb 1.5m
- ルアー・シンキングミノー9～11cm／バイブレーション20g／メタルジグ28g／ジグヘッド14g＋ワーム

リーダーとの接続：FGノット、ミッドノット

タチウオの動き
- シンキングミノー、ワームは表層狙い
- メタルジグはディープ狙い！
- バイブレーションは中層狙い！
- タマヅメ～夜のピーク 岸辺へ小魚を追い込んでくる
- タマヅメ エサを求めて表層に浮いてくる
- 日中 沖の深場に潜むがエサも追う

タチウオテンヤの引き釣り

関西地区で古くから伝わる釣法で、遠投性に優れ、沖の深いタナをきっちり探ることができるためか、大型タチウオの実績が高い釣法といえる。使用するタチウオテンヤは、大体20グラム前後のものが標準だ。

エサは冷凍キビナゴやドジョウのほかに、サヨリやイワシ、アジなどが使われる。

ルアー釣り

もちろん貪欲なフィッシュイーターだけにルアーでも狙える。釣り方としては、タチウオの泳層に合ったルアーをチョイスして、一定のスロースピードで引いてくるだけだ。

タチウオは斜め立ちして目の前を通過するエサを待っており、ルアーが通過したなら、その腹部目がけて襲いかかってくる。基本的には向こう合わせでヒットするので、合わせは竿を起こす程度で十分だ。

テナガエビ

ベストシーズンは梅雨。シンプルな玉ウキ仕掛けで狙う。アタリはあってもなかなかハリ掛かりしないところが釣り人を熱くさせる！

ウキ釣り仕掛け

道糸・0.8〜1号
竿いっぱい

足付き玉ウキでもOK
シモリウキ
玉ウキ3〜4号
ゴム管

止水用

竿・グラス製万能小物竿か渓流竿
平坦な釣り場1.2〜2.1m、足場の高い釣り座2.4〜3.3m

道糸2回通す
ヨウジ
ツマヨウジ差し込む

[シモリウキの固定]

流れ川用

ナツメ型中通しオモリ0.5〜1号
ゴム管
ガン玉B〜2B

自動ハリス止め（小〜小小）

5〜7cm

ハリス付きエビバリ1〜3号

[接続具の結び]
クリンチノット

ポイント図

アタリがなかったら1〜2分ごとにポイントを小移動させてエビにアピール

クイなどの周り
捨て石など障害物
玉ウキ

エサの付け方

赤虫（チョン掛け）
サシ（通し刺し）
キジ（通し刺し）
5〜6mm
Cut ハサミでカットする

自動ハリス止めとハリスの止め方

①ハリスの先にコブを作る
②下の止め具に通す
③下に引いていくとコブで止まる

【エビ目（十脚目）テナガエビ科】

分布／北海道を除く日本全域の淡水域や汽水域
全長／20センチ

河口部や河川、沼池などに棲むエビの仲間。一番の特徴は長く伸びた鋏脚。これがテナガエビの呼び名に通じる。成体のオスの鋏脚は体長よりも長いが、メスや若い個体は細く短いのが特徴。釣期は6月下旬からで梅雨時がベストシーズン。夜行性で、昼間は石の下や水草の茂みに隠れているが、曇って陽が照っていないときであれば昼でも活動しエサを漁る。漢字では手長蝦

テナガエビ釣り場は平野部の沼や池など淡水域を始め、陸っぱりハゼ釣りと同じく大中河川の中下流域の汽水エリアでも釣ることができる。テトラポッドから捨て石、棒クイ、生活廃棄物まであらゆる障害物周りを好み、とくに日陰部分が好ポイントだ。

釣期は梅雨時のトップシーズンをはさみ5〜10月あたりまで。テナガエビはもともと夜行性だから、早朝から午前9時ごろまでの朝マヅメと、午後3時過ぎのタマヅメがよく、蒸し暑い小雨模様や曇天日は活発に動き回るため絶好の狙い目となる。

釣り方は昔から2〜4本の竿を使った並べ釣りが定石。池や沼など平坦な釣り

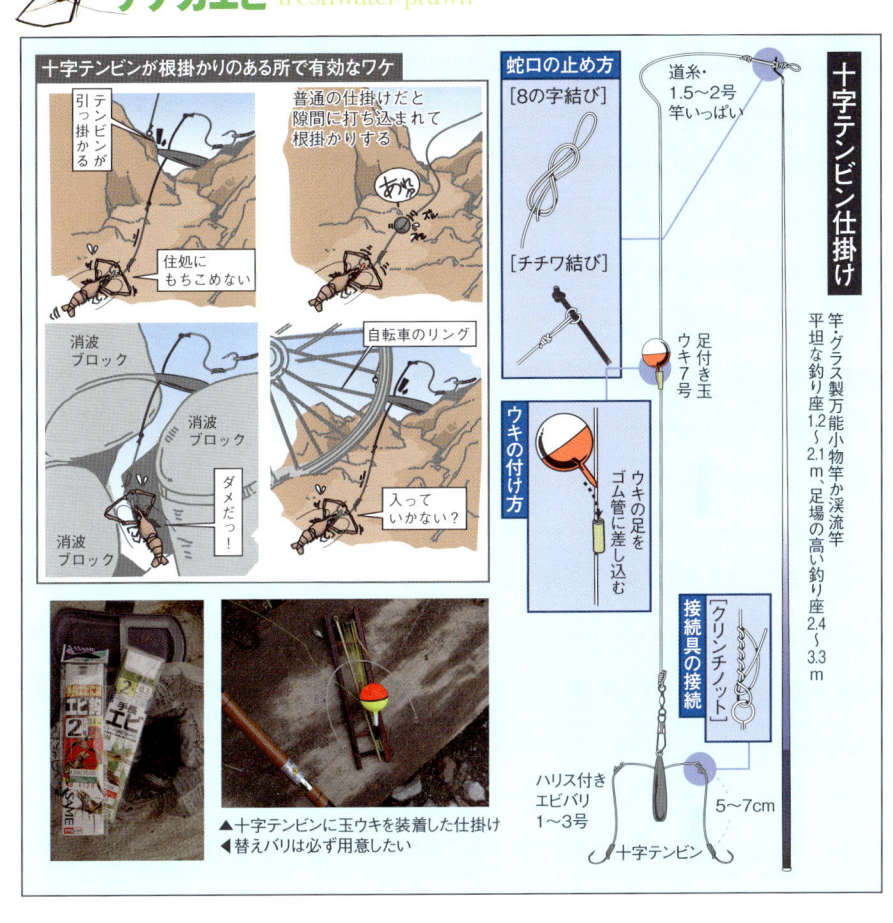

ターゲット別仕掛けマニュアル
テナガエビ freshwater prawn

十字テンビンが根掛かりのある所で有効なワケ

- テンビンが引っ掛かる
- 普通の仕掛けだと隙間に打ち込まれて根掛かりする
- 住処にもちこめない
- 消波ブロック
- ダメだっ！
- 自転車のリング
- 入っていかない？

▶十字テンビンに玉ウキを装着した仕掛け
▶替えバリは必ず用意したい

蛇口の止め方
[8の字結び]
[チチワ結び]

ウキの付け方
ウキの足をゴム管に差し込む

接続具の接続
[クリンチノット]

十字テンビン仕掛

竿・グラス製万能小物竿か渓流竿
平坦な釣り座1.2〜2.1m、足場の高い釣り座2.4〜3.3m

- 道糸・1.5〜2号 竿いっぱい
- 足付き玉ウキ7号
- ハリス付きエビバリ1〜3号
- 5〜7cm
- 十字テンビン

竿は、足場の平坦な釣り座なら大型量販店にある1.2〜2.1メートルのグラス製万能小物竿が最適。1本1000円前後と安価なので数本まとめ買いをしておこう。

一方、足場の高いテトラポッド周りや護岸帯を狙うには、2.4〜3.3メートル級の振出し竿が必要。この場合は清流＆渓流用振出し竿の元竿を数本抜き取って流用しても構わない。

仕掛けは玉ウキ1個の簡素なもの。止水釣り場では玉ウキが自然に沈むぐらいにオモリで調整したい。汽水域の流れのある河口ではナツメ型オモリ0.5〜1号の中通し仕掛けで対処しよう。

ウキ下は、玉ウキを水面下1〜2センチ沈ませるのが基本。障害物周りを中心に数10センチから1メートルほど離し竿を並べ、数分間隔でこまめな誘いを繰り返す。

また、根掛かり多発地帯専用にはヤジロベエ型の「十字テンビン仕掛け」がおすすめ。障害物の中へ逃げ込もうとするテナガエビをシャットアウトしてくれるスグレモノだ。

ハゼ

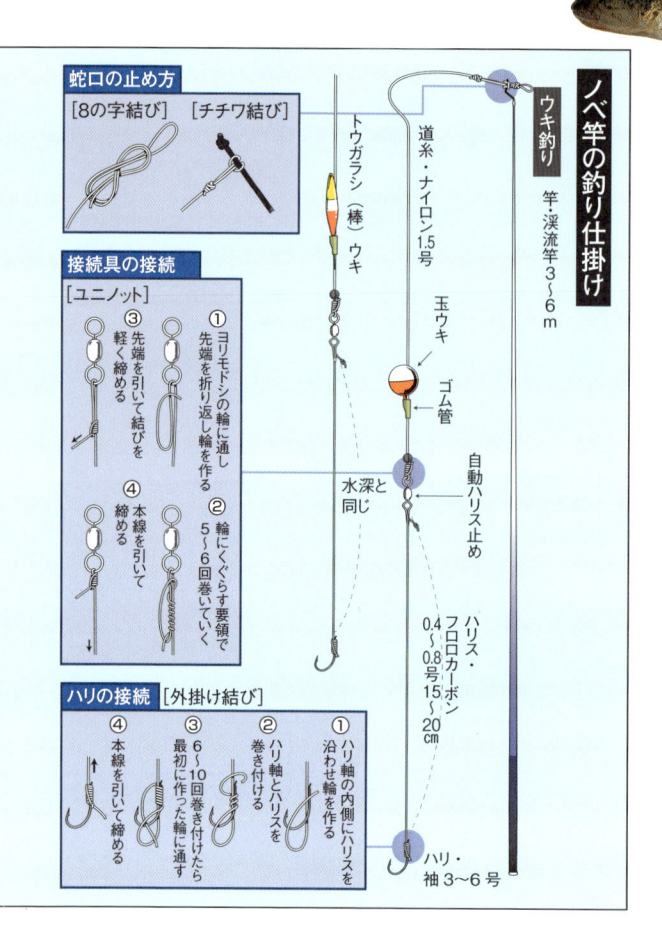

yellowfin goby

ハゼ釣りといえば、ファミリーフィッシングの定番。夏、水深30センチの浅場で楽しむデキハゼ釣りなら、子供連れでも安心だ

【スズキ目ハゼ科】

分布／北海道以南〜種子島、朝鮮半島南部沿岸、沿海州、朝鮮半島、渤海、黄海、シドニー、カリフォルニア
全長／25センチ

内湾や河口域に棲み、とくに砂泥底を好む傾向が強い。幼魚時代は河口から河川に入り、汽水域というよりも淡水域まで入り込むこともある。産卵期は冬で、秋には10センチぐらいにまで急成長する。6月ごろには体長5〜7センチほどのいわゆるデキハゼが浅場で釣れ始め、季節が進むにつれて水深のある所へ移動していく。一般的なマハゼの寿命は1年だが、ヒネハゼと呼ばれる18〜20センチの大型は、育ちが悪い状態で越冬したものと考えられている。漢字では鯊

ノベ竿の釣り仕掛け

ウキ釣り
竿・渓流竿3〜6m

[蛇口の止め方]
[8の字結び][チチワ結び]

[接続具の接続]
[ユニノット]
① 先端を折り返し結び輪を作る
  ヨリモドシの輪に通し
② 輪にくぐらす要領で5〜6回巻いていく
③ 先端を引いて軽く締める
④ 本線を引いて締める

[ハリの接続][外掛け結び]
① ハリ軸の内側にハリスを沿わせ輪を作る
② ハリ軸とハリスを巻き付ける
③ 6〜10回巻き付けたら最初に作った輪に通す
④ 本線を引いて締める

道糸・ナイロン1.5号
トウガラシ（棒）ウキ
玉ウキ
ゴム管
自動ハリス止
水深と同じ
ハリス・フロロカーボン0.4〜0.8号 15〜20cm
ハリ・袖3〜6号

ノベ竿の釣り

ハゼ（マハゼ）は一年魚で、毎年5月下旬から6月初旬にかけて、湾内や河口付近でデキの小型（5〜7センチほど）が釣れ、その後日がたつにつれ少しずつ大きくなる。夏のデキハゼは数釣れるのが特徴で、1日に100尾以上釣れることも珍しくない。この数釣りシーズンはだいたい8月くらいまでで、その後9月以降は徐々に深場へと移動していく。したがってノベ竿（リールなしの竿）で楽しめるのは夏までとなる。

リールなしの竿を使う場合、長さ3〜6メートルほどの渓流竿などを代用することが多い。また万能竿と称する振出し

ターゲット別仕掛けマニュアル

ハゼ yellowfin goby

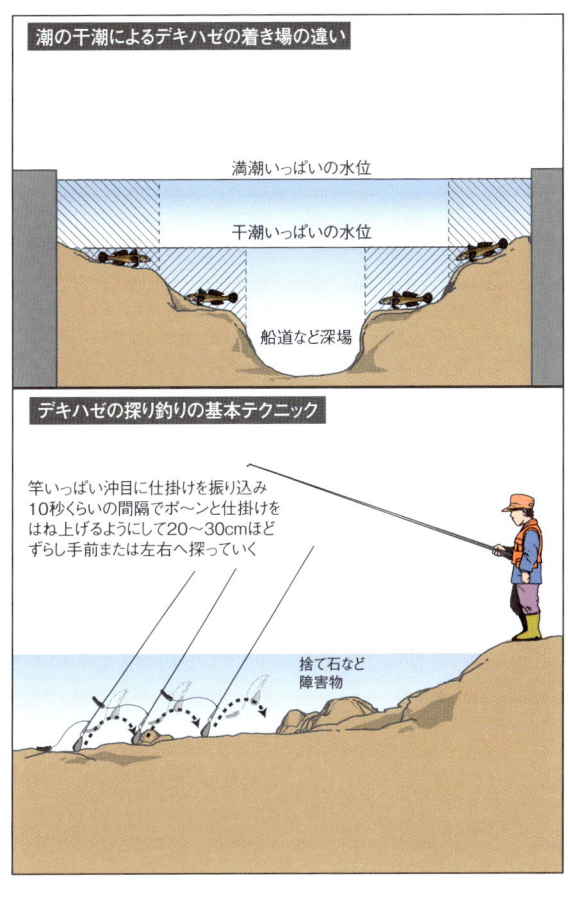

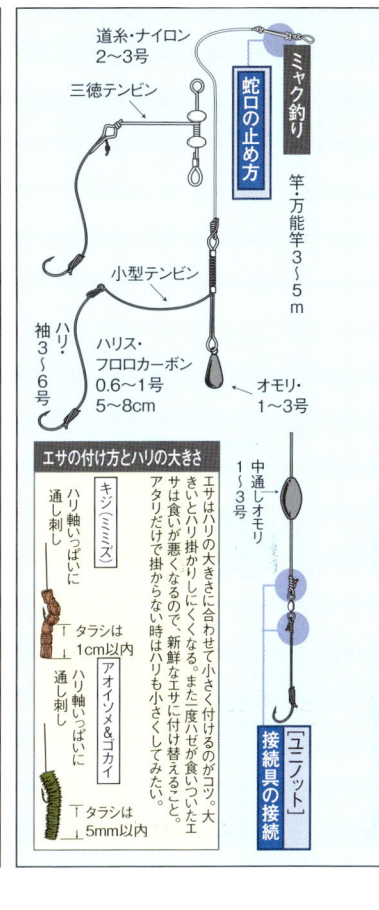

潮の干潮によるデキハゼの着き場の違い

- 満潮いっぱいの水位
- 干潮いっぱいの水位
- 船道など深場

デキハゼの探り釣りの基本テクニック

竿いっぱい沖目に仕掛けを振り込み、10秒くらいの間隔でポ～ンと仕掛けをはね上げるようにして20～30cmほどずらし手前または左右へ探っていく

捨て石など障害物

ミャク釣り　蛇口の止め方

- 道糸・ナイロン 2～3号
- 三徳テンビン
- 竿万能竿3～5m
- 小型テンビン
- ハリ・袖3～6号
- ハリス・フロロカーボン 0.6～1号 5～8cm
- オモリ・1～3号

エサの付け方とハリの大きさ

エサはハリの大きさに合わせて小さく付けるのがコツ。大きいとハリ掛かりしにくくなる。また、一度ハゼが食いついたエサは食いが悪くなるので、新鮮なエサに付け替えること。アタリだけで掛からない時はハリも小さくしてみたい。

- キジ（ミミズ）: ハリ軸いっぱいに通し刺し　タラシは1cm以内
- アオイソメ＆ゴカイ: ハリ軸いっぱいに通し刺し　タラシは5mm以内

［ユニット］接続具の接続

- 中通しオモリ 1～3号

竿でもよい。リール竿でも釣りはできるが、ポイントが足下付近で仕掛けを投げる必要もないため、ノベ竿のほうが圧倒的に使いやすい。

この時期の釣り方はウキ釣りとミャク釣りの2つが代表的で、投げ釣りなどは深場にハゼが落ちる秋以降に有効な釣法となる。

夏のハゼは水深の深い場所には少ない。水深が足元から1メートル以上あるようなポイントよりも、沖に向かって少しずつ深くなっていくような砂地の海底がよい。運河や河口などのこうしたポイントでは、水深が30センチもあればハゼのいる可能性が高い。したがって、まず足下から探ってみてアタリがないようなら徐々に沖目を探るといいだろう。もし10分以上探ってみてまったくアタリがないような場所を変えるほうがいい。シーズン初期のハゼはポイントの優劣で大きく釣果が変わることが多いのだ。

エサはゴカイ、アオイソメ、ジャリメ、ミミズ（キジ）など。いずれも小さく切ってハリに付けること。

リール竿の釣り仕掛け

ちょい投げ釣り
竿・ボートロッドなどの万能竿

- 道糸・ナイロン2号
- 小型テンビン
- オモリ・5～10号
- ハリス・0.8～1号 30cm
- リール・小型スピニングリール

落ちハゼ釣りの投げ釣り仕掛け

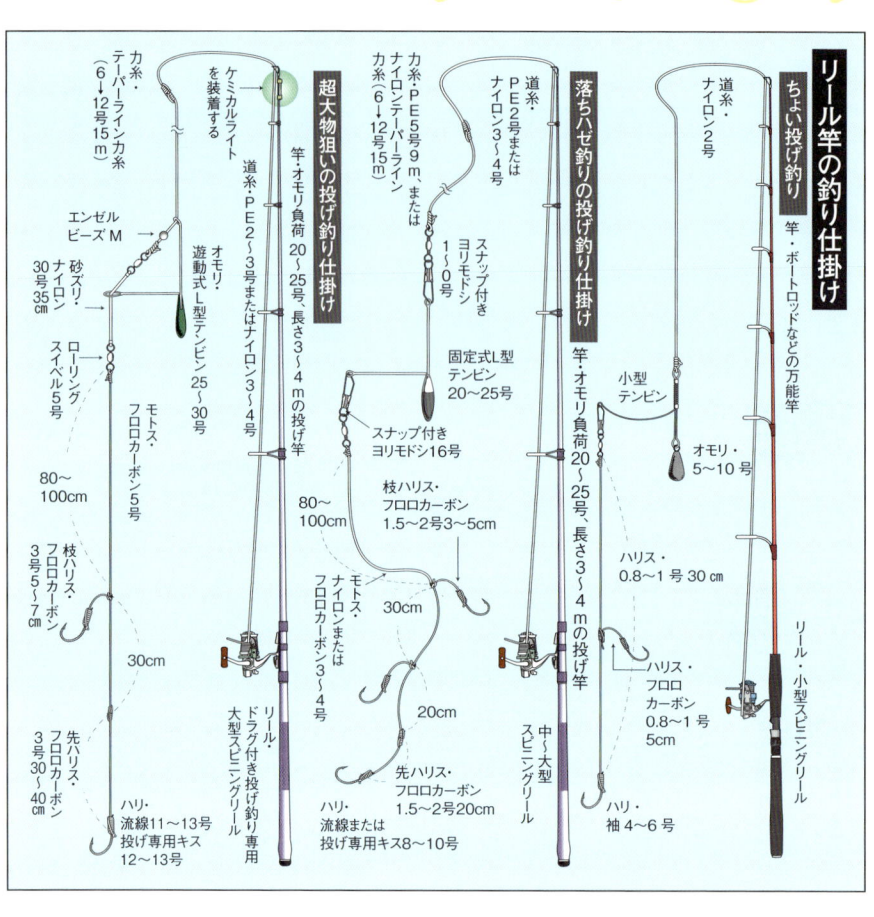

- 道糸・PE2号またはナイロン3～4号
- スナップ付きヨリモドシ1～0号
- 竿・オモリ負荷20～25号、長さ3～4mの投げ竿
- 固定式L型テンビン20～25号
- スナップ付きヨリモドシ16号
- 枝ハリス・フロロカーボン1.5～2号 3～5cm
- 30cm
- 20cm
- 先ハリス・フロロカーボン1.5～2号 20cm
- ハリ・流線または投げ専用キス8～10号
- モトス・ナイロンまたはフロロカーボン3～4号
- リール・ドラグ付き投げ釣り専用大型スピニングリール
- ハリ・袖4～6号
- ハリス・フロロカーボン0.8～1号 5cm
- 中～大型スピニングリール

超大型狙いの投げ釣り仕掛け

- 道糸・PE5号9m、またはナイロンテーパーライン カ糸《6→12号15m》
- ケミカルライトを装着する
- エンゼルビーズM
- 砂ズリ・ナイロン30号 35cm
- ローリングスイベル5号
- モトス・フロロカーボン5号
- 80～100cm
- 枝ハリス・フロロカーボン3号 5～7cm
- 30cm
- 先ハリス・フロロカーボン3号 30～40cm
- ハリ・流線11～13号投げ専用キス12～13号
- オモリ・遊動式L型テンビン25～30号
- 竿・オモリ負荷20～25号、長さ3～4mの投げ竿
- カ糸・PE2号またはナイロンテーパーライン カ糸《6→12号15m》

リール竿の釣り

ハゼを投げ釣りで狙っておもしろくなるのは9月以降で、このころになると全長12～15センチほどに成長している。その後、水温の低下とともに徐々に深場へと移動していき、とくに12月に入ると投げ釣りでなければポイントに届かなくなってしまう。このころ釣れるハゼは「落ちハゼ」と呼ばれ、体長15～20センチ級の大型が多い。おせち料理のハゼの甘露煮にぴったりのサイズで、毎年12月になると釣りに行くという人も多い。

9～10月ころのハゼ釣りでは、まだ本格的な投げ釣りタックルは必要ない。とくにエサにゴカイを使用する場合は、投げたときのエサ切れを防ぐ意味でもルアー竿やオモリ負荷15号以内の軟らかいちょい投げ竿が適している。

使用するオモリも軽めで、場所によっては8号程度で十分なこともある。この場合、本格的な投げ釣り用のL型テンビンやジェットテンビンよりも、船釣り用のキステンビンのほうが釣趣を味わえる

ターゲット別仕掛けマニュアル
ハゼ yellowfin goby

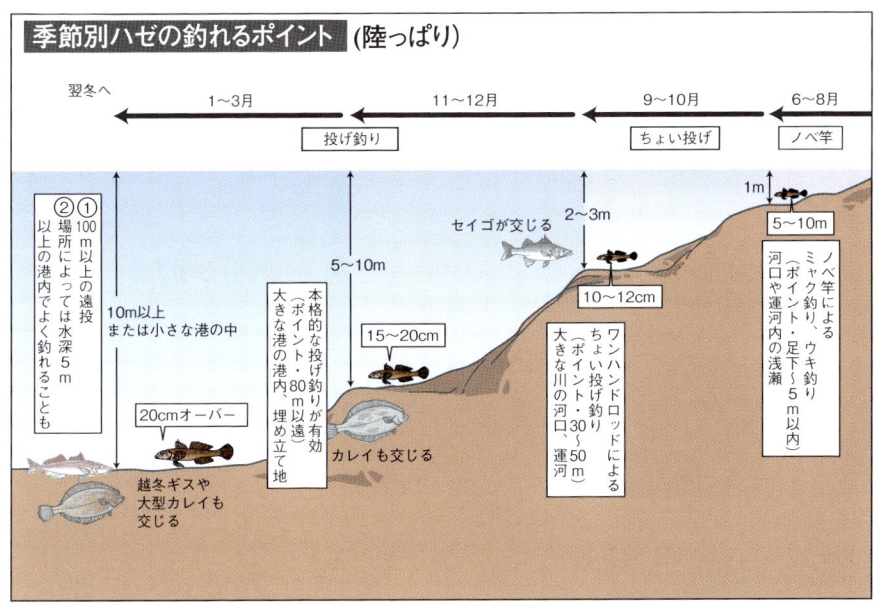

季節別ハゼの釣れるポイント (陸っぱり)

翌冬へ ← 1〜3月 | 11〜12月 | 9〜10月 | 6〜8月
投げ釣り | ちょい投げ | ノベ竿

① 100m以上の遠投
② 場所によっては水深5m以上の港内でよく釣れることも

10m以上または小さな港の中

20cmオーバー
越冬キスや大型カレイも交じる

本格的な投げ釣りが有効（ポイント・80m以遠 大きな港の港内、埋め立て地）

15〜20cm
カレイも交じる

5〜10m
セイゴが交じる
2〜3m

ワンハンドロッドによるちょい投げ釣り（ポイント・30〜50m）大きな川の河口、運河

10〜12cm

1m
5〜10m

ノベ竿によるミャク釣り・ウキ釣り（ポイント・足下〜5m以内）河口や運河内の浅瀬

▲近ごろは小型でオモリも軽い、ちょい投げ専用のテンビンが市販されている

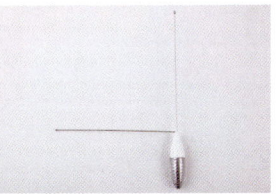

▲本格的な投げ釣りで使われる、オモリとテンビンが一体となったL型テンビン

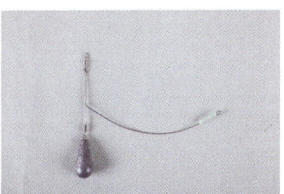

▲キス用弓型テンビンにナスオモリを装着したもの。ちょい投げ釣りでは最もよく使われる

　最近では「ちょい投げテンビン」なる製品も市販されている。
　道糸はナイロンラインで十分だが、PEラインを使用すれば、10センチ以下の小型ハゼのアタリも驚くほど明瞭に伝わってくる。
　さらに季節が進み、落ちハゼの時期になるとポイントも陸からある程度遠くなってしまうので、オモリ負荷20〜25号程度の投げ竿を用意したい。使用するオモリは、ポイントまでの距離に応じて20〜25号のL型テンビンを使い分ける。この場合、固定式でも遊動式でもよいが、遊動式のほうがアタリは楽しめる。
　ハゼの釣り場は河口域や内湾の埋立地に多いため、海底に貝殻やゴミなどの障害物も多く、頻繁な根掛かりを避けるためにハリ数は2〜3本以内としたい。
　また、落ちハゼ釣り場の多くでは、中小型のカレイも同時に狙うことができる。カレイがポツポツ交じるようなら、ハリスを3号以上にしておくと、30センチオーバーのカレイが掛かっても安心して抜き上げられる。

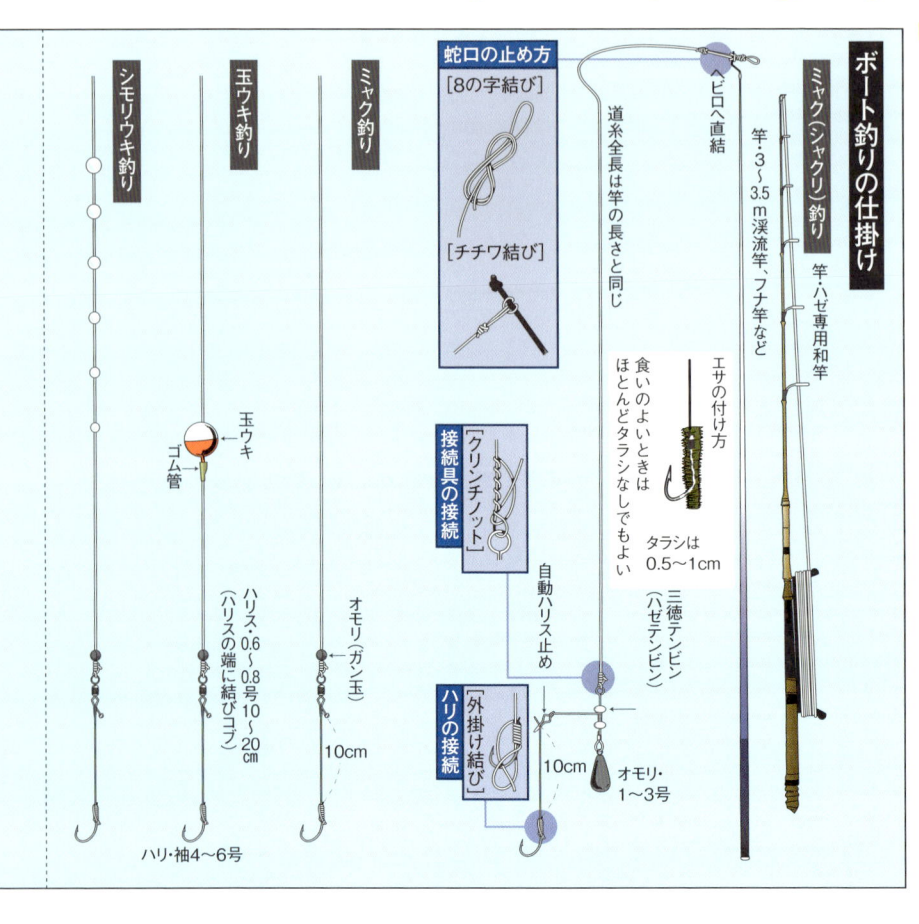

yellowfin goby ハゼ

ボート釣りの仕掛け

ミャク(シャクリ)釣り
竿・ハゼ専用和竿
竿・3〜3.5m渓流竿、フナ竿など

蛇口の止め方
[8の字結び]
[チチワ結び]

ヘビロへ直結
道糸全長は竿の長さと同じ

エサの付け方
食いのよいときはほとんどタラシなしでもよい
タラシは0.5〜1cm

三徳テンビン(ハゼテンビン)

接続具の接続
クリンチノット

自動ハリス止め

ハリの接続
外掛け結び

オモリ・1〜3号

ミャク釣り
オモリ(ガン玉)
10cm

玉ウキ釣り
玉ウキ
ゴム管
ハリス0.6〜0.8号10〜20cm(ハリスの端に結びコブ)
ハリ・袖4〜6号

シモリウキ釣り

10cm

ボート釣り

早い所では5月下旬から釣れ始める陸っぱりのハゼだが、ボートでは9〜10月ごろに盛期を迎える。釣り場によっては晩秋から正月にかけてよく釣れる所もある。

竿はシロギス竿などでもいいが、軽いオモリを使うためなるべく穂先の軟らかい竿が釣りやすい。ベテランの中には専用に作られた竹のハゼ用の和竿を使う人もいる。仕掛けにはハゼ用の三徳テンビンを使用し、オモリが着底したら底を小づくミャク釣りが基本だ。河口の浅い所なら、ウキ釣りもおもしろい。

また軽く投げ、ゆっくりとリールを巻きながら誘いをかける投げ釣りもある。投げる場合は仕掛けがテンビンや道糸に絡むのを防ぐため、小型のキス用片テンビンを使用する。

アタリを見逃さないためには、ミャク釣りでも投げ釣りでも道糸は絶えず張り気味にしておくことが大切。ググッとか、いきなりブルブルッと明確なアタリ

146

ターゲット別仕掛けマニュアル

ハゼ yellowfin goby

▼貸し竿を用意しているボート店もある（要確認）

▲ボート店で貸しボートを借りて、釣り場へ

▲ハゼは小さな女の子でも比較的簡単に釣れる

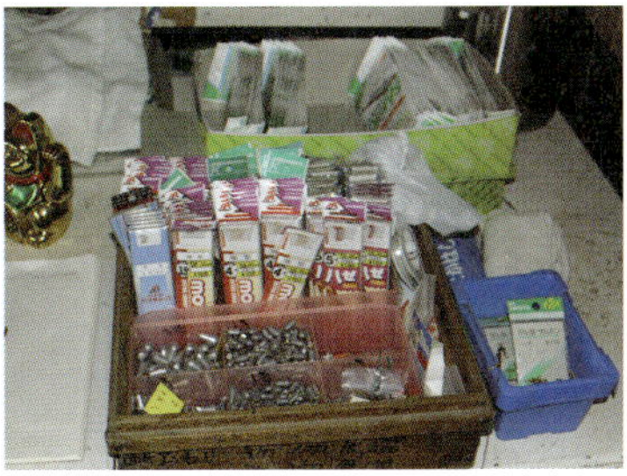

▲仕掛け類をボート店で購入できる場合もあるが、販売していない所もあるので事前に確認する

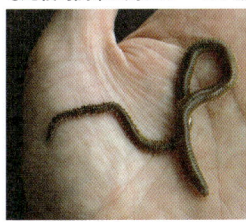

▲エサはアオイソメが一般的

▲釣り場は穏やかな所が多いので、子供連れでも安心して楽しめる

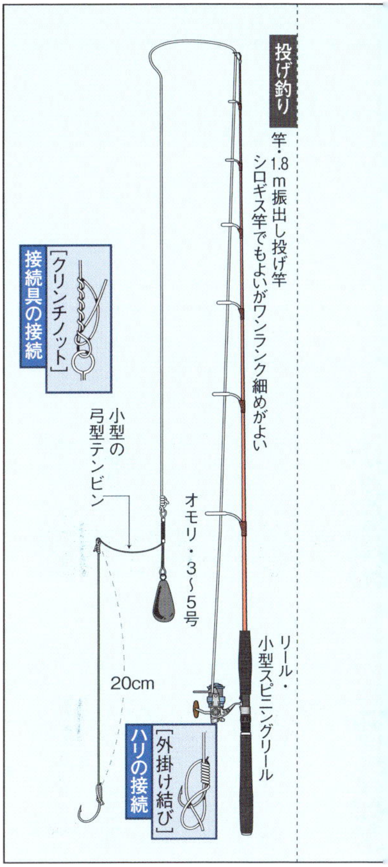

[投げ釣り]
竿 1.8m振出し投げ竿　シロギス竿でもよいがワンランク細めがよい

[接続具の接続]　クリンチノット

小型の弓型テンビン

オモリ・3〜5号

20cm

[ハリの接続]　外掛け結び

リール・小型スピニングリール

　がきたら、軽く竿先を立てる程度に合わせればOK。大合わせは必要ない。
　晩秋から冬のハゼ釣りはやや深い所がポイントとなり、アタリも微妙で合わせ方も難しくなってくる。小さなクックッというアタリかモタレを感じ取り、素早い合わせが必要となる。とくにマニアックなベテラン釣り師は、いかに微妙なモタレを感じ取ってハリに掛けるかを追究する人も多い。そのために、感度のよい中通しの和竿が使われる。
　ハゼ釣りのエサは、ゴカイが最良だ。ほかの環虫類に比べて軟らかく、食いがいいからだ。ただし、近年はゴカイが入手しにくくなっているので、ジャリメやアオイソメをおもに使う。この場合、できるだけ細めで軟らかな部分を使うのが望ましい。
　エサの付け方は、浅い所を釣る場合はハリ先から1センチほどタラシ、深場狙いではもう少し長くするとよい。食いのよいときは小さなエサのほうがよく、また一度食ったエサ（口から出てきたもの）でも続けて釣れる。

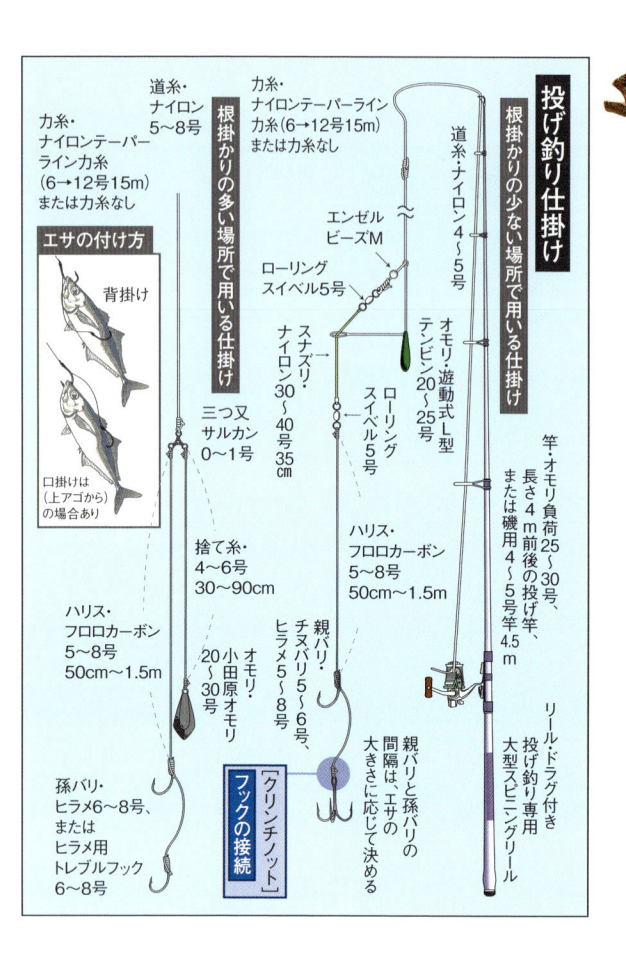

ヒラメ flounder

高級魚・ヒラメも陸っぱりから釣ることができる。
生きエサの投げ釣りやルアーで狙う。
もちろんボートからもOKだ!

【カレイ目ヒラメ科】

分布／北海道以南の日本各地沿岸に分布。サハリン、東シナ海
全長／100センチ

体形は縦扁し、片側に両方の目がある。ヒラメは目を上に、口を下にして置くと左向きになる。逆にカレイの多くは右向きになるため「左ヒラメに右カレイ」と称し、見分ける際の目安にする。砂地、砂礫底、岩礁帯の海底に潜み、おもに小魚類を襲って捕食する。砂浜からの投げ釣りやルアー釣りで釣れることがある。食べては刺身、ソテー、寿司などどんな調理法でも非常に美味。高級魚の代表格だ。漢字では鮃

投げ釣り仕掛け

根掛かりの少ない場所で用いる仕掛け

- 道糸・ナイロン5～8号
- 力糸・ナイロンテーパーライン力糸(6→12号15m)または力糸なし
- エンゼルビーズM
- ローリングスイベル5号
- オモリ・遊動式L型テンビン20～25号
- ハリス・フロロカーボン5～8号 50cm～1.5m
- 親バリ・チヌバリ5～6号、ヒラメ5～8号
- 孫バリ・ヒラメ6～8号、またはヒラメ用トレブルフック6～8号

根掛かりの多い場所で用いる仕掛け

- 力糸・ナイロンテーパーライン力糸(6→12号15m)または力糸なし
- スナズリ・ナイロン30～40号 35cm
- 三つ又サルカン0～1号
- 捨て糸・4～6号 30～90cm
- オモリ・小田原オモリ20～30号
- ハリス・フロロカーボン5～8号 50cm～1.5m

【クリンチノット】フックの接続

親バリと孫バリの間隔は、エサの大きさに応じて決める

エサの付け方
- 背掛け
- 口掛け（上アゴからの場合あり）

タックル
- 道糸・ナイロン4～5号
- 竿・オモリ負荷25～30号、長さ4m前後の投げ竿、または磯用4～5号竿4.5m
- リール・ドラグ付き投げ釣り専用大型スピニングリール

陸っぱりからヒラメを狙う場合、陸近くに接岸する秋～冬がベストシーズン。とくに常磐方面の釣り場では、11月中旬～12月中旬ごろに大型の実績が高い。

タックルは一般的な投げ竿か、あるいは磯用3～5号竿に中型スピニングリールを用いる。仕掛けは釣り場の海底の状況に応じて使い分ける。海底が完全な砂地で根掛かりがほとんどないような場所ではL型テンビンを用いた仕掛け、根掛かりがある場所では、捨てオモリ式仕掛けを用いる。いずれの場合も、ハリは孫バリ式に結んでおくのが特徴だ。

エサは生きた小アジがベスト。手に入らないときは冷凍アジやイワシなどでも代用できる。

ターゲット別仕掛けマニュアル

ヒラメ flounder

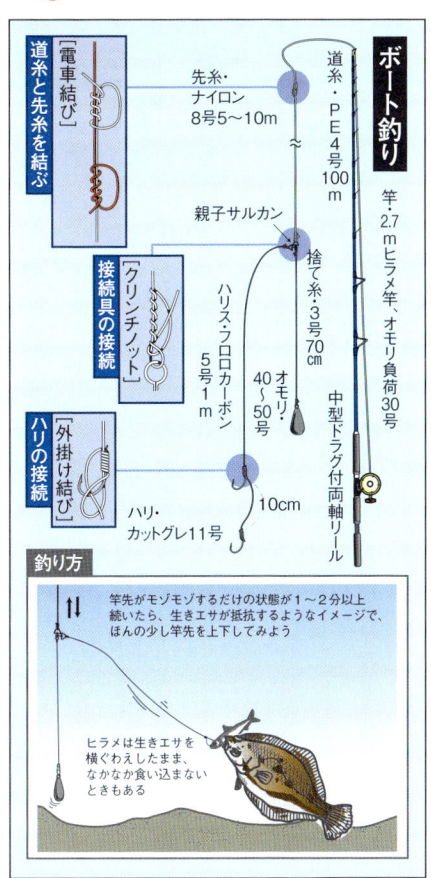

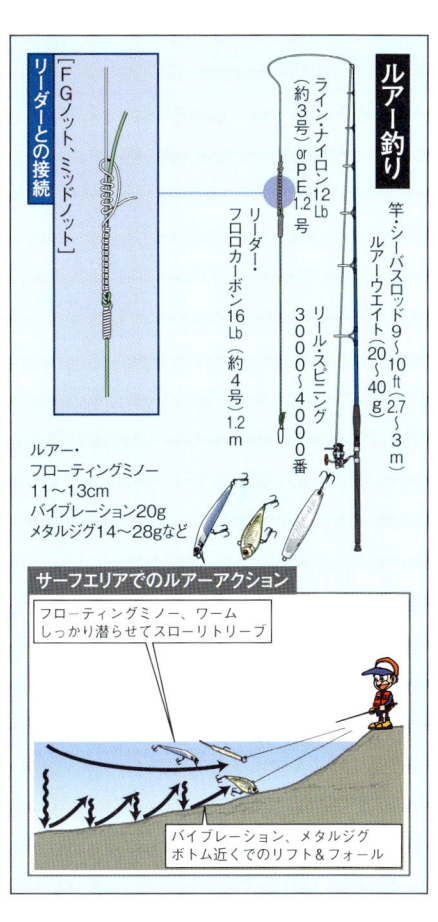

ボート釣り

- 道糸・PE4号 100m
- 先糸・ナイロン8号 5～10m
- 道糸と先糸を結ぶ（電車結び）
- 親子サルカン
- 接続具の接続（クリンチノット）
- 捨て糸・3号 70cm
- ハリス・フロロカーボン5号 1m
- オモリ・40～50号
- ハリの接続（外掛け結び）
- ハリ・カットグレ11号
- 10cm
- 竿：2.7mヒラメ竿、オモリ負荷30号
- 中型ドラグ付両軸リール

釣り方

竿先がモゾモゾするだけの状態が1～2分以上続いたら、生きエサが抵抗するようなイメージで、ほんの少し竿先を上下してみよう

ヒラメは生きエサを横ぐわえしたまま、なかなか食い込まないときもある

ルアー釣り

- ライン・ナイロン12Lb（約3号）orPE1.2号
- リーダーとの接続（FGノット、ミッドノット）
- リーダー・フロロカーボン16Lb（約4号）1.2m
- 竿：シーバスロッド9～10ft（2.7～3m）ルアーウエイト（20～40g）
- リール・スピニング3000～4000番
- ルアー・フローティングミノー 11～13cm、バイブレーション20g、メタルジグ14～28gなど

サーフエリアでのルアーアクション

フローティングミノー、ワーム しっかり潜らせてスローリトリーブ

バイブレーション、メタルジグ ボトム近くでのリフト＆フォール

もちろん、フィッシュイーターなのでルアーターゲットとしても知られている。フィールドは堤防や磯よりもサーフが釣りやすく、実績も上がっている。使用ルアーはミノー、メタルジグ、ソフトルアー＋ジグヘッドなど。

底棲魚だからといって、海底をズルズル引きずってもまず釣れない。ヒラメは底から上の層を意識して、通りかかった小魚に飛びかかる習性がある。このためルアーは海底から着かず離れず泳がせるのがコツだ。

ボート釣り

ヒラメをボートで狙う場合は、産卵のため浅場に乗っ込んでくる春～初夏ごろが狙い目だ。仕掛けは胴つき1本ハリスの孫バリ付き。

アジやイワシなどの生きエサを装着しオモリが着底したら、ハリス分だけタナを切って狙う。ボートの場合、シロギス釣りなどのついでに置き竿で狙うということが多いので、なるべく胴の軟らかい竿を使用する。

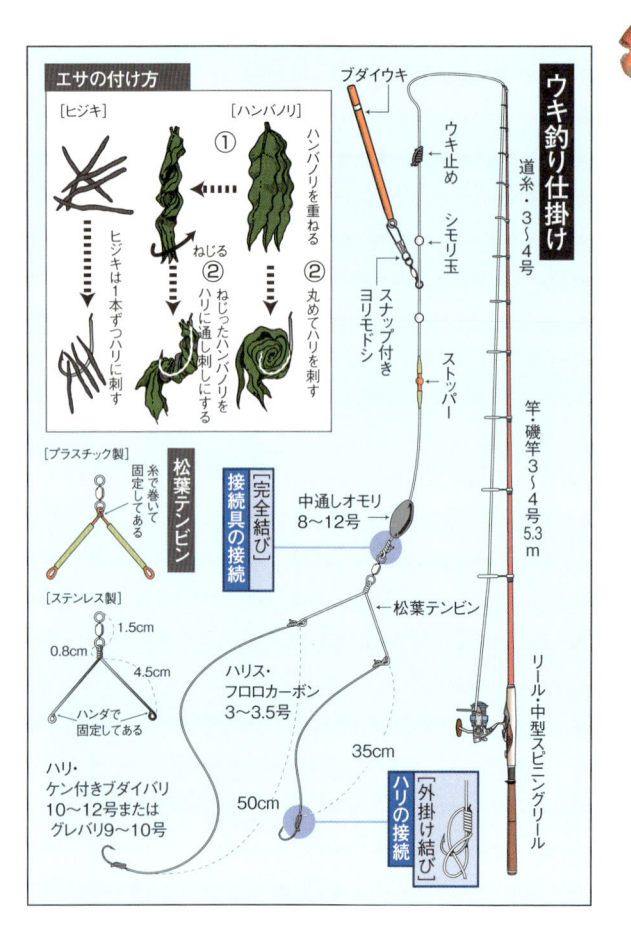

ブダイ

japanese parrotfish

冬はハンバノリやヒジキのウキ釣り、夏はカニエサのブッコミ釣りで狙う。冬のブダイは臭みがなく美味

【スズキ目ブダイ科】

分布／南日本、琉球列島、小笠原諸島、韓国、ハワイ
全長／55センチ

非常に大きなウロコに覆われているのが特徴だ。体色は赤橙色や淡緑色、褐色などが複雑に入り組んだモザイク模様。性転換する魚で、メスのころは全体に赤味が強くオスになると吻部や尾ビレを除いて青緑色が強くなる傾向がある。岩礁帯を好み、決まったエリアを生活圏にした縄張りに近い行動をとることが多い。夜は眠るため、日中にしか釣れない。春から秋にかけては甲殻類、冬場にはハンバノリなどの海藻を主食とする。漢字では武鯛、舞鯛

ウキ釣り仕掛け

道糸・3～4号
ブダイウキ
ウキ止め
シモリ玉
スナップ付きヨリモドシ
ストッパー
竿・磯竿3～4号 5.3m
中通しオモリ 8～12号
[完全結び]
接続具の接続
松葉テンビン
ハリス・フロロカーボン 3～3.5号
35cm
50cm
[外掛け結び]
ハリの接続
ハリ・ケン付きブダイバリ 10～12号またはグレバリ9～10号
リール・中型スピニングリール

エサの付け方

[ヒジキ]
ヒジキは1本ずつハリに刺す

[ハンバノリ]
① ハンバノリを重ねる
② ねじる／丸めてハリに通し刺しにする
ねじったハンバノリをハリに刺す

松葉テンビン

[プラスチック製] 糸で巻いて固定してある

[ステンレス製]
1.5cm
0.8cm
4.5cm
ハンダで固定してある

ウキ釣り

ブダイのウキ釣りで特徴的なのは大きく細長いウキと、2本バリ仕様のブダイ用テンビンだ。長いものでは1メートルほどもあるウキを使うのは、ブダイのアタリがまるでヘラブナのように微妙で繊細だからだ。さらに沖目のポイントを攻略するため、遠投可能な大きさが必要になる。テンビンを使うのは長いハリスを絡みにくくし、付けエサの軽い海藻をより自然に流すためだ。

ブダイはエサが海底を引きずっていたり、水面下わずかな所に垂れていたりしたら食ってこない。「ブダイは根頭を釣れ」といわれる所以だ。そこでウキを使

ターゲット別仕掛けマニュアル
ブダイ japanese parrotfish

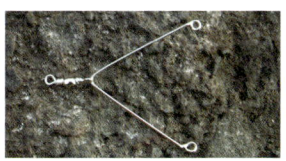

ブダイ釣りに使う松葉テンビン。ハリスを2本出す

ブダイのウキ釣りでは、オモリ負荷8〜20号の大型棒ウキを使う

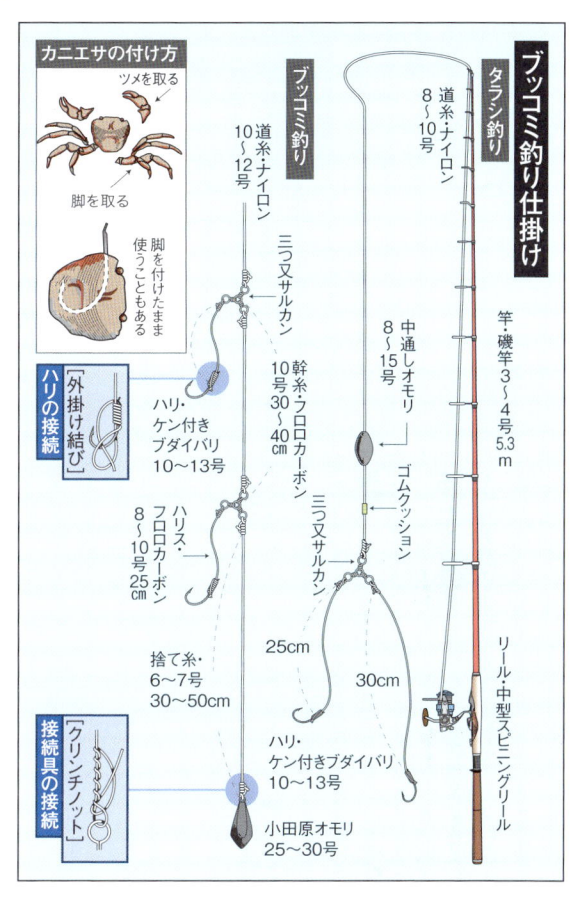

ハンバノリは冬のブダイ釣りの定番エサだ

ブッコミ釣り仕掛け

【ウキ釣り】
- 竿・磯竿3〜4号 5.3m
- リール・中型スピニングリール
- 道糸・ナイロン 8〜10号
- 中通しオモリ 8〜15号
- ゴムクッション
- 三つ又サルカン

【ブッコミ釣り】
- 道糸・ナイロン 10〜12号
- 三つ又サルカン
- 幹糸・フロロカーボン 10号 30〜40cm
- ハリ・ケン付きブダイバリ 10〜13号
- ハリス・フロロカーボン 8〜10号 25cm
- 捨て糸・6〜7号 30〜50cm
- ハリ・ケン付きブダイバリ 10〜13号
- 小田原オモリ 25〜30号
- 25cm / 30cm

【カニエサの付け方】
- ツメを取る
- 脚を取る
- 脚を付けたまま使うこともある

【外掛け結び】ハリの接続
【クリンチノット】接続具の接続

ってタナを探るわけだが、2本バリの長いほうのハリが根頭の数センチ上にあるようにセッティングする。

大きく細長い棒ウキに出るアタリは、繊細でかつ様々なパターンがあるが、ほかの魚のようにいきなりウキを引き込むようなことはあまりない。だいたいウキのトップが10〜20センチほど水面から出るように浮力を調節するが、このウキが半分くらい海中に引き込まれたり、またじわじわと水面下へ沈んでいってウキの頭がわずかに水面へ残るといったアタリが多い。

ブッコミ釣り

ブッコミ釣りは石物の胴つき仕掛けとまったく同じで、冬場は海藻（ハンバノリ）をエサにするが冬場以外はカニをエサにする。そのため水温の高い時期はイシガキダイやイシダイも食ってくる。秋磯では、石物とブダイの両魚種を狙いで竿を出している人も多い。ブッコミ釣りは足下から水深があるポイントや釣り座が高い場所での釣りに向いている。

ベイカ・ヒイカ

beka squid

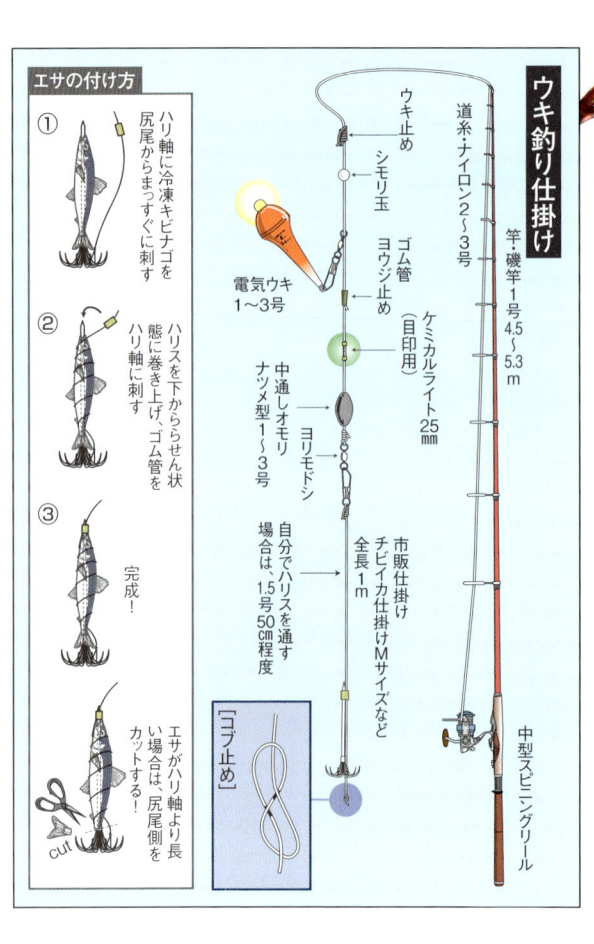

胴長10センチ前後の小型イカ。
シンプルなミャク釣りで狙うことが多いが、
近年流行の極小餌木での釣りもおすすめ！

【ツツイカ目ヤリイカ科】

分布／日本列島沿では有明海、八代海、岡山県付近にのみ棲息する（ベイカ）
全長／8センチ

ベイカは小型のイカで、内湾性が強い。沖合にいくと近縁のジンドウイカやヒメジンドウイカが多くなる。産卵期は4～8月で、半年ほどで外套長5～6センチに成長。オスよりもメスのほうが大きくなり、オス66ミリ、メス87ミリの記録がある。エンペラ（耳）は丸みを帯びる。日本では有明海、八代海、岡山県付近にのみ棲息。岡山県ではベカ、チイチイイカとも呼ばれる。漢字では紅鳥賊、米鳥賊。ヒイカは若いケンサキイカやジンドウイカなど、小型のイカ全般を指す

ウキ釣り仕掛け

- 竿・磯竿1号 4.5～5.3m
- 道糸・ナイロン2～3号
- ウキ止め
- シモリ玉
- ゴム管
- ヨウジ止め
- 電気ウキ1～3号
- ケミカルライト25mm（目印用）
- 中通しオモリ ナツメ型1～3号
- ヨリモドシ
- 市販仕掛け チビイカ仕掛けMサイズなど 全長1m
- 自分でハリスを通す場合は、1.5号50cm程度
- 中型スピニングリール
- ［コブ止め］

エサの付け方

① ハリ軸に冷凍キビナゴを尻尾からまっすぐに刺す

② ハリスを下かららせん状態に巻き上げ、ゴム管をハリ軸に刺す

③ 完成！

エサがハリ軸より長い場合は、尻尾側をカットする　cut

ヒイカとは、真冬のころに大阪湾や名古屋港などの内湾に入り込んでくるケンサキイカなどの若い個体のこと。ベイカとは岡山県の干潟や九州の有明海など特定地域に棲息する固有種で、成長しても胴長は10センチほどにしかならない小型種のイカである。こちらは真冬と真夏のころに接岸し、いずれの釣期も1カ月ほどで終了する。

ただ見た目にヒイカとベイカの判別は難しく、習性や釣り方に関しても大きな差異は見られない。釣りをするうえでは、棲息域こそ違えど、同じ釣り方で狙えばよい。

習性としては、夜に活動するのはほかのイカ類と同じだが、小型のイカだ

ターゲット別仕掛けマニュアル
ベイカ・ヒイカ beka squids

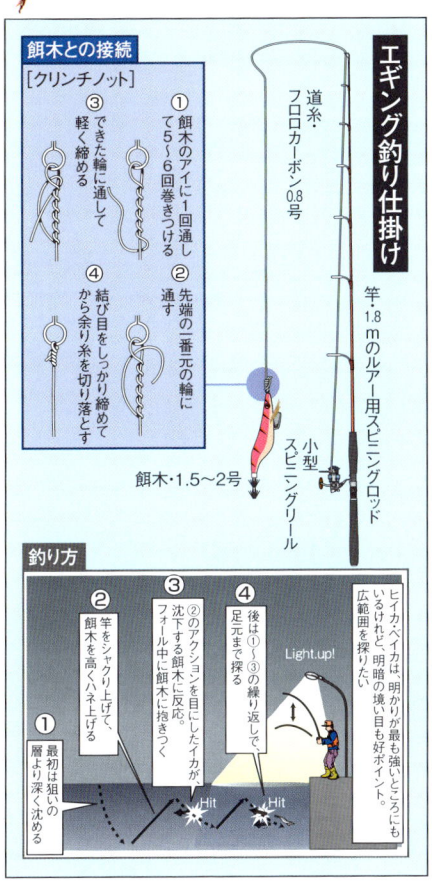

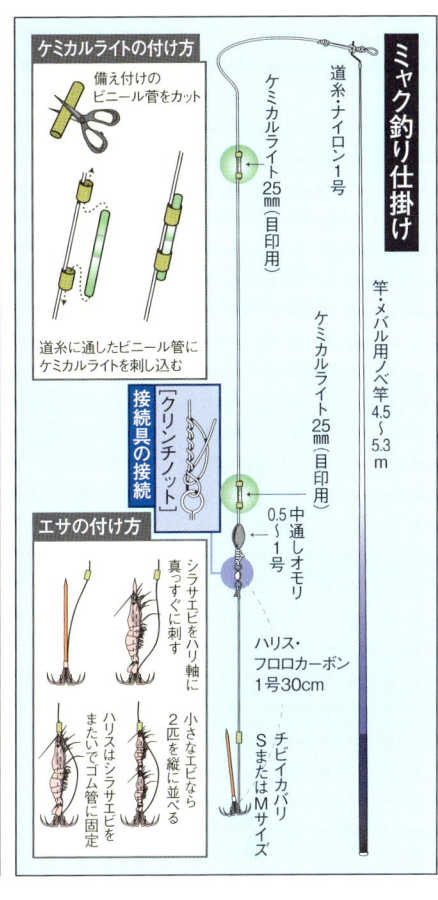

ミャク釣り仕掛け

- 道糸・ナイロン1号
- 竿・メバル用ノベ竿 4.5〜5.3m
- ケミカルライト25mm（目印用）
- ケミカルライト25mm（目印用）
- 中通しオモリ 0.5〜1号
- ハリス・フロロカーボン 1号30cm
- チビイカバリSまたはMサイズ

ケミカルライトの付け方
備え付けのビニール管をカット
道糸に通したビニール管にケミカルライトを刺し込む

接続具の接続［クリンチノット］

エサの付け方
- シラサエビをハリ軸に真っすぐに刺す
- 小さなエビなら2匹を縦に並べる
- ハリスをシラサエビをまたいでゴム管に固定

エギング釣り仕掛け

- 道糸・フロロカーボン0.8号
- 竿・1.8mのルアー用スピニングロッド
- 小型スピニングリール
- 餌木・1.5〜2号

餌木との接続［クリンチノット］
① 餌木のアイに1回通して5〜6回巻きつける
② 先端の一番元の輪に通す
③ できた輪に通して軽く締める
④ 結び目をしっかり締めてから余り糸を切り落とす

釣り方
① 最初は狙いの層より深く沈める
② 竿をシャクリ上げて、餌木を高くハネ上げる
③ ②のアクションを目にしたイカが沈下する餌木にフォール中に抱きつく
④ 後は①〜③の繰り返しで、足元まで探る
- ヒイカ・ベイカは、明かりが最も強いところにもいるけれど、明暗の境目も好ポイント。広範囲を探りたい
- Light up!

に、普段食べているエサもエビや2〜3センチの小魚が多くなる。そのため、常夜灯の明かりが水面を照らす所が一級ポイントで、その明かりの中や明暗の境目を狙うこととなる。

釣り方は、関西方面では電気ウキ仕掛けで狙うことが多いのだが、岡山方面のベイカ釣りでは、ノベ竿によるミャク釣りで楽しむ人が多い。もちろん、どちらの釣り方でもヒイカ・ベイカを狙うことは可能で、釣り場の形態や自分の好みで選べばよい。

ウキ釣りの長所は広範囲を探れることで、ミャク釣りの長所はアタリを含めて釣り味を存分に楽しめることにある。

また近年のエギングブームを受けて、エギングでヒイカ・ベイカを狙う人も増えてきた。常夜灯の下で釣れるため、イカが餌木に抱きつくところを見ながらのサイトフィッシングも楽しめる。

ヒイカ・ベイカはおもに水面から水下2メートルまでの表層を回遊しており、これを小さなイカのサイズにマッチする極小の餌木で狙いたい。

ホッケ

arabesque greenling

シーズンになると、北海道や東北地方の日本海側でホッケ釣りが盛んに行われる。ウキ釣りや投げ釣りで狙う

【カサゴ目アイナメ科】

分布／対馬海峡、茨城県以北。黄海、沿海州、オホーツク海、千島列島
全長／60センチ

アイナメにやや似るが、尾ビレが二股に分かれ、背ビレも途中で深くくびれていない。アイナメと同様、側線は5本ある。産卵期は9月中旬～12月中旬ごろで、北で早く南に行くほど遅い傾向がある。食性は肉食で魚やイカ、エビなどを捕食。食味に関しては、不思議とあまり評価が高くないが、開き干しなどはなかなかうまい。釣れたてなら刺身もうまいが、寄生虫に注意すること。漢字では䱤

投げ釣り仕掛け

竿・オモリ負荷25～30号、長さ4m前後の投げ竿

根ボッケ狙いの投げ釣り仕掛け

道糸：PE3～4号またはナイロン6～8号
力糸：PE5号9mまたはナイロン10号10m、2～6号
ヨリモドシまたは力糸なし
モトス・フロロカーボン8～10号
松葉ピンまたはYピン
コマセネット
片テンビン
ハリ・丸セイゴ16～18号

カレイ、アイナメ兼用で狙う投げ釣り仕掛け

道糸：PE5号9m、ナイロン10号10m
力糸：PE5号9mまたはナイロン10号10m、2～6号
ヨリモドシ
モトス・フロロカーボン8～10号
枝ハリス・フロロカーボン4～5号 7～10cm
オモリ・固定式L型テンビン25～30号
ハリス・フロロカーボン4～5号 20～40cm
ハリ・丸セイゴ15～16号
※ハリのチモトに発光玉を装着することもある

ホッケ用コマセネット
開いたり閉じたりできる。上下する
スーパーマーケットなどでみかんを買う際、入っている網の袋
チューブがかぶせてある
片テンビンまたは小田原オモリをセット
リール・ドラグ付き投げ釣り専用大型スピニングリール
小田原オモリ20～30号

ホッケ釣りが盛んな北海道では、大きさや棲息する場所によってホッケの呼び名が変わる。まず、表層を泳ぎ回る幼魚はアオボッケと呼ばれ、15センチ前後の1年魚をロウソクボッケ、さらに40センチオーバーに成長し岩礁帯に定着したものを根ボッケと呼び分けている。このうち、釣りの対象になるのは25センチ以上のサイズで、男鹿半島～津軽半島周辺の日本海側では3月下旬ごろに、また北海道南部の道南地方では5月上旬ごろにそれぞれ大群となって接岸するため、これを狙う釣り人たちで堤防や磯は大賑わいとなる。

ホッケの狙い方は、ウキフカセ釣りと投げ釣りに大別される。

ウキフカセ釣りは、春先になって回遊

ターゲット別仕掛けマニュアル

ホッケ arabesque greenling

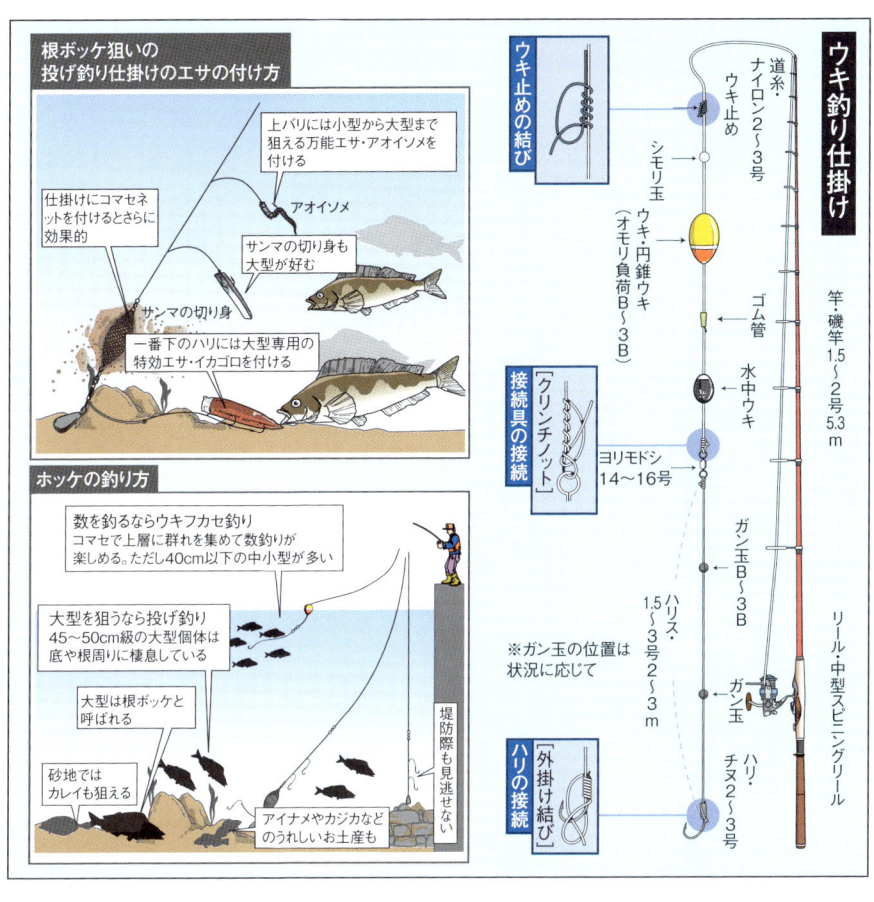

根ボッケ狙いの投げ釣り仕掛けのエサの付け方

- 上バリには小型から大型まで狙える万能エサ・アオイソメを付ける
- 仕掛けにコマセネットを付けるとさらに効果的
- アオイソメ
- サンマの切り身も大型が好む
- サンマの切り身
- 一番下のハリには大型専用の特効エサ・イカゴロを付ける

ホッケの釣り方

- 数を釣るならウキフカセ釣り コマセで上層に群れを集めて数釣りが楽しめる。ただし40cm以下の中小型が多い
- 大型を狙うなら投げ釣り 45〜50cm級の大型個体は底や根周りに棲息している
- 大型は根ボッケと呼ばれる
- 砂地ではカレイも狙える
- アイナメやカジカなどのうれしいお土産も
- 堤防際も見逃せない

ウキ釣り仕掛け

- 竿：磯竿1.5〜2号 5.3m
- リール：中型スピニングリール
- 道糸：ナイロン2〜3号
- ウキ止め ［ウキ止めの結び］
- シモリ玉
- ウキ：円錐ウキ（オモリ負荷B〜3B）
- ゴム管
- 水中ウキ
- ヨリモドシ14〜16号 ［クリンチノット／接続具の接続］
- ガン玉B〜3B
- ハリス：1.5〜3号 2〜3m
- ガン玉
- ※ガン玉の位置は状況に応じて
- ハリ：チヌ2〜3号 ［外掛け結び／ハリの接続］

してきた群れを狙うのに最適な釣り方で、コマセで群れを寄せて釣るため数釣りが楽しめる。仕掛けもメジナなどのウキフカセ釣り仕掛けと似たもので、磯上物用1.5〜2号竿に小型スピニングリールをセットし、ウキは小型円錐ウキを用いる。ウキの大きさはハリスに打つガン玉の大きさに応じて使い分けるが、B〜2Bくらいが標準といえるだろう。また状況に応じて、仕掛けの途中に水中ウキを装着する点もメジナ釣りと同じである。

コマセはオキアミでもよいが、アミを用いる人も多い。これにホッケ用の配合エサを混ぜる人が多い。

投げ釣りは、根ボッケのような海底に定着している大物を狙うのに効果的な釣り方で、数釣りはあまり期待できないものの釣れれば40センチオーバーの大型が多いことが魅力。

投げ釣りで狙う場合のエサはアオイソメが一般的で、場所によってはカレイやアイナメが交じることもある。また大物狙いに的を絞るならば、サンマの切り身やイカゴロなどを使うと効果的だ。

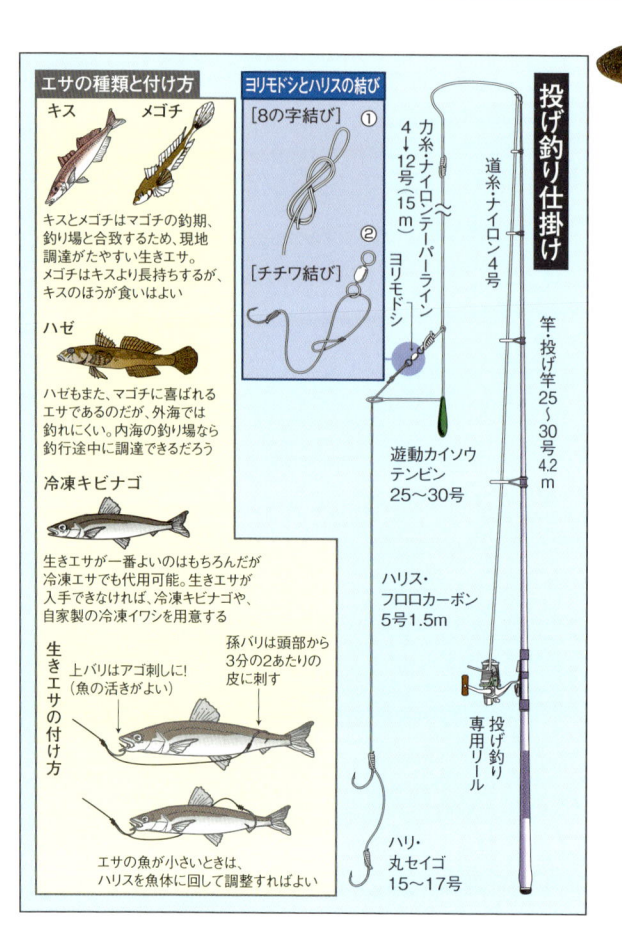

マゴチ flathead

「照りゴチ」といわれるように真夏が最盛期。
エサは生きたハゼやシロギス。
堤防や砂浜、ボートから60センチ級も狙える！

【カサゴ目コチ科】

分布／東北以南、南日本の沿岸域、朝鮮半島南部
全長／80センチ

体に比べて幅広い頭部はまるでヘビのよう。魚体は著しく扁平する。目は小さく、両眼間隔もかなり離れており、体色は濃茶褐色。水深30メートル以浅の砂泥地、岩礁交じりの砂地に好んで棲む。単独で行動し、海底にほとんど埋もれるようにして潜み、目の前に現われたエビ類、小魚などに襲いかかって捕食する。したがってエサ釣りだけでなく、ルアー釣りのターゲットにもなっている。姿が酷似するヨシノゴチと別種にあつかわれるが、現時点もまだはっきりとしていないようだ。漢字では真鯒

投げ釣り仕掛け

道糸・ナイロン4号
力糸・ナイロンテーパーライン 4→12号 15m
竿・投げ竿 25～30号 4.2m
遊動カイソウテンビン 25～30号
ハリス・フロロカーボン 5号 1.5m
投げ釣り専用リール
ハリ・丸セイゴ 15～17号

ヨリモドシとハリスの結び
[8の字結び]
[チチワ結び]
ヨリモドシ

エサの種類と付け方

キス / メゴチ
キスとメゴチはメゴチの釣期、釣り場と合致するため、現地調達がたやすい生きエサ。メゴチはキスより長持ちするが、キスのほうが食いはよい

ハゼ
ハゼもまた、マゴチに喜ばれるエサであるのだが、外海では釣れにくい。内海の釣り場なら釣行途中に調達できるだろう

冷凍キビナゴ
生きエサが一番よいのはもちろんだが冷凍エサでも代用可能。生きエサが入手できなければ、冷凍キビナゴや、自家製の冷凍イワシを用意する

生きエサの付け方
上バリはアゴ刺しに！（魚の活きがよい）
孫バリは頭部から3分の2あたりの皮に刺す
エサの魚が小さいときは、ハリスを魚体に回して調整すればよい

マゴチは「照りゴチ」と称されるだけあって、太陽が照りつける夏が旬の魚である。釣りシーズンは梅雨明けごろから初秋といったところだが、初夏が産卵期といわれており、このころは意外なほどの浅場で釣れることがある。

おもなポイントは外洋に面した砂地底のサーフ。もちろん砂浜と隣接した堤防でも釣れる。遠浅の地形でもよく、河口などエサとなるシロギスやハゼ、メゴチが集まる条件を備えていればなおよい。

釣り方はいたって簡単。キスを釣りながら、もう1本孫バリ仕掛けの竿を用意しておき、これに釣れたキスを付けて投入する。この釣りでは、アタリが出てもエサの小魚を飲み込むまで待ってやるこ

ターゲット別仕掛けマニュアル
マゴチ flathead

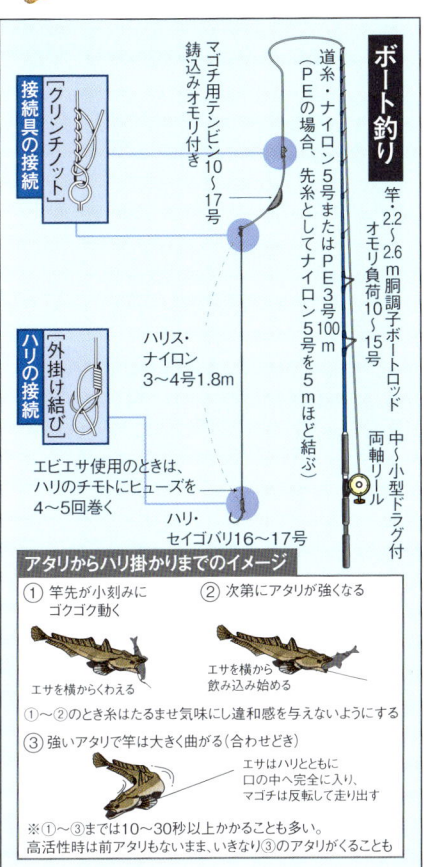

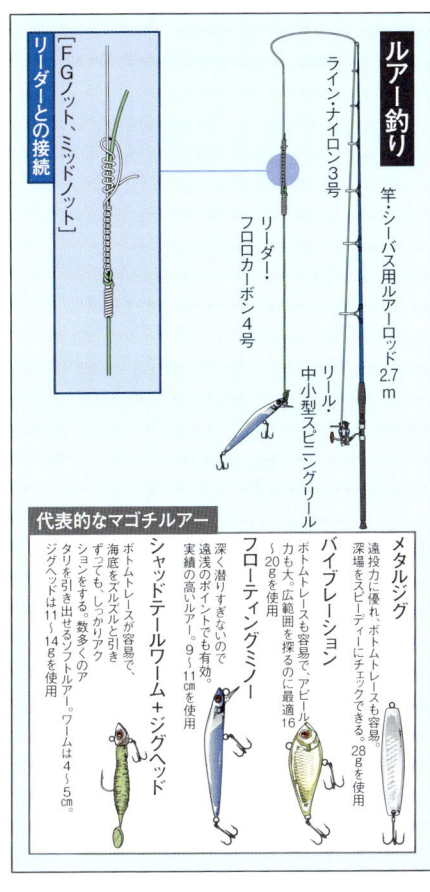

ボート釣り

竿：2.2～2.6m胴調子ボートロッド　オモリ負荷10～15号　中～小型ドラグ付両軸リール

道糸・ナイロン5号またはPE3号100m（PEの場合、先糸としてナイロン5号を5mほど結ぶ）

マゴチ用テンビン10～17号　鋳込みオモリ付

[クリンチノット] 接続具の接続

ハリス・ナイロン3～4号1.8m

[外掛け結び] ハリの接続

エビエサ使用のときは、ハリのチモトにヒューズを4～5回巻く

ハリ・セイゴバリ16～17号

アタリからハリ掛かりまでのイメージ
① 竿先が小刻みにゴクゴク動く　エサを横からくわえる
② 次第にアタリが強くなる　エサを横から飲み込み始める
①～②のとき道糸はたるませ気味にし違和感を与えないようにする
③ 強いアタリで竿は大きく曲がる（合わせどき）　エサはハリとともに口の中へ完全に入り、マゴチは反転して走り出す
※①～③までは10～30秒以上かかることも多い。高活性時は前アタリもないまま、いきなり③のアタリがくることも

ルアー釣り

竿：シーバス用ルアーロッド2.7m　リール・中小型スピニングリール

ライン・ナイロン3号

[FGノット、ミッドノット] リーダーとの接続

リーダー・フロロカーボン4号

代表的なマゴチルアー

- **メタルジグ**　遠投力に優れ、ボトムトレースも容易。深場をスピーディーにチェックできる。28gを使用
- **バイブレーション**　ボトムトレースも容易で、アピール力も大。広範囲を探るのに最適16～20gを使用
- **フローティングミノー**　深く潜りすぎないので海底をズルズルと引きずってもしっかりアクションをする。数多くの実績の高いルアー。9～11cmを使用
- **シャッドテールワーム＋ジグヘッド**　ボトムトレースから遠投のポイントでも有効。遠投を引き出せるソフトルアー。ワームは4～5cm
- **ジグヘッド**　アクションを引き出せるソフトルアー。ジグヘッドは11～14gを使用

ボート釣り

　マゴチはボートで手軽に狙える大物としても人気のターゲット。盛夏からシーズンだが、実際には5月ごろから釣れだす。仕掛けは専用の鋳込みテンビンを介した1本バリがおすすめだ。ハリはマゴチの大きな口に合わせたもので、スズキバリやセイゴバリを使う。エサはその釣り場で釣ったシロギスやハゼ、メゴチなど。マゴチは海底を這うように行動しているため、生きエサは海底スレスレ、もしくは30～50センチ上を泳ぐくらいにタナを取る。

　とが重要だ。早合わせは厳禁と心得たい。また、こういった釣り場ではルアーでも狙える。マゴチは貪欲なフィッシュイーターである。目の前を小魚らしきものが泳げば猛然と襲いかかる。ただしマゴチは海底に張りついて、目の前を泳ぐ小魚のにしか飛びつかない。ヒラメのように何メートルも垂直上昇してエサを捕えることはないので、ルアーは海底近くを泳がせることが大切だ。

マダイ

red sea bream

魚の王様とも呼べる貫禄のある赤い魚体。
陸っぱりからもウキ釣り、投げ釣り、カゴ釣りで狙え、
ボートからも大型が狙える

【スズキ目タイ科】

分布／奄美諸島と沖縄列島を除く北海道南部以南から南シナ海北部までの沿岸域
全長／100センチ

体高のある美しい魚体はタイ科ならでは。体色は淡紅色で、背側を中心に鮮やかな青い小斑点が散在する。チダイやキダイなど似た魚もいるが、本種は尾ビレの後縁が黒いということで簡単に見分けられる。水深10～100メートルの岩礁帯や砂泥底を好んで棲む。エビ・カニ類、イカ・タコ類、小魚類、貝類などを頑丈な歯で嚙み砕くようにして捕食。産卵期は関東では5～6月ごろで「乗っ込み」といって、産卵前に浅場で荒食いする。漢字では真鯛

ウキ釣り仕掛け

- 竿・磯竿2号 5.3m
- 道糸・3～4号
- ウキ止め
- シモリ玉
- 円錐ウキ 1号（夜は電気ウキ）
- クッション
- 中通しオモリ1号
- クッション
- ヨリモドシ
- ハリス・フロロカーボン 3～4号 4～5m
- ハリ・グレ用 8～10号
- リール・中小型スピニングリール（ドラグorレバーブレーキ）

[ウキ止めの結び]
[接続具の接続] クリンチノット
[ハリの接続] 外掛け結び

遊動式仕掛けのメリット

ウキ止めを動かせばどんなタナにも対応できる
遊動式仕掛けを外せば全遊動仕掛けになる
この分だけ深く探れる

エサの付け方

オキアミ
- 1尾掛け
- 2尾掛け

ウキ釣り

マダイをウキ釣りで狙う場合、60センチクラスを念頭に置くなら竿は5.3メートル、磯竿2号程度。3号の道糸が150～200メートル程度巻ける大型スピニングリールの組み合わせでOKだ。

どちらかと言うと、マダイは深めのタナを探るケースが多いことから、キッチリとタナの取れるやや重めの仕掛けを使用する。具体的に円錐ウキは1号前後のオモリ負荷のあるものを選びたい。

釣り方は、沖合の潮目などコマセを効かせながらタナを攻めていく。基本的にマダイは竿1本半以上の深いタナで食ってくることが多いので覚えておきたい。

ターゲット別仕掛けマニュアル

マダイ red sea bream

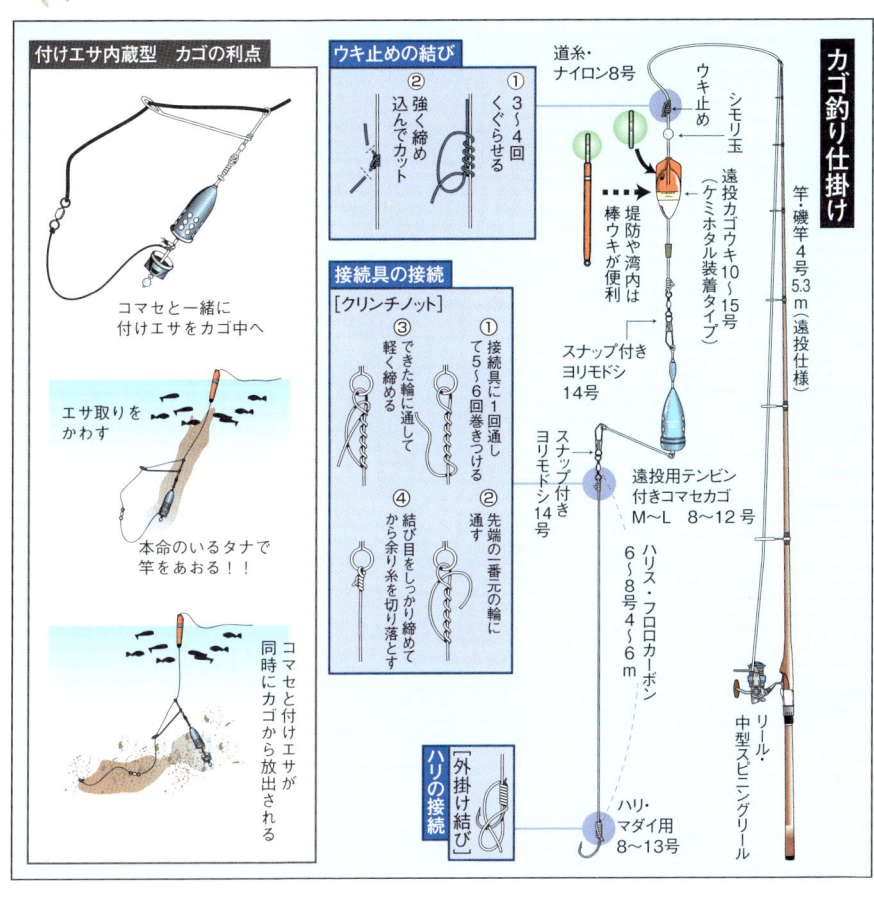

カゴ釣り仕掛け

- 竿・磯竿4号 5.3m（遠投仕様）
- 道糸・ナイロン8号
- ウキ止め
- シモリ玉
- 遠投カゴウキ10〜15号（ケミホタル装着タイプ）
- 堤防や湾内は棒ウキが便利
- スナップ付きヨリモドシ14号
- 遠投用テンビン付きコマセカゴ M〜L 8〜12号
- スナップ付きヨリモドシ14号
- ハリス・フロロカーボン 6〜8号 4〜6m
- ハリ・マダイ用 8〜13号
- リール・中型スピニングリール

ウキ止めの結び
① 3〜4回くぐらせる
② 強く締め込んでカット

接続具の接続
[クリンチノット]
① 接続具に1回通して5〜6回巻きつける
② 先端の一番元の輪に通す
③ できた輪に通して軽く締める
④ 結び目をしっかり締めてから余り糸を切り落とす

ハリの接続
[外掛け結び]

付けエサ内蔵型 カゴの利点
- コマセと一緒に付けエサをカゴ中へ
- エサ取りをかわす
- 本命のいるタナで竿をあおる！！
- コマセと付けエサが同時にカゴから放出される

カゴ釣り

コマセと付けエサを同調させやすいカゴ釣りは、マダイはもちろん多彩なターゲットがゲットできる効果的な釣法だ。

タックルは3号以上の強めの磯竿に中型スピニングリールで、仕掛けはコマセカゴを使用するのでかなり重くなる。コマセと付けエサは、ともにオキアミを使用する。人によってはコマセに配合エサを入れることもある。マダイは大きなエサを好むので、付けエサのオキアミも大きく付けるとよい。

カゴ釣りはある程度の遠投ができるので、沖の深いポイントや潮の流れの中などを攻めることができる。したがってウキ下も深めに取る。水深が10メートル以上ある場所なら、まずは10メートルのウキ下から始めてみたい。アタリはウキが一気に消し込まれることが多く、ヒットすると大型は強烈な走りをみせるので慎重にヤリトリする。無理に止めようとすると、ハリスが根ズレしやすくなるので注意したい。

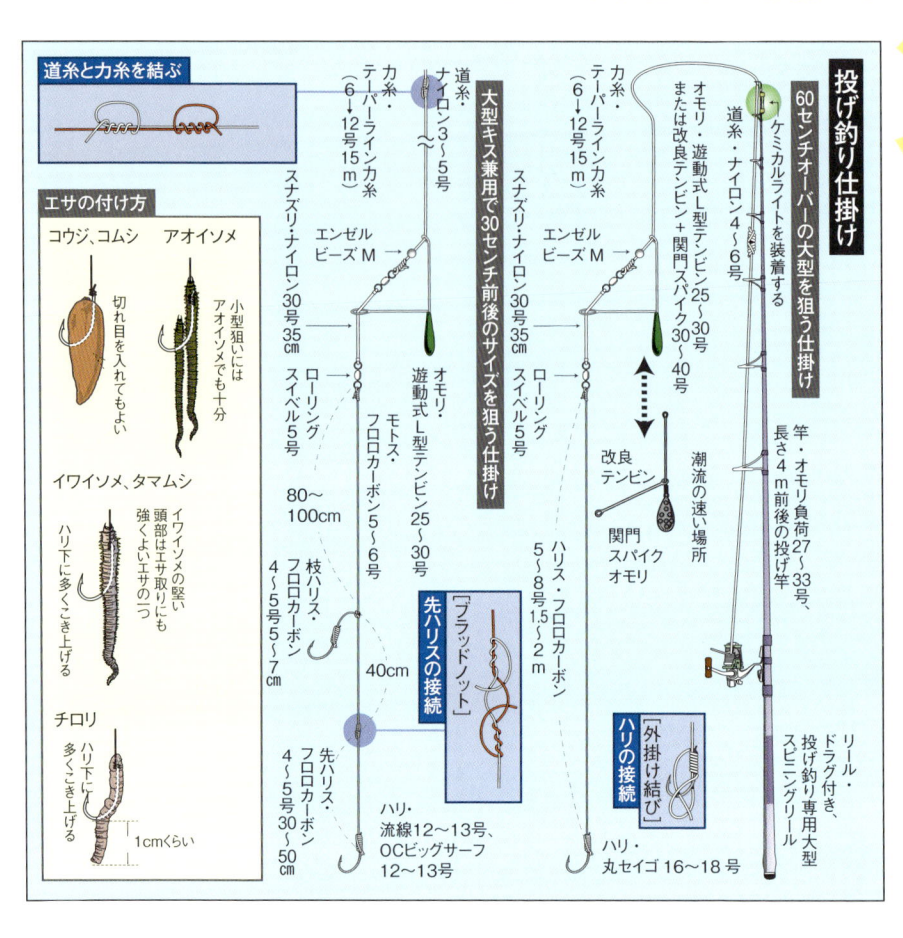

マダイ *red sea bream*

投げ釣り仕掛け

60センチオーバーの大型を狙う仕掛け

- ケミカルライトを装着する
- 竿・オモリ負荷27〜33号、長さ4m前後の投げ竿
- 道糸・ナイロン4〜6号
- 力糸・テーパーラインカ糸（6→12号15m）
- オモリ・遊動式L型テンビン25〜30号または改良テンビン＋関門スパイク30〜40号
- エンゼルビーズM
- ローリングスイベル5号
- 改良テンビン
- 関門スパイクオモリ
- 潮流の速い場所
- ハリス・フロロカーボン5〜8号1.5〜2m
- ハリ・丸セイゴ16〜18号
- リール・ドラグ付き、投げ釣り専用大型スピニングリール

大型キス兼用で30センチ前後のサイズを狙う仕掛け

- 道糸・ナイロン3〜5号
- 力糸・テーパーラインカ糸（6→12号15m）
- エンゼルビーズM
- オモリ・遊動式L型テンビン25〜30号
- スナズリ・ナイロン30号35cm
- ローリングスイベル5号
- モトス・フロロカーボン5〜6号 80〜100cm
- 枝ハリス・フロロカーボン4〜5号 5〜7cm
- 先ハリス・フロロカーボン4〜5号 30〜50cm
- 40cm
- ハリ・流線12〜13号、OCビッグサーフ12〜13号

[道糸と力糸を結ぶ]
[先ハリスの接続] ブラッドノット
[ハリの接続] 外掛け結び

エサの付け方

- **コウジ、コムシ**：切れ目を入れてもよい／小型狙いにはアオイソメでも十分
- **アオイソメ**
- **イワイソメ、タマムシ**：イワイソメの堅い頭部はエサ取りにも強くよいエサの一つ／ハリ下に多くこき上げる
- **チロリ**：ハリ下に多くこき上げる／1cmくらい

投げ釣り

投げ釣りでマダイを狙う場合は、夜釣りが中心となる。竿はオモリ負荷30号前後の一般的な投げ竿でよく、竿先にはケミカルライトを装着する。

オモリは遊動式L型テンビンの25〜30号を用いる。ただし、一部沖磯などの急流の中を狙う釣り場では、40号以上のオモリを用いたり、流されにくい扁平な形をしたオモリを装着したテンビンを用いることもある。

道糸は、釣り場の条件（根掛かりの有無、潮流の速さなど）やポイントまでの距離、期待されるマダイのサイズなどに応じてナイロン糸の3〜8号を選ぶ。マダイのアタリは前触れなしに一気に訪れることも多いが、この際伸びの少ないPEラインは不利と考える釣り人も多い。そのため、基本的にはナイロンラインのほうが無難と言えるだろう。

ハリやハリスの号数は釣れるサイズに応じて決めるが、最低でもハリス5号、丸セイゴバリ16号以上を用いたい。

ターゲット別仕掛けマニュアル

マダイ red sea bream

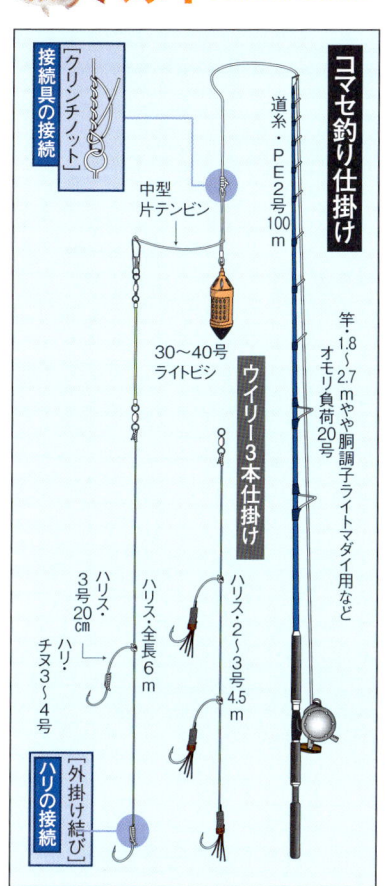

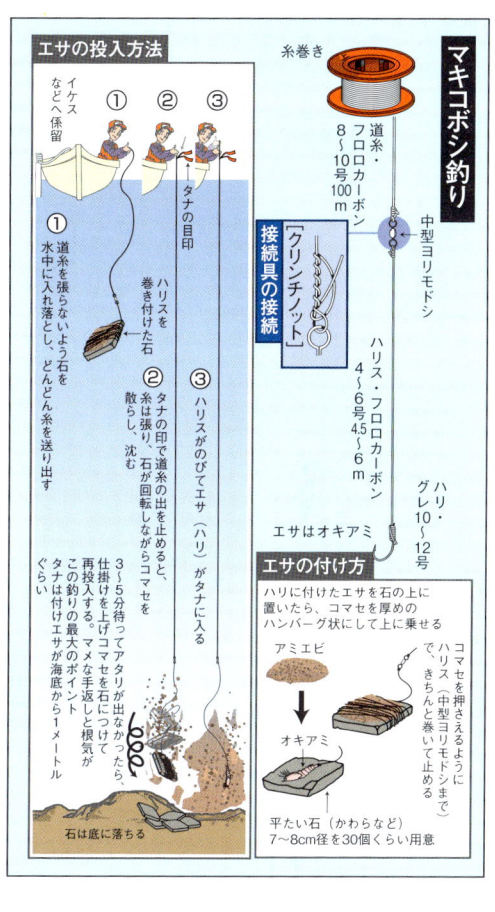

コマセ釣り仕掛け

[接続具の接続] クリンチノット

道糸・PE2号 100m

中型片テンビン

30〜40号 ライトビシ

竿 1.8〜2.7m やや胴調子ライトマダイ用など オモリ負荷20号

ウイリー3本仕掛け
ハリス・2〜3号 4.5m

ハリス・全長6m

[外掛け結び] ハリの接続

ハリス・3号 20cm
ハリ・チヌ3〜4号

マキコボシ釣り

糸巻き

道糸・フロロカーボン 8〜10号 100m

中型ヨリモドシ

[接続具の接続] クリンチノット

ハリス・フロロカーボン 4〜6号 4.5〜6m

ハリ・グレ10〜12号

エサはオキアミ

エサの付け方
ハリに付けたエサを石の上に置いたら、コマセを厚めのハンバーグ状にして上に乗せる

アミエビ → オキアミ

コマセを押さえるように、ハリス（中型ヨリモドシまで）で、きちんと巻いて止める

平たい石（かわらなど）7〜8cm径を30個くらい用意

エサの投入方法
① 道糸を張らないように石を水中に入れ落とし、どんどん糸を送り出す
② タナの印で道糸の出を止めると、糸は張り、石が回転しながらコマセを散らし、沈む
③ ハリスがのびてエサ（ハリ）がタナに入る

イケスなどへ係留

タナの目印

3〜5分待ってアタリが出なかったら、仕掛けを上げコマセを石につけて、再投入する。マメな手返しと根気がこの釣りの最大のポイント。タナは付けエサが海底から1メートルぐらい

石は底に落ちる

ボート釣り

ボートから狙うマダイでは、昔ながらのマキコボシ釣りがあり、現在でも沼津のマキコボシ釣りがあり、現在でも沼津の内浦、西浦方面や西伊豆のイケスの入った湾などで盛んに行われている。

仕掛けは、糸とハリ、それに糸巻きだけというシンプルなもの。釣り方は仕掛けをタナまで沈めるために6〜7センチ大の平らな石や瓦の破片を使用するという、いたって原始的な釣り方であるが、これで大物をハリ掛かりさせたときの感触は竿釣りではとても味わえない。

また、近ごろ主流となっているのが片テンビンのコマセ釣りだ。オモリの内蔵されたコマセカゴを使用した1本バリ仕掛けで、ハリスの長さは6メートル前後。タナの取り方は、コマセカゴを海底からハリス全長分プラス1メートル上げた位置を基準とする。

マダイ狙いではあまり派手にコマセをまかない。まき過ぎるとエサ取りばかりとなって付けエサのオキアミが持たないからだ。

メジナ

メジナ釣りといえばウキフカセ釣り。
基本はシンプルな仕掛けだが、状況により仕掛けは変わる。
そのパターンは無数にあるといっても過言ではない

largescale blackfish

【スズキ目メジナ科】

分布／南日本、朝鮮半島南部沿岸、済州島、台湾、福建、香港
全長／55センチ

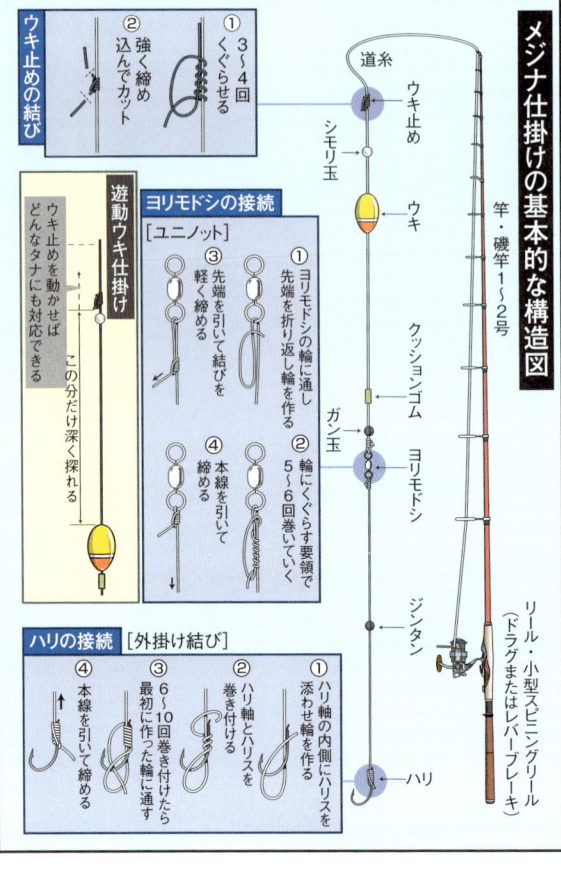

おもに岩礁帯に棲み小魚、イソメ類、エビ・カニ類、貝類などを捕食する。冬季にはハンバノリなどの海藻も食う。日本にメジナの仲間は3種いるが、釣りの対象となるのはメジナとクロメジナ。両種はよく似るが、最も簡単な見分け方はエラブタの縁が黒いものがクロメジナだ。メジナとクロメジナでは習性も異なり、メジナに比べクロメジナのほうが外洋性が強い。またクロメジナのほうが大きくなる（全長70センチ）。漢字では目仁奈

メジナ仕掛けの基本的な構造図

竿・磯竿1〜2号
リール・小型スピニングリール（ドラグまたはレバーブレーキ）

道糸 — ウキ止め — シモリ玉 — ウキ — クッションゴム — ガン玉 — ヨリモドシ — ジンタン — ハリ

ウキ止めの結び
① 3〜4回くぐらせる
② 強く締め込んでカット

遊動ウキ仕掛け
ウキ止めを動かせばどんなタナにも対応できる
この分だけ深く探れる

ヨリモドシの接続［ユニノット］
① ヨリモドシの輪に通し先端を折り返し結び輪を作る
② 先端を引いて軽く締める
③ 輪にくぐらす要領で5〜6回巻いていく
④ 本線を引いて締める

ハリの接続［外掛け結び］
① ハリ軸の内側にハリスを添わせ輪を作る
② ハリ軸とハリスを巻き付ける
③ 6〜10回巻き付けたら最初に作った輪に通す
④ 本線を引いて締める

日本にメジナの仲間は、メジナ（口太メジナ）とクロメジナ（尾長メジナ）とオキナメジナの3種いるが、釣りの対象になるのは口太と尾長。口太メジナは湾内から半島周りまでがおもなテリトリーで、一方の尾長メジナは半島の沖磯や離島に多く棲息している。同じサイズなら尾長のほうが引きは強く、離島では60センチを超すような大物も釣れる。

このメジナを釣るために発展したのが「ウキフカセ釣り」で、必要最小限のオモリを使った〈理想はオモリをいっさい使わない〉ごく軽い仕掛けを、コマセと同調させながら潮に流して釣る釣法だ。シンプルで軽い仕掛けは敏感なメジナに対して非常に有効だが、その軽さゆえに

162

ターゲット別仕掛けマニュアル
メジナ largescale blackfish

レバーブレーキ式スピニングリール

磯のウキフカセ釣り専用に開発されたのが、レバーブレーキリールだ。使うときはローターのストッパーをオフにした状態で、レバーを握ってローターの逆転を止めている。ヤリトリの最中など糸を出さなければならない場合には、レバーを放してやるとローターが逆転して糸が出るという機構だ。ドラグとの違いは、釣り人の判断で好きなときに好きなだけ、ほぼノーテンションで糸が出せるということ。引きの強いメジナの強烈な突っ込みで竿がのされそうになったとき、瞬時に道糸を送って竿の角度を立て直す、という使い方をする。ドラグとは、設定以上の力がかかるとスプールが逆転して糸を出すもの。糸が出るときは、常に設定したテンションがかかり続ける。したがって、同じく「糸を出す」といってもまったく違う機構といえる。最新のレバーブレーキリールには、ドラグが搭載されたものもある。

レバーブレーキ式スピニングリールは、磯のウキフカセ釣り専用に開発されたリールだ

ウキフカセ釣りに使うウキ

最もポピュラーなのは中通しの円錐ウキだが、同じ円錐ウキでもどんぐり型、涙滴型、球形などバリエーションが多い。また中通しでなくカン付きタイプもあるし、棒ウキタイプもある。ほかにメインのウキの補助的な役割を果たすウキ（小さなアタリウキや水中ウキなど）もあって、ウキフカセ釣りで使うウキの種類は非常に多い。海の状況は日によって、あるいは刻々と変わっていく。それに合わせて仕掛けを作るためには、色いろなタイプのウキが必要になるのだ。

卵形はどんぐり型と涙滴型の中間的な機能と考えていい

涙滴型の円錐ウキは感度がよいのが特徴

どんぐり型は最もオーソドックスな円錐ウキだ

近ごろはやりの全層2段ウキ。水中に沈む大きな沈みウキが潮に乗って仕掛けを運ぶ

棒ウキタイプは円錐ウキタイプよりも感度がよい

アタリウキは、食いの渋いメジナのかすかなアタリをキャッチするために使用する

あつかいには熟練が必要だ。また仕掛けの基本構造がシンプルなので、海の状況に合わせて様ざまな工夫が必要になり、そのバリエーションは無数にあるといっても過言ではない。

ここでは基本仕掛けとおもなバリエーションを紹介する。

基本は中通し円錐ウキ単体の遊動仕掛けと固定仕掛けで、タナが浅ければ固定仕掛け、タナが深いときやタナが分からないときは遊動仕掛けが有利だ。風が強くて仕掛けがうまく沈まないときは水中ウキをセットしてみよう。

メジナ釣りではウキにアタリが出るのにハリに掛からないことがある。そんな場合はウキ止めを付けない全層仕掛けを試してほしい。うまく沈まないときは小さなガン玉か補助パーツ（潮受け機能を持つストッパーなど）を付ける。小さなアタリウキを付けた2段ウキ仕掛けは食い渋り対策に使う。小型棒ウキは感度がよく、堤防での釣りや磯際を狙う釣りに威力を発揮する。ノリエサを使ったメジナ釣りなどにも効果的だ。

メジナ

largescale blackfish

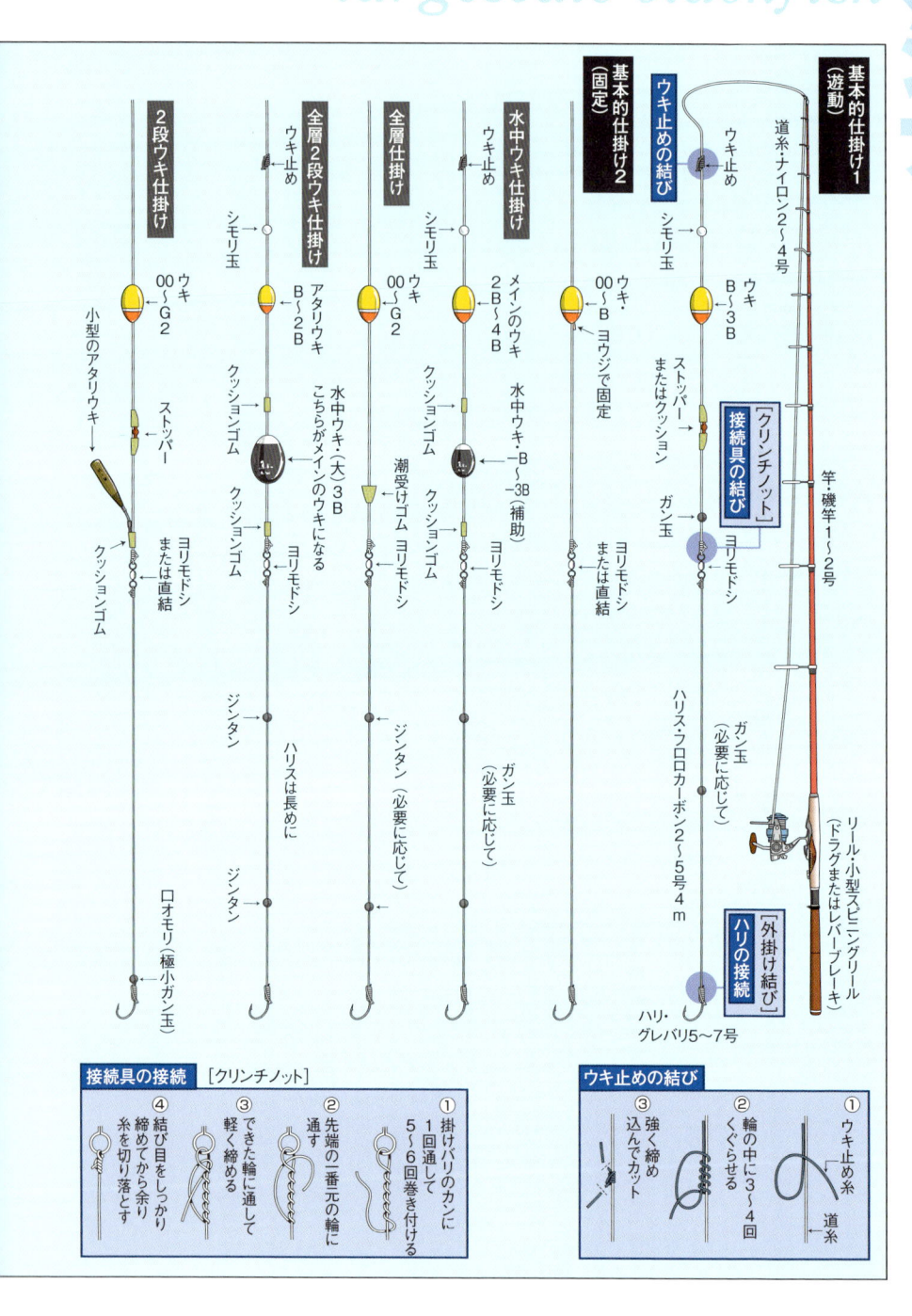

基本的仕掛け1（遊動）

- 道糸・ナイロン2～4号
- 竿・磯竿1～2号
- ウキ止め ← 「ウキ止めの結び」
- シモリ玉
- ウキ B～3B
- ストッパーまたはクッション
- ガン玉
- ヨリモドシ ← 「接続具の結び クリンチノット」
- ハリス・フロロカーボン2～5号 4m
- ガン玉（必要に応じて）
- ハリ・グレバリ5～7号 ← 「外掛け結び ハリの接続」
- リール・小型スピニングリール（ドラグまたはレバーブレーキ）

基本的仕掛け2（固定）

- ウキ・ヨウジで固定
- ウキ 00～B
- シモリ玉
- クッションゴム
- ヨリモドシまたは直結
- ガン玉（必要に応じて）

水中ウキ仕掛け

- ウキ止め
- メインのウキ 2B～4B
- 水中ウキ −B〜−3B（補助）
- クッションゴム
- ヨリモドシ
- ジンタン（必要に応じて）

全層仕掛け

- ウキ 00～G2
- 潮受けゴム
- クッションゴム
- ヨリモドシ
- ジンタン
- ガン玉（必要に応じて）
- ハリスは長めに

全層2段ウキ仕掛け

- ウキ止め
- アタリウキ B～2B
- 水中ウキ（大）3B こちらがメインのウキになる
- クッションゴム
- ヨリモドシ
- ジンタン

2段ウキ仕掛け

- ウキ 00～G2
- 小型のアタリウキ
- ストッパー
- クッションゴム
- ヨリモドシまたは直結
- ロオモリ（極小ガン玉）

接続具の接続［クリンチノット］

① 掛けバリのカンに1回通して5～6回巻き付ける
② 先端の二番元の輪に通す
③ できた輪に通して軽く締める
④ 結び目をしっかり締めてから余り糸を切り落とす

ウキ止めの結び

① ウキ止め糸・道糸
② 輪の中に3～4回くぐらせる
③ 強く締め込んでカット

ターゲット別仕掛けマニュアル
メジナ largescale blackfish

ガン玉の打ち方

元来フカセ釣りとは、オモリなどをいっさい付けず糸とハリ（と付けエサ）の重さだけで沈めていく釣り方。だが現実の海には風があり波があり、潮の流れがあってオモリなしでは仕掛けを沈められないことが多い。そのために、必要最小限のオモリを使う。これがウキフカセ釣りにおけるオモリの考え方だ。ウキフカセ釣りでは、仕掛けを沈める、ハリスをできるだけ直線に近い形にする、流れの中で仕掛けを安定させる、などの目的でガン玉を付ける。

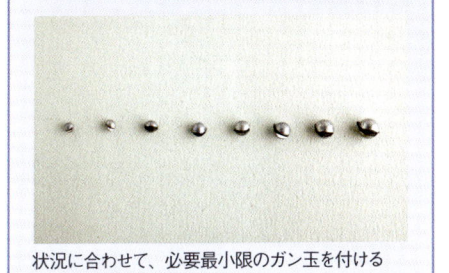

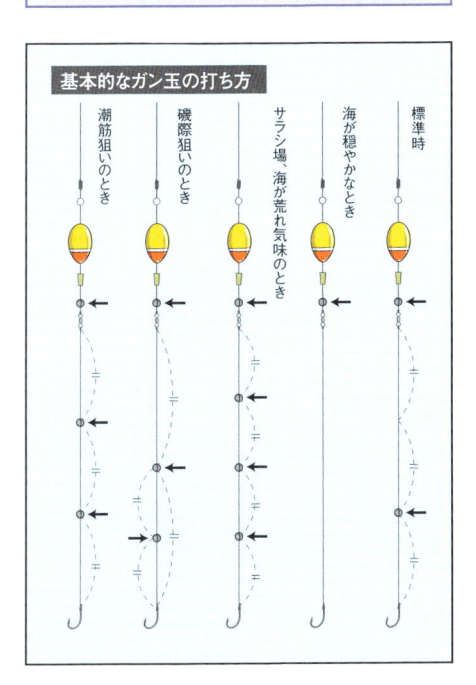

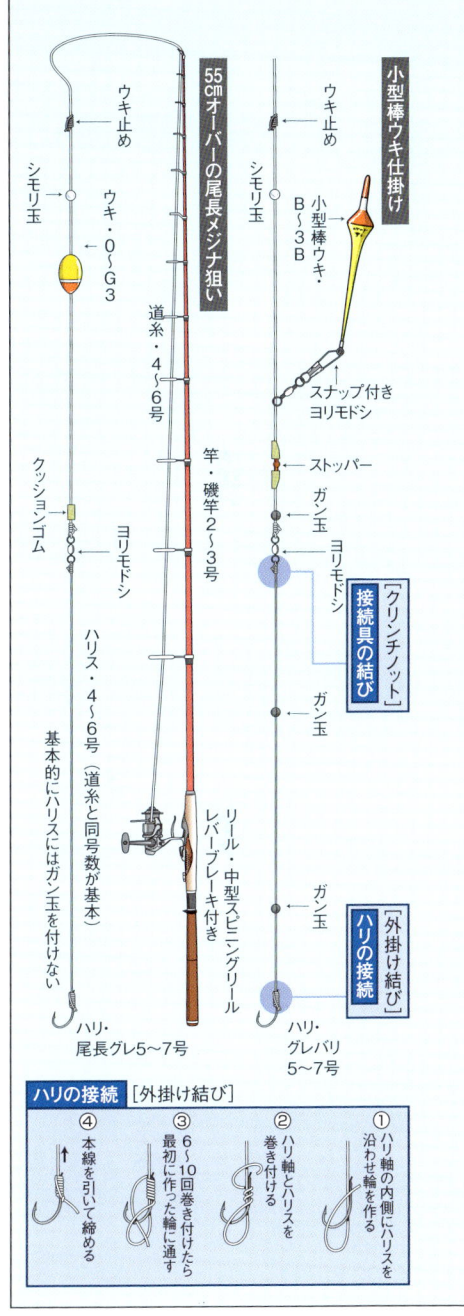

状況に合わせて、必要最小限のガン玉を付ける

基本的なガン玉の打ち方

- 標準時
- 海が穏やかなとき
- サラシ場・海が荒れ気味のとき
- 磯際狙いのとき
- 潮筋狙いのとき

55cmオーバーの尾長メジナ狙い

- ウキ止め
- シモリ玉
- ウキ・0〜G3
- 道糸・4〜6号
- 竿・磯竿2〜3号
- クッションゴム
- ヨリモドシ
- ハリス・4〜6号（道糸と同号数が基本）
- 基本的にハリスにはガン玉を付けない
- リール・中型スピニングリール レバーブレーキ付き
- ハリ・尾長グレ5〜7号

小型棒ウキ仕掛け

- ウキ止め
- シモリ玉
- 小型棒ウキ・B〜3B
- スナップ付きヨリモドシ
- ストッパー
- ガン玉
- ヨリモドシ ［クリンチノット 接続具の結び］
- ガン玉
- ガン玉
- ハリの接続 ［外掛け結び］
- ハリ・グレバリ 5〜7号

ハリの接続 ［外掛け結び］

① ハリ軸の内側にハリスを沿わせ輪を作る
② ハリ軸とハリスを巻き付ける
③ 6〜10回巻き付けたら最初に作った輪に通す
④ 本線を引いて締める

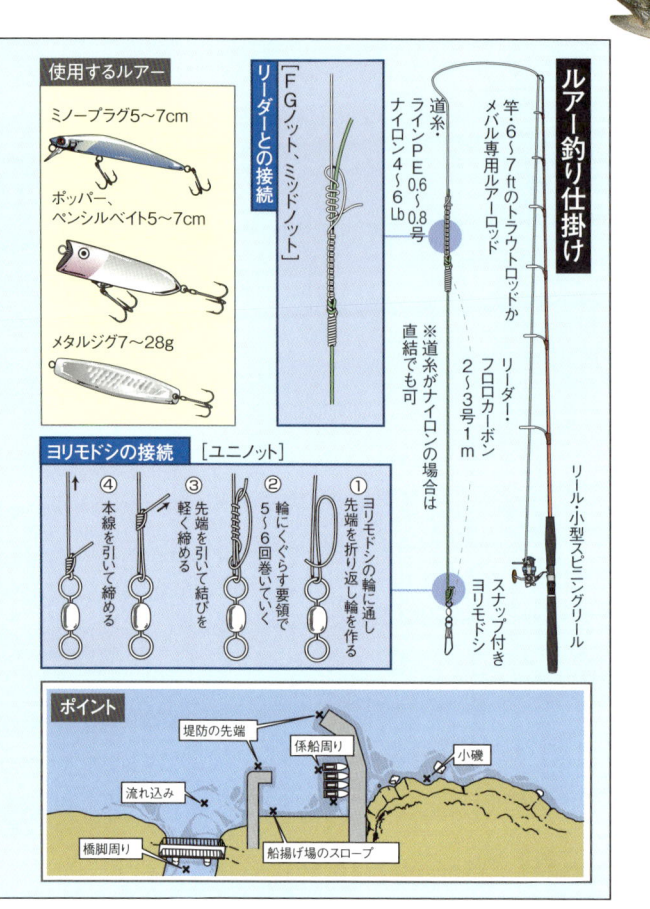

メッキ

young trevally

比較的手軽に楽しめる海のルアーターゲットだが、トレバリーの仲間の幼魚だけにファイトは強烈。エキサイティングなゲームが楽しめる

【スズキ目アジ科】

分布／南日本、琉球列島、小笠原諸島、インド洋、太平洋全域
全長／25センチ（幼魚）

一般に「メッキ」「メッキアジ」と呼ばれるルアーターゲットはギンガメアジ、ロウニンアジ、オニヒラアジ、カスミアジなどの幼魚で、暖かな黒潮に乗ってやってくる。水温の高い時期は群れは散っているが、水温が下がってくると群れがまとまって釣りやすくなる。関東エリアなどではさらに水温が下がる冬を越せず、死滅してしまうようだ。とにかくルアーを早く動かすことがヒットさせるコツ。漢字では鍍金鯵

ルアー釣り仕掛け

竿・6〜7ftのトラウトロッドかメバル専用ルアーロッド
道糸：ラインPE 0.6〜0.8号／ナイロン4〜6lb
リーダー：フロロカーボン2〜3号1m
※道糸がナイロンの場合は直結でも可
スナップ付きヨリモドシ
リール・小型スピニングリール

リーダーとの接続 [FGノット、ミッドノット]

使用するルアー
- ミノープラグ 5〜7cm
- ポッパー、ペンシルベイト 5〜7cm
- メタルジグ 7〜28g

ヨリモドシの接続 [ユニノット]
① ヨリモドシの輪に通し先端を折り返し輪を作る
② 輪にくぐらす要領で5〜6回巻いていく
③ 先端を引いて結びを軽く締める
④ 本線を引いて締める

ポイント
- 堤防の先端
- 係船周り
- 小磯
- 流れ込み
- 船揚げ場のスロープ
- 橋脚周り

　メッキとはいわゆるヒラアジ類の幼魚の総称で、本州で釣れるのはロウニンアジ、ギンガメアジ、カスミアジの3種類がほとんど。せいぜい20センチ前後の小型主体とはいえ、トレバリーの子供だけあってライトタックルを使えばエキサイティングなファイトが楽しめる。

　ポイントは外洋に面した漁港や河口周辺がメイン。港内なら堤防の先端や曲がり角、船揚げ場のスロープ、係留してある船の陰や水中のロープなど、河口では杭や橋脚の周辺が狙い目だ。

　ルアーはミノー、ポッパー、ペンシルベイトなどいずれも3〜5センチの小型プラグが効果的。メッキは好奇心が強いのでとにかく派手なアクションが効く。

ターゲット別仕掛けマニュアル
メッキ young trevally

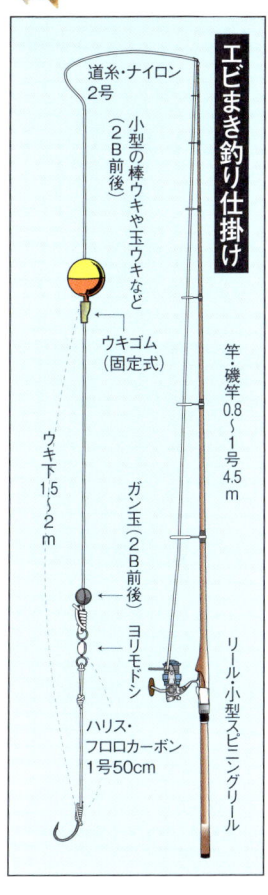

エビまき釣り仕掛け

- 道糸・ナイロン2号
- 小型の棒ウキや玉ウキなど（2B前後）
- ウキゴム（固定式）
- ウキ下 1.5～2m
- ガン玉（2B前後）
- ヨリモドシ
- ハリス・フロロカーボン1号50cm
- 竿・磯竿 0.8～1号 4.5m
- リール・小型スピニングリール

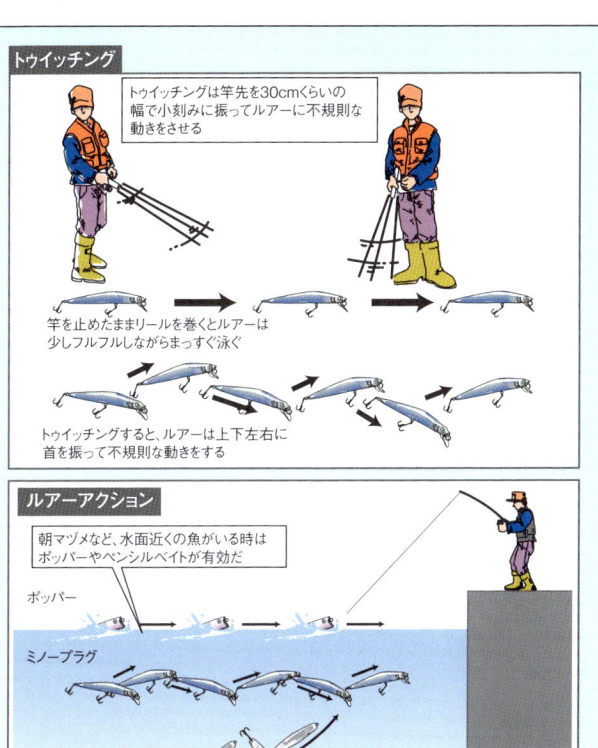

トゥイッチング

トゥイッチングは竿先を30cmくらいの幅で小刻みに振ってルアーに不規則な動きをさせる

竿を止めたままリールを巻くとルアーは少しフルフルしながらまっすぐ泳ぐ

トゥイッチングすると、ルアーは上下左右に首を振って不規則な動きをする

ルアーアクション

朝マヅメなど、水面近くの魚がいる時はポッパーやペンシルベイトが有効だ

- ポッパー
- ミノープラグ
- メタルジグ

日中に水面直下から宙層を探る時はミノープラグのトゥイッチングが有効だ。
また、魚の姿が見えないときはメタルジグで底近くから探ってくる

ポッパーやペンシルベイトなら水面をキビキビと動かし、水しぶきを立ててメッキにアピールする。ミノーならばひたすら高速でトゥイッチングすればいい。トゥイッチングとは一定のスピードでリールのハンドルを回しつつ、竿先を小刻みに振ることだ。

瞬間的に強い抵抗を与えることでルアーがバランスを崩し、ギラギラッとヒラを打つようなアクションをする。弱った小魚が逃げ惑うように見えればOKだ。

ただし、好奇心が強いということはスレるのも早いことを意味する。同じルアー、同じアクションを続けているとすぐに見切られてしまうから、こまめにルアーチェンジすること。

また水深が深いポイントや群れが遠くてプラグでは届かないときはメタルジグの出番。高速リトリーブで群れを近くに寄せてからプラグに変えるのも手だ。

このようにメッキはルアーで釣る人がほとんどだが、紀伊半島の一部では古くからエビまき釣りで楽しむ人も多い。9月下旬から11月がベストシーズンだ。

メバル

black rockfish

夜、活発にエサを漁るメバルはウキ釣り、ヘチ釣り、ルアー釣りと多彩な釣り方で楽しめる！ボートなら日中でも釣れるのだ！

【スズキ目ハタ科】
分布／北海道南部以南から九州の沿岸域、朝鮮半島南部
全長／40センチ

旧標準和名メバルが「アカメバル」「クロメバル」「シロメバル」とDNA解析により3種に分類できることがつきとめられた。外洋で釣れることが多いのが「アカメバル」、関東近海においてはなかなか釣れない「クロメバル」、汽水性の内湾、さらに冬季水温がグンと下がる海を好むのが「シロメバル」。なお現時点で本稿は、浅場で釣れるこの3種を一括して「メバル」と呼称している。いずれの種も、浅場の岩礁帯や藻場に棲み、甲殻類やプランクトン、小型魚類などを捕食する。漢字では眼張

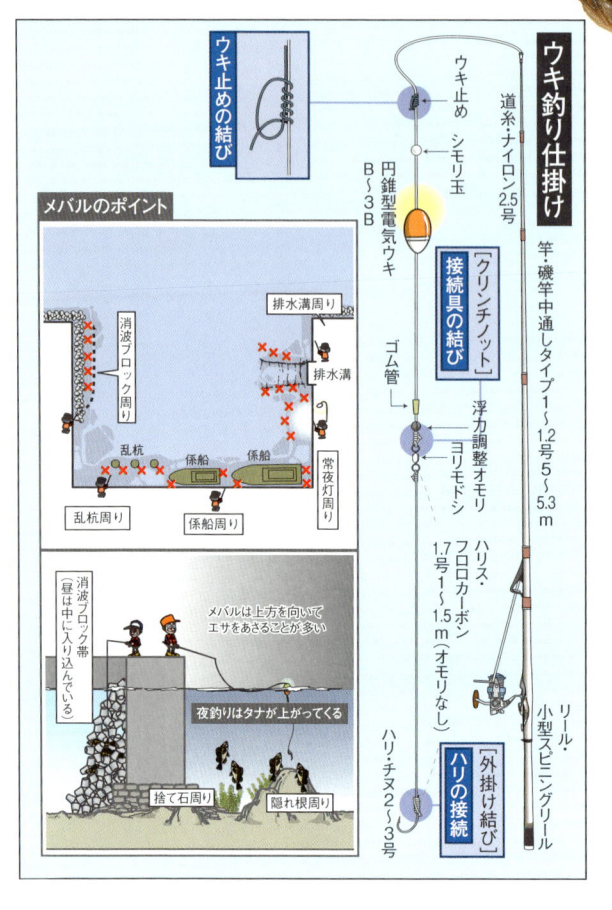

ウキ釣り仕掛け

- ウキ止めの結び
- 道糸・ナイロン2.5号
- ウキ止め
- シモリ玉
- 円錐型電気ウキ B～3B
- 竿・磯竿中通しタイプ1～1.2号 5～5.3m
- 接続具の結び（クリンチノット）
- 浮力調整オモリ
- ヨリモドシ
- ゴム管
- ハリス・フロロカーボン 1.7号 1～1.5m（オモリなし）
- リール・小型スピニングリール
- ハリの接続（外掛け結び）
- ハリ・チヌ2～3号

メバルのポイント
- 消波ブロック周り
- 排水溝周り
- 乱杭
- 係船
- 常夜灯周り
- 乱杭周り
- 係船周り

メバルは上方を向いてエサをあさることが多い
夜釣りはタナが上がってくる
消波ブロック帯（昼は中に入り込んでいる）
捨て石周り
隠れ根周り

ウキ釣り

一般的にメバル釣りは夜釣りが圧倒的に有利。電気ウキをセットした簡単な仕掛けで釣れるしコマセも必要ないので、初心者にも難しくない。

電気ウキ仕掛けのタックルは、磯竿の1～1.2号、5メートル前後で、夜釣りのため中通し竿が使いやすい。リールは小型スピニングリールでOKだ。ウキは中通しの円錐型電気ウキが使いやすいほか、棒ウキタイプも人気が高い。

ハリスは1.7号を1～1.5メートルと短くてよい。夜は浅いタナに浮いてくるので、ハリスが長いとエサがメバルのタナを通過して釣れないこともある。

ターゲット別仕掛けマニュアル
メバル black rockfish

タックルはヘチ釣り専用の3メートル前後の竿に、タイコリールの組み合わせだ

エサは木箱がベスト。ベルトに装着できるタイプもある

メバルのヘチ釣りで必要な仕掛けはハリスとハリとガン玉だけとシンプル

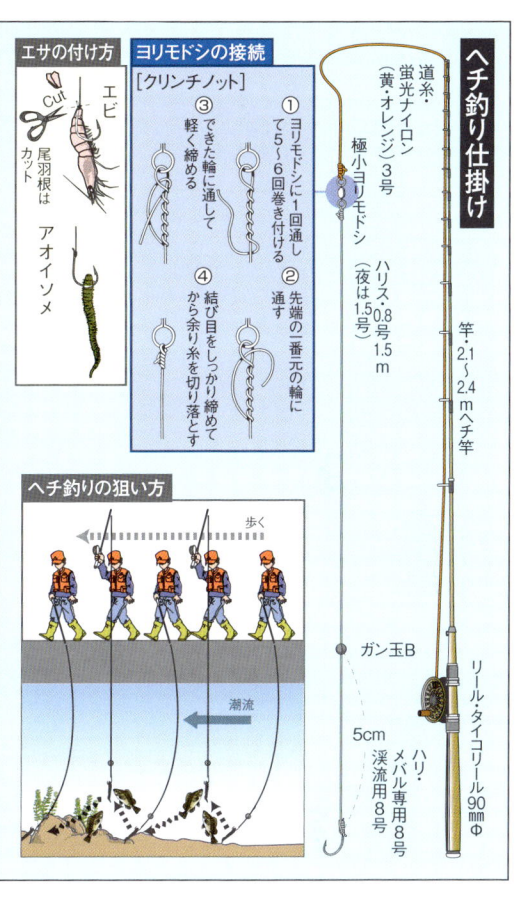

エサの付け方
エビ 尾羽根はカット
アオイソメ

ヨリモドシの接続
[クリンチノット]
① ヨリモドシに1回通して5〜6回巻き付ける
② できた輪に通して軽く締める
③ 先端の二番元の輪に通す
④ 結び目をしっかり締めてから余り糸を切り落とす

ヘチ釣り仕掛け
道糸：蛍光ナイロン（黄・オレンジ）3号
極小ヨリモドシ
ハリス 0.8号 1.5m（夜は1.5号）
竿 2.1〜2.4m ヘチ竿
ガン玉B
5cm
ハリ：メバル専用8号 渓流用8号
リール・タイコリール 90mmΦ

ヘチ釣りの狙い方
歩く
潮流

ヘチ釣り

メバルのヘチ釣りは、海底近くにエサを流して探り、誘う釣りなので、潮によってトローッと流れる程度の軽いガン玉を使うのがコツ（フカセ釣り）。エサを自然に流すために、ハリも細身で軽量のメバル専用8号前後を使用する。

メバルは案外と警戒心が強い魚なので、昼間の釣りでは0.8号のハリスを使う。エサは生きたモエビ（またはボサエビ）だ。ハリ上5センチ程度にガン玉Bを打つ。昼間は障害物の陰に入って潜んでいるケースが多いので、そんな細かなポイントに仕掛けを入れて探るのだ。

暗くなってからがメバルの警戒心も薄れて食いが立つチャンスタイムだ。ハリスは1.5号と太くする。エサもアオイソメのほうが使いやすい。頭の固い所にハリをチョン掛けして長いまま1匹掛けで使う。エサが細い場合には2匹をチョン掛けする。

潮が効いていて仕掛けが流れるようなポイントを選んで釣ることが大切だ。

black rockfish メバル

使用ルアー

[ミノー各種]
4～5センチのサイズで、細身のシンキングミノー、もしくはフローティングミノーが有効だ

[ソフトルアー各種]
左からストレートテール、シャッドテール、カーリーテール

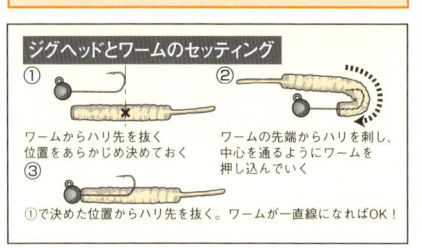

ジグヘッドとワームのセッティング
① ワームからハリ先を抜く位置をあらかじめ決めておく
② ワームの先端からハリを刺し、中心を通るようにワームを押し込んでいく
③ ①で決めた位置からハリ先を抜く。ワームが一直線になればOK！

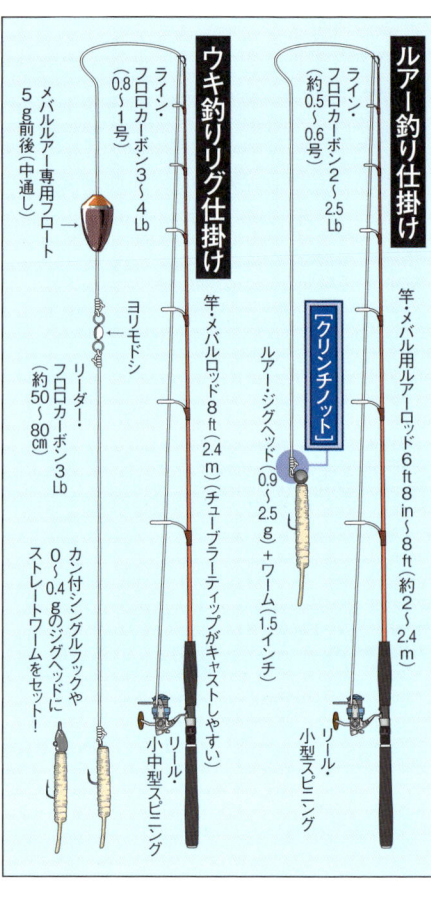

ルアー釣り仕掛け
- 竿・メバル用ルアーロッド6ft8in～8ft（約2～2.4m）
- リール・小型スピニング
- ライン・フロロカーボン2～2.5Lb（約0.5～0.6号）
- 「クリンチノット」
- ルアー・ジグヘッド（0.9～2.5g）＋ワーム（1.5インチ）

ウキ釣りリグ仕掛け
- 竿・メバルロッド8ft（2.4m）（チューブラーティップがキャストしやすい）
- リール・小中型スピニング
- ライン・フロロカーボン3～4Lb（0.8～1号）
- メバルアー専用フロート5g前後（中通し）
- ヨリモドシ
- リーダー・フロロカーボン3Lb（約50～80cm）
- カン付シングルフックや0～0.4gのジグヘッドにストレートワームをセット！

ルアー釣り

メバルは専用のルアーロッドも数多く市販されているほどの人気ターゲット。リールはスピニングが基本だが、細いPEラインやフロロカーボンラインを使用するため、浅溝式のスプールが装着されたモデルを購入したい。PEラインではリーダーが必要だが、ナイロンでは直結で楽しめる。ビギナーが夜釣りをする場合は、トラブルの多いPEラインより、ナイロンを使用したほうがよいだろう。

ルアーはジグヘッドにソフトルアーがビギナー向けで、釣果も期待できる。難しいテクニックは不要で、これを水面近くでゆっくり泳がせるだけでOK。

またソフトルアーだけでなく、ミノープラグでもメバルはヒットする。ソフトルアーに比べて数は少なくなるが、良型も期待できる。

さらに外道としてスズキ、フッコなどがヒットすることがあるから油断できない。大物にそなえてリールのドラグを調整しておいたほうがよいだろう。

ターゲット別仕掛けマニュアル
メバル black rockfish

水深に応じたジグヘッドの適合ウエイト

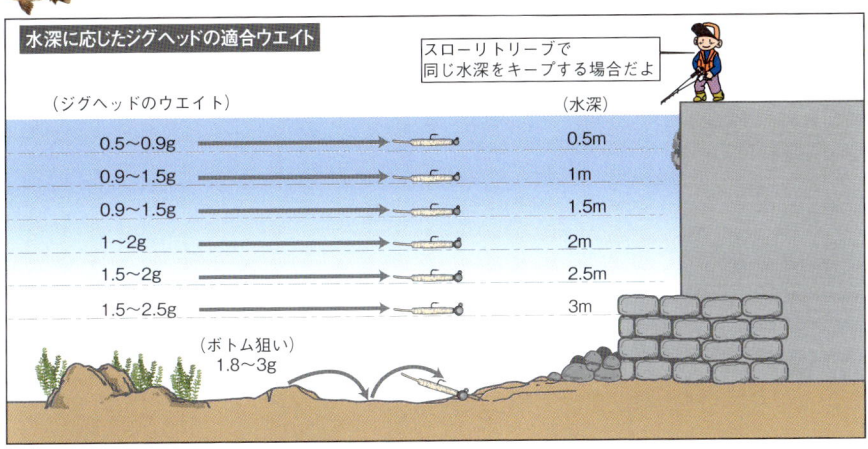

スローリトリーブで同じ水深をキープする場合だよ

（ジグヘッドのウエイト） （水深）

ウエイト	水深
0.5〜0.9g	0.5m
0.9〜1.5g	1m
0.9〜1.5g	1.5m
1〜2g	2m
1.5〜2g	2.5m
1.5〜2.5g	3m

（ボトム狙い）1.8〜3g

ジグヘッドワームのアクション

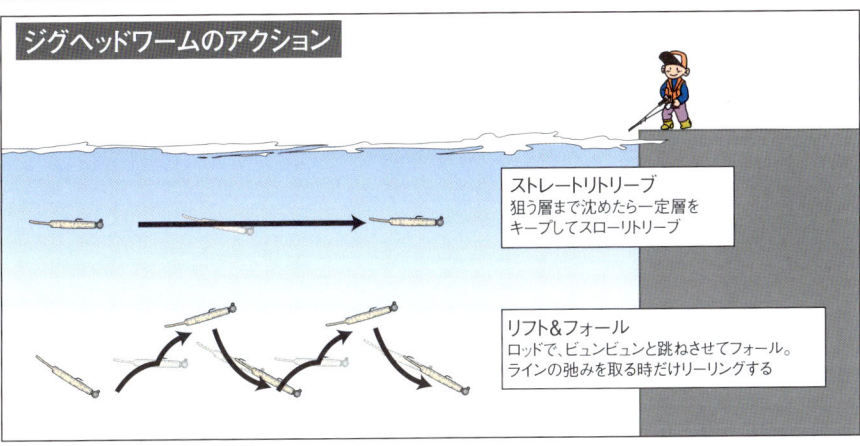

ストレートリトリーブ
狙う層まで沈めたら一定層をキープしてスローリトリーブ

リフト&フォール
ロッドで、ビュンビュンと跳ねさせてフォール。ラインの弛みを取る時だけリーリングする

ハードルアーのアクション

トウイッチング
ペンシルベイトを水面でダートさせる

ストレートリトリーブ
シンキングミノーやシンキングペンシルで中層をキープする

トウイッチング
食い渋るメバルをリアクションで食わせる

リフト&フォール
ボトム付近は、メタル系で上下に誘う

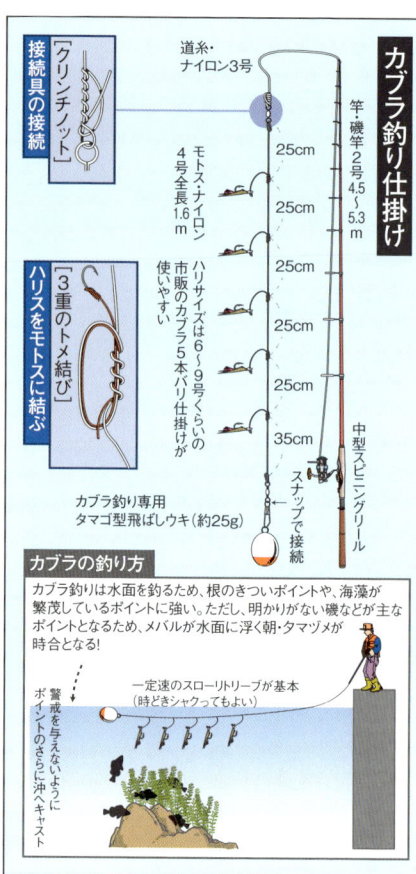

black rockfish メバル

灯し釣り仕掛け
- 道糸・3号
- 竿・磯竿2号 5.3m
- 市販の船釣り用エサ釣り仕掛け
- 中型スピニングリール
- カン付きナス型オモリ2～3号

生きエサのエサ付け
ハリ先を下アゴから口に抜く

灯し釣りで使用する生きエサ
- メダカ
- モツゴ（モロコ）
- イカナゴ
- シロウオ

カブラ釣り仕掛け
- 道糸・ナイロン3号
- 竿・磯竿2号 4.5～5.3m
- モトス・ナイロン4号 全長1.6m
- 25cm × 5、35cm
- 中型スピニングリール
- カブラ釣り専用タマゴ型飛ばしウキ（約25g）
- スナップで接続

[接続具の接続] [クリンチノット]

ハリサイズは6～9号くらいの市販のカブラ5本バリ仕掛けが使いやすい

[3重のトメ結び] ハリスをモトスに結ぶ

カブラの釣り方
カブラ釣りは水面を釣るため、根のきついポイントや、海藻が繁茂しているポイントに強い。ただし、明かりがない磯などが主なポイントとなるため、メバルが水面に浮く朝・夕マヅメが時合となる！

一定速のスローリトリーブが基本（時どきシャクってもよい）

警戒を与えないように、ポイントのさらに沖へキャスト

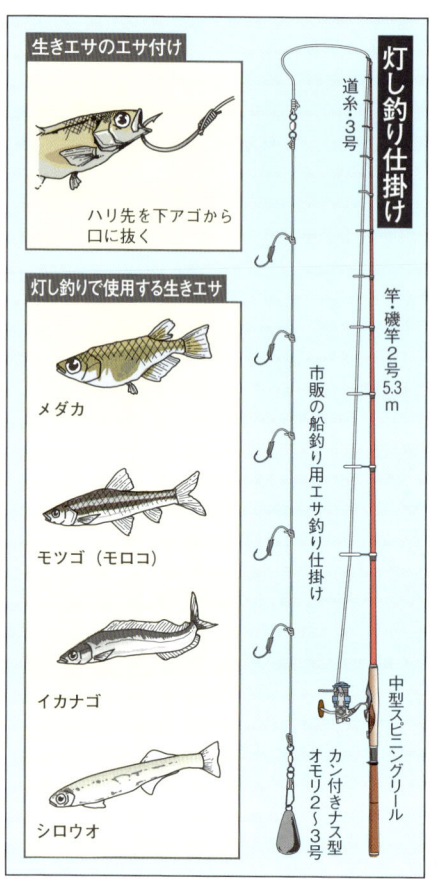

カブラ釣り

メバルのメッカといわれる瀬戸内海において、最もマニアックな釣りがカブラ釣り。5～6本のカブラバリを胴つき仕掛けに組み上げ、仕掛けの先端に飛ばしウキをセット。沖のポイントにブン投げて、仕掛けをゆっくり引くだけで、大型メバルを誘い出す。

ハリは、サバ皮やフラッシャー、鳥毛などを用いた擬餌バリになっており、ゆっくりリールを巻き始めると小魚のごとく水面直下を泳ぎだすので、びっしり茂った藻の上でも釣りになるのだ。

灯し釣り

海面を照らして、その明かりに寄った小魚の群れを演出するため、船釣りで使われる胴つき多本バリが基本。タナを広く探れるだけでなく、複数のハリにメバルが掛かることもある。そのため、竿もしっかりしたものを選びたい。ちなみに、灯し釣りは禁止されている地域もあるが、常夜灯の明かりでも代用できる。

ターゲット別仕掛けマニュアル
メバル black rockfish

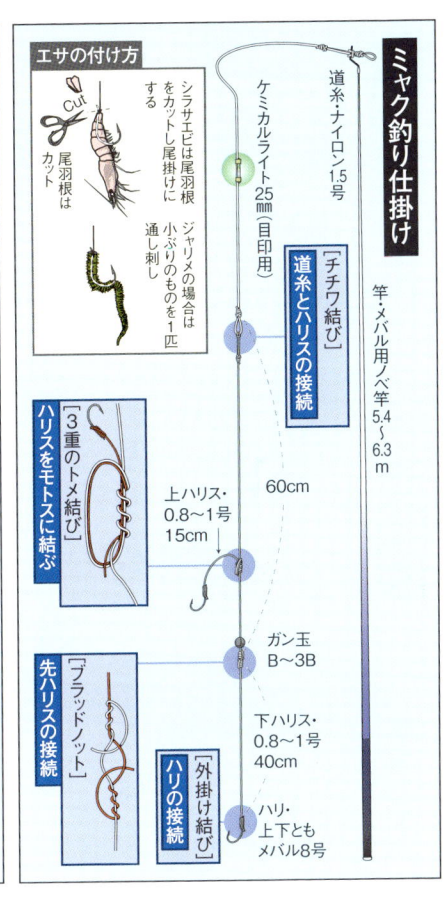

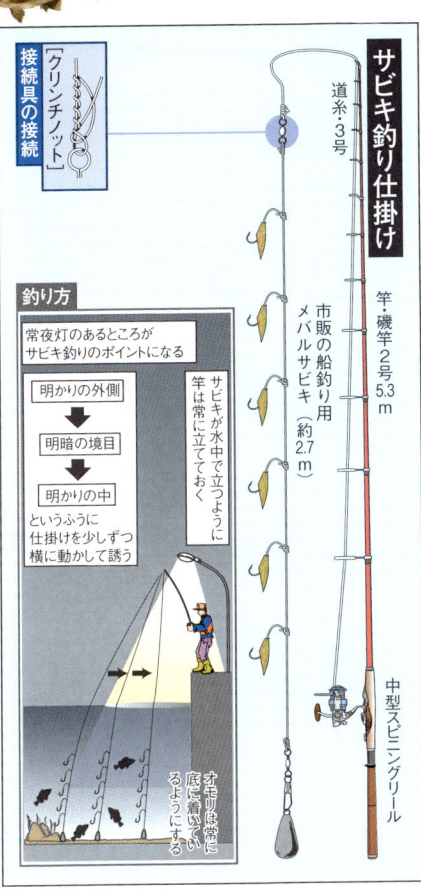

サビキ釣り仕掛け

- [クリンチノット] 接続具の接続
- 道糸・3号
- 竿・磯竿2号 5.3m
- 市販の船釣り用メバルサビキ（約2.7m）
- 中型スピニングリール

釣り方
常夜灯のあるところがサビキ釣りのポイントになる

明かりの外側 → 明暗の境目 → 明かりの中

というふうに仕掛けを少しずつ横に動かして誘う

竿は常に立てておく
サビキが水中で立つように
オモリは常に底に着いているようにする

ミャク釣り仕掛け

- 道糸・ナイロン1.5号
- ケミカルライト25mm（目印用）
- 竿・メバル用ノベ竿 5.4～6.3m
- [チチワ結び] 道糸とハリスの接続
- 上ハリス・0.8～1号 15cm
- [3重のトメ結び] ハリスをモトスに結ぶ
- 60cm
- ガン玉 B～3B
- 下ハリス・0.8～1号 40cm
- [ブラッドノット] 先ハリスの接続
- [外掛け結び] ハリの接続
- ハリ・上下ともメバル8号

エサの付け方
シラサエビは尾羽根をカットし尾掛け通し刺し
ジャリメの場合は小ぶりのものを1匹
尾羽根はカット
Cut

ミャク釣り

ミャク釣りは、瀬戸内海で最もポピュラーな釣り方だ。堤防の際、小磯の根周りなど、小さなポイントをひとつひとつ探り歩く釣り。

基本的には夜釣りが主体となり、常夜灯下を含めて、まったく明かりのない暗闇のポイントでも釣果は得られる。ポイントの潮上に仕掛けを振り込み、潮に乗せてエサを流す。メバルが着く根の近くにエサが届くと、ギュギューンと明確なアタリを送ってくれるはず。

サビキ釣り

サビキ釣りはもともと船からの釣りとして知られていたが、昨今は陸から楽しむ人も増えてきた。

船釣り用のサビキ仕掛けを軽く振り込んで、足元までズルズルと引いてくる。仕掛けが長いため水深のある釣り場に限られるが、夜間、明かりの下ではエサなしでもメバルが食いついてくることも多く、人気上昇中の釣り方だ。

black rockfish メバル

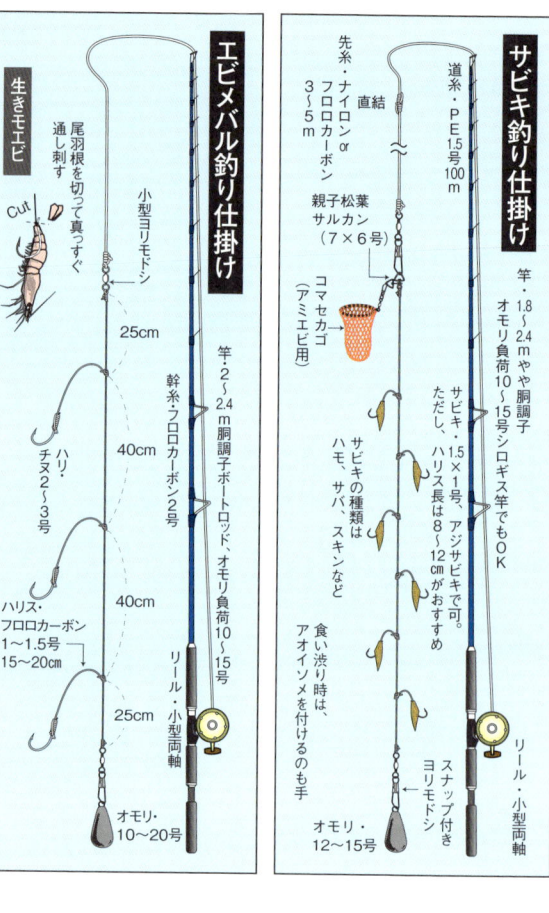

サビキ釣り仕掛け

- 道糸・PE1.5号100m
- 竿・1.8〜2.4mやや胴調子 オモリ負荷10〜15号シロギス竿でもOK
- 先糸・ナイロンαフロロカーボン3〜5m
- 直結
- 親子松葉サルカン（7×6号）
- コマセカゴ（アミエビ用）
- サビキ1.5×1号、アジサビキで可。ただし、ハリス長は8〜12cmがおすすめ
- サビキの種類はハモ、サバ、スキンなど
- 食い渋り時は、アオイソメを付けるのも手
- スナップ付きヨリモドシ
- オモリ・12〜15号
- リール・小型両軸

エビメバル釣り仕掛け

【生きモエビ】
尾羽根を切って真っすぐ通し刺す
Cut

- 竿・2〜2.4m胴調子ボートロッド、オモリ負荷10〜15号
- 幹糸・フロロカーボン2号
- 小型ヨリモドシ
- 25cm
- 40cm
- 40cm
- 25cm
- ハリ・チヌ2〜3号
- ハリス・フロロカーボン1〜1.5号 15〜20cm
- オモリ・10〜20号
- リール・小型両軸

イワシメバル釣り仕掛け

【エサ付け】
生きイワシ、ハゼ
イワシ、ハゼとも鼻掛け。これが一番弱らない

- 竿・2.4m前後イワシメバル専用かウルトラライトのルアー竿も可。胴調子でオモリ負荷10号くらい
- 道糸・PE1.5号100m
- 先糸・ナイロンαフロロカーボン3〜5m
- 幹糸・フロロカーボン1.5〜2号
- ハリス・フロロカーボン1〜1.5号 50〜60cm
- 親子松葉サルカン
- 親子クレーンサルカン、ヨリトラー（小）など
- 50cm
- ハリ・ヤマメバリ8号、メバル8〜9号
- 幹糸全長50〜100cm（オモリまでの長さ）を竿の長さと合わせるように調節する
- オモリ10号

●ボート釣り

メバルはボート釣りでも人気のターゲット。夜に活性の上がる魚だが、日中でも水深5〜20メートルの岩礁周りを狙うと釣果が手にできる。

釣り方は大きく分けて3種類が挙げられる。魚皮の付いたハリで胴つき仕掛けで狙うサビキ釣り、モエビなどをエサに胴つき仕掛けで狙うエビメバル釣り、そして生きたイワシ（キビナゴなどの小魚）を使うイワシメバル釣りだ。

ここでは簡単にそれぞれの釣り方を解説してみよう。

●サビキ釣り

最も手軽に楽しめるのがサビキ釣りだ。ただし、潮が澄んだ日はメバルに擬似餌と見破られてしまうため期待薄だ。できるだけ潮が濁った日、釣り場を選んで使うようにしたい。ポイントはやや険しい岩礁帯や藻が茂っている所。底から中層まで誘い上げて釣る。活性が高いと、かなり上層のタナで食うこともある。アミコマセなどを併用しても能率よ

ターゲット別仕掛けマニュアル
メバル black rockfish

魚探があれば海底の地形でポイントを把握できるから便利

ボートによってはイケス付きもあるので、釣れた小魚を生かしておいてエサにできる

上／まずイワシの下アゴからハリを入れる　下／そのまま口を貫通させて上アゴへ抜く

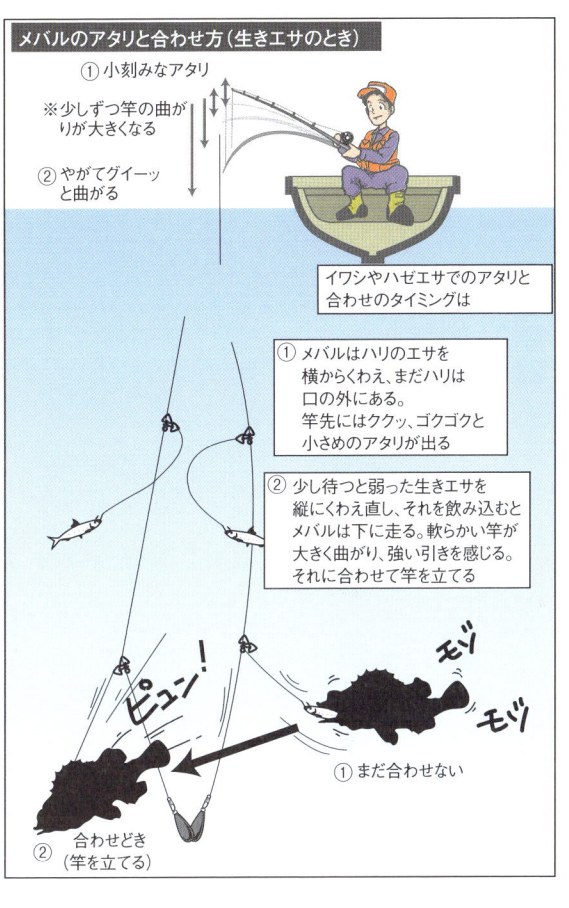

メバルのアタリと合わせ方（生きエサのとき）

① 小刻みなアタリ
※少しずつ竿の曲がりが大きくなる
② やがてグイーッと曲がる

イワシやハゼエサでのアタリと合わせのタイミングは

① メバルはハリのエサを横からくわえ、まだハリは口の外にある。竿先にはククッ、ゴクゴクと小さめのアタリが出る

② 少し待つと弱った生きエサを縦にくわえ直し、それを飲み込むとメバルは下に走る。軟らかい竿が大きく曲がり、強い引きを感じる。それに合わせて竿を立てる

① まだ合わせない
② 合わせどき（竿を立てる）

●エビメバル釣り

この釣りは、胴つきの3本バリ仕掛けに生きたエビをハリ付けして狙う。食いがよいと向こう合わせでハリ掛かりしてくることも多い。

注意点は、ハリに真っすぐエビを装着すること。付け方が悪いと、仕掛けを沈める際にクルクル回ってしまう。こうなると幹糸にハリスがまとわりついて、メバルの食いが極端に悪くなる。

●イワシメバル釣り

生きイワシを使った泳がせ釣りが沖釣りなどでは人気だが、ボート釣りでも楽しめる。しかし、生きイワシの入手はサビキ仕掛けなどで釣るほかなく、予備エサとして死んだシコイワシや小型のワカサギなども持参したい。また、釣具店で生きたキビナゴが入手できれば代用可能だ。初夏などは当歳のハゼが入手できにしてもよい。タックルはエサを違和感なく食い込ませるためにも、軟らかな胴調子タイプの竿を用意したい。

釣ることができ、ポイントによってはアジなども掛かってくる。

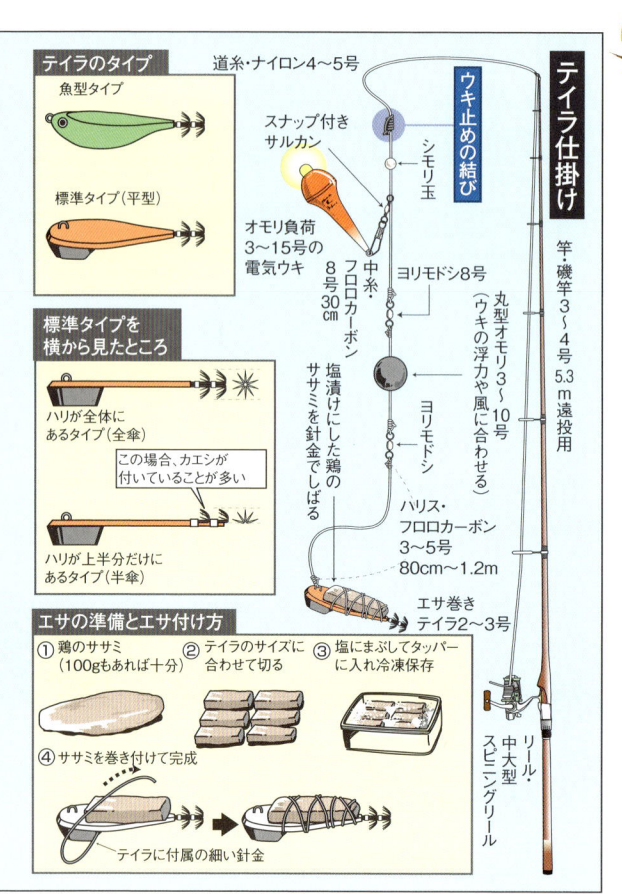

ヤリイカ・ケンサキイカ

陸っぱりではテイラと呼ばれる専用ヅノを使い、電気ウキ仕掛けで狙う。ボートからは小型のケンサキイカ（マルイカ）が釣れる

【ツツイカ目ヤリイカ科】

分布／北海道南部以南の日本各地（琉球列島を除く）、朝鮮半島南部、渤海、黄海、東シナ海北部
全長／外套長50センチ（オス）、30センチ（メス）

ヤリイカの名は、エンペラの部分が槍のような形をしていることからか。水深100～150メートルを船釣りで狙うことが多いが、産卵期の12～3月は浅場に来るため、岸からも狙える。とくに夜は浅い所に回遊するため、おもに夜釣りで狙う。同じツツイカ目ヤリイカ科の仲間にケンサキイカがいるが、釣れたては真っ赤な色になるためアカイカとも呼ばれる。やはりテイラを使い夜釣りで狙うが、こちらは梅雨時がシーズン。ボートではマルイカと呼ばれる小型のケンサキイカをスッテ仕掛けで狙う。漢字では槍烏賊。

テイラ仕掛け

竿・磯竿3～4号 5.3ｍ遠投用

- 道糸・ナイロン4～5号
- ウキ止めの結び
- スナップ付きサルカン
- シモリ玉
- オモリ負荷3～15号の電気ウキ
- 中糸・フロロカーボン8号 30cm
- ヨリモドシ8号
- 丸型オモリ3～10号（ウキの浮力や風に合わせる）
- ヨリモドシ
- ハリス・フロロカーボン3～5号 80cm～1.2ｍ
- エサ巻きテイラ2～3号（塩漬けにした鶏のササミを針金でしばる）
- リール・中大型スピニングリール

テイラのタイプ
- 魚型タイプ
- 標準タイプ（平型）

標準タイプを横から見たところ
- ハリが全体にあるタイプ（全傘）
- この場合、カエシが付いていることが多い
- ハリが上半分だけにあるタイプ（半傘）

エサの準備とエサ付け方
① 鶏のササミ（100gもあれば十分）
② テイラのサイズに合わせて切る
③ 塩にまぶしてタッパーに入れ冷凍保存
④ ササミを巻き付けて完成
テイラに付属の細い針金

陸からのヤリイカ釣りのシーズンは12月から翌年の3月にかけて。サイズは30～40センチ級を中心に、オスは50センチを超すものもいる。

釣り方は電気ウキ仕掛けで狙うのが一般的。そのため竿は磯竿の3～4号を用いる。できれば糸の出がよりスムーズな大型ガイドの付いた「遠投タイプ」の竿が好ましい。リールは竿に合わせて中～大型のスピニングリールをセットする。こちらも、できれば遠投用のロングノーズタイプを用いたい。

ヤリイカ仕掛けの大きな特徴の一つに、テイラと呼ばれるイカヅノを用いる点がある。これはエサを装着する台とハリ、およびそれらを水中で一定の角度に安

ターゲット別仕掛けマニュアル
ヤリイカ spear squid

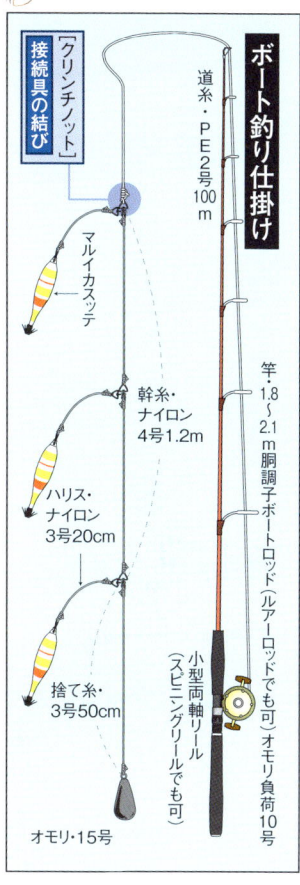

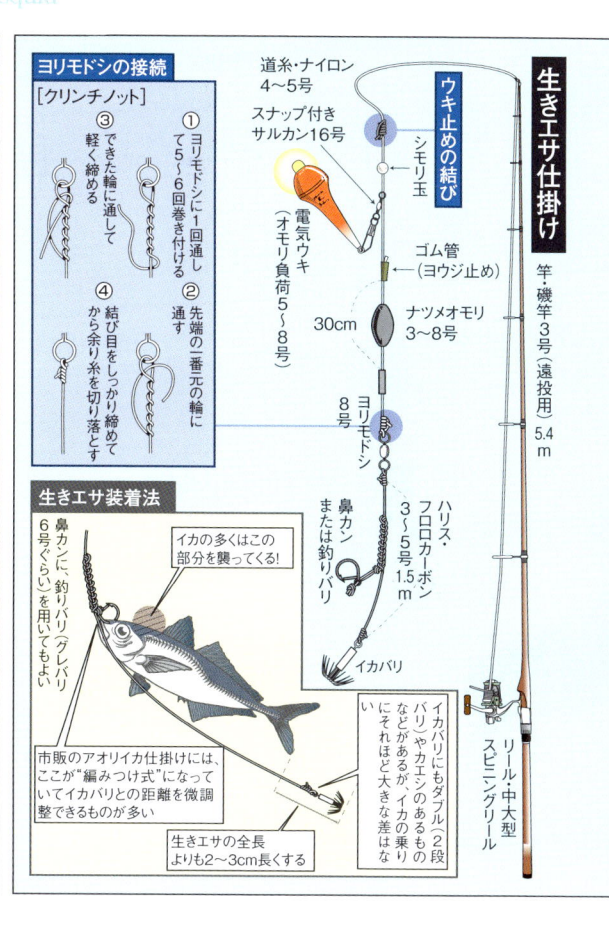

[ボート釣り仕掛け]
- 道糸・PE2号 100m
- 竿 1.8～2.1m胴調子ボートロッド（ルアーロッドでも可）オモリ負荷10号
- 小型両軸リール（スピニングリールでも可）
- 幹糸・ナイロン4号 1.2m
- マルイカスッテ
- ハリス・ナイロン3号 20cm
- 捨て糸・3号 50cm
- オモリ・15号

[接続具の結び クリンチノット]

ヨリモドシの接続 ［クリンチノット］
① ヨリモドシに1回通して5～6回巻き付ける
② 先端の一番元の輪に通す
③ できた輪に通して軽く締める
④ 結び目をしっかり締めてから余り糸を切り落とす

[生きエサ仕掛け]
- 竿・磯竿3号、遠投用 5.4m
- 道糸・ナイロン 4～5号
- スナップ付きサルカン16号
- ウキ止めの結び
- シモリ玉
- 電気ウキ（オモリ負荷5～8号）
- ゴム管（ヨウジ止め）
- ナツメオモリ 3～8号
- 30cm
- ヨリモドシ 8号
- ハリス・フロロカーボン 3～5号 1.5m
- 鼻カンまたは釣りバリ
- イカバリ
- リール・中大型スピニングリール

生きエサ装着法
- イカの多くはこの部分を襲ってくる！
- 鼻カンに、釣りバリ（グレバリ6号ぐらい）を用いてもよい
- 市販のアオリイカ仕掛けには、ここが"編みつけ式"になっていてイカバリとの距離を微調整できるものが多い
- イカバリにもダブル（2段バリ）やカエシのあるものなどがあるが、イカの乗りやそれほど大きな差はない
- 生きエサの全長よりも2～3cm長くする

定させるオモリが一体となったもので、オモリの号数は2～3号を用いる人が多い。このテイラに、エサとして鶏のササミを巻き付ける。なお電気ウキを用いる場合は、エサをつけるオモリの重さは、ウキのオモリ負荷やその日の風の状態、ポイントまでの距離などによって決める。

ヤリイカはテイラ仕掛けばかりでなく、生きアジ仕掛けにも乗ってくる。シーズン初期は（12月ごろ）はまだアオリイカも狙える時期であり、両狙いで生きアジ仕掛けを流してもおもしろい。

ケンサキイカ（アカイカとも呼ぶ）もテイラ仕掛けのヤリイカ釣りと同じ釣り方でOK。梅雨時を中心に新島、式根島などの堤防で盛んに行われている。

ボート釣り

ボート釣りではケンサキイカ（マルイカとも呼ぶ）を専門に狙うことができる。マルイカスッテを3本ほど付けた仕掛けで、ゆっくり誘って釣る。初夏から夏にかけてがシーズンで、水深10～30メートルの岩礁周りを中心に狙うといい。

writerr	阿部　正人	上田龍太郎	岡田　学	葛島　一美
	訓覇　啓雄	小池　純二	幸田　広志	高木　道郎
	高橋環五朗	平林　潔	宮永　敏彦	
editor	冨田　晃司	時田　眞吉		
illustrator	堀口順一郎			
photographer	石川　皓章	つり情報編集部		
art associates	TOPPAN IDEA CENTER			
cover design	Cycle Design			
planning	株式会社つり情報社			
	〒101-0021			
	東京都千代田区外神田5-2-3 6F			
	TEL.03(5818)4511			
	FAX.03(5818)4510			

つり情報BOOKS
基礎から始める 海釣り仕掛けハンドブック 堤防磯投げボート編

2011年9月25日　初版第1刷発行

編者●「つり情報」編集部
発行者●穂谷竹俊
発行所●株式会社 日東書院本社
〒160-0022　東京都新宿区新宿2丁目15番14号　辰巳ビル
TEL●03-5360-7522(代表) FAX●03-5360-8951(販売部)
振替●00180-0-705733　URL●http://www.TG-NET.co.jp

印刷所・製本所●凸版印刷株式会社

本書の無断複写複製(コピー)は、著作権法上での例外を除き、著作者、出版社の権利侵害となります。
乱丁・落丁はお取り替えいたします。小社販売部までご連絡ください。
© Nitto Shoin Honsha Co., Ltd. 2011, Printed in Japan ISBN978-4-528-01214-1 C2075